As Estruturas e o Tempo

Coleção Debates
Dirigida por J. Guinsburg

Equipe de realização — Tradução: Silvia Mazza e J. Guinsburg;
Revisão: Plinio Martins Filho; Produção: Plinio Martins Filho.

cesare segre

AS ESTRUTURAS
E O TEMPO

EDITORA PERSPECTIVA

Título do original italiano
Le strutture e il tempo

Copyright © Cesare Segre

Debates 150

Direitos em língua portuguesa reservados à
EDITORA PERSPECTIVA S/A
Av. Brigadeiro Luís Antônio, 3025
01401 — São Paulo — SP — Brasil
Telefone: 288-8388
1986

SUMÁRIO

Premissa 7

1. Análise do Raconto, Lógica Narrativa e Tempo 11

2. Desconstrução e Reconstrução de um Conto (da *Mort le roi Artu* ao *Novellino*) 91

3. Estruturas e Registros na *Fiammetta* 99

4. Funções, Oposições e Simetrias no Sétimo Dia do *Decameron* 131

5. Comicidade Estrutural na Novela de Alatiel 161

6. Análise Conceptual da I Égloga de Garcilaso ... 177

7. Construções Retilíneas e Construções em Espiral no *Dom Quixote* 201

8. A "Canção do Exílio" de Gonçalves Dias ou as Estruturas no Tempo 239

9. A Função da Linguagem no *Acte sans paroles* de Samuel Beckett 273

PREMISSA

Os Caps. 2-9 reúnem ensaios escritos entre 1969, ano em que saiu *Os Signos e a Crítica*, e 1973[1]. Cada um dos ensaios procura aprofundar um problema teórico, através da análise de um texto: procedimento que já é, e quer ser, uma tomada de posição metodológica. O leitor terá a oportunidade, também, de constatar que, se em alguns dos capítulos progride-se bastante no caminho da formaliza-

1. O Cap. 2 já saiu, com título diferente ("Strutture Romanzesche, Strutture Novellistiche e Funzioni"), in *Collected Essays on Italian Language and Literature Presented to Kathleen Speight*, Manchester, 1971, pp. 1-8; o Cap. 3 in *Strumenti critici 6* (1972), pp. 133-62; o Cap. 4 in *Studi sul Boccaccio*, VI (1971), pp. 81-108; o Cap. 7, um tanto abreviado, foi publicado como Introdução ao *Dom Quixote*, ed. "Meridiani", Milão, 1974, aos cuidados de Donatella Moro Pini e meus; o Cap. 8, na tra-

ção, outros têm um andamento mais tranqüilamente ensaístico: a formalização é meio, não fim.

A proximidade cronológica levou todos os capítulos, fora os problemas específicos enfrentados, a desenvolver uma temática comum, de cuja persistência só me cientifiquei claramente quando da preparação do volume. Trata-se do tempo. O tempo reaparece nos Caps. 2-9 sob aspectos bastante diferentes que, fundamentalmente, podem se reduzir a dois: o tempo interno ao texto — o de sucessão de seus momentos narrativos ou poéticos, e o tempo externo — o da leitura ou recriação do próprio texto.

Os dois aspectos acabam por se constituir em um único, quando se percebe que o tempo interno só pode ser compreendido por meio da leitura, e portanto é englobado no tempo externo. O tempo é sucessão, linearidade, antes, no caso da leitura (guiada pelas linhas retas do texto escrito — linhas quase contínuas no caso da prosa, programaticamente partidas no da poesia). Esta linearidade se encontra em contraste com a reordenação dos elementos textuais em estruturas e sistemas. Contraste ou contradição?

A interpretação estruturalística atua geralmente numa desconstrução do texto, que é então reconstruído segundo categorias, fórmulas, tabelas. O texto resulta de certo modo "destemporalizado". O procedimento do crítico não é, em absoluto, ilícito: é análogo ao do leitor comum. Mesmo durante a leitura, de fato, demora-se em um só segmento linear, precisamente aquele sobre o qual ela está progressivamente se desenvolvendo. O já lido é reorganizado, acronicamente, na memória.

É preciso apenas reivindicar a importância da temporalidade. É sobre o eixo do tempo que se situam, além dos momentos narrativos, e poéticos, o ritmo verbal e o

dução brasileira de *I Segni e la Critica* (*Os Signos e a Crítica*, São Paulo, Perspectiva, 1974, pp. 139-69, Debates, n.º 83) e in *Strumenti critici* 7 (1973), pp. 186-215; o Cap. 9, destinado ao volume *Semiologia del Teatro*. Textos reunidos e apresentados por J. M. Díez Borque e Luciano García Lorenzo, Barcelona, 1974, foi publicado em tradução francesa in *Documents de Travail et Pré-publications* do Centro Internacional de Semiótica e de Lingüística de Urbino, n.º 29, dezembro de 1973. O Cap. 4 foi escrito em 1972, para *Letteratura e Critica. Studi in onore di N. Sapegno*, cuja publicação estava anunciada para a primavera de 1973. Os Caps. 1 e 6 são inéditos.

conceitual, a recursividade e os processos de desambiguação: ler é uma aventura que tem sido programada com suas fases e sua duração. Todos os capítulos insistem pois, por aspectos diversos, sobre as incindíveis relações entre sintagma e paradigma, sucessão e acronia. Consideremos também · a obra literária como uma máquina: o melhor conhecimento de suas estruturas nos satisfaz na medida em que ela nos põe em contato mais pleno com seu funcionamento, no tempo. Se prescindirmos de seu funcionamento (no tempo), a máquina é unicamente um conjunto de peças.

A temporalidade interna, e em geral as relações entre diacronia e acronia, são um, dos temas centrais nas pesquisas de narratologia. Colocando no início do volume um capítulo sobre a narratologia, quis tratar com maior fôlego um tema já desenvolvido, em parte, em vários capítulos (2, 3, 4, 5). De modo que, o Cap. 1, além de enfrentar quase toda a problemática da narratologia, de Tomachévski e Propp a Greimas e Bremond, fornece bases mais extensas às análises particulares dos capítulos seguintes. A tese, segundo a qual também os modelos narrativos são modelos históricos, reentra nas coordenadas ideológicas já enunciadas em meu livro de 1969.

O Cap. 1 não é, pois, a premissa teórica a um grupo de ensaios críticos, mas a elaboração sistemática e independente de uma parte, a mais compacta, dos temas enfrentados em capítulos que ilustram então outros e vários problemas, desde o dos "vetores" estilísticos àquele dos registros, desde o do "ponto de vista" àquele do paralelismo poético, àquele da bifurcação sêmica entre ação teatral escrita e ação representada.

Parte desses problemas é sugerida pela mesma imposição semiológica da pesquisa; uma outra, ao contrário, jorra do empenho em salvar a poliedricidade, mesmo formal, da obra literária, da violência rompente da formalização. E é mesmo o recurso aos valores significativos que pode, na impostação aqui adotada, atribuir a esquemas, estatísticas e fórmulas, uma posição precisa no procedimento crítico. É, de resto, através dos valores significativos que a obra literária se une à histórica: aquela da qual se origina, aquela de quem continua a ser emissária, através da continuidade de nossas leituras.

C. S.

1. ANÁLISE DO RACONTO. LÓGICA NARRATIVA E TEMPO

Análise da narração e semiótica

0.1. Os caracteres de imprensa que atravessam, em linhas paralelas, as páginas de um livro, alcançariam, colocados em linha contínua, o comprimento de centenas de metros, por vezes de alguns quilômetros. Se o texto for de caráter narrativo, a leitura parece consistir simplesmente em individuar, ao longo desta linha, as palavras e as frases dos quais os caracteres são signo, e em compreendê-las. Naturalmente, por mais que a leitura possa ser deleitável, as operações a executar não são elementares assim como parecem ser, e as pesquisas dos últimos decênios mostraram seus principais motivos.

Num texto se sobrepõem, antes, quase se estratificam, significantes e significados. Cada palavra é composta por letras (significantes) que simbolizam grupos de fonemas (significados), os quais constituem, juntos, o significante de um significado (conceptual); além disso, os grupos de palavras encerrados entre dois pontos de interpontuação fortes, ou entre o início e o primeiro ponto forte, são o significante de um significado sintético (frástico); por sua vez, também grupos de frases são significantes de um significado (narrativo), e é precisamente ultrapassando as fronteiras da frase que se alcança a terra (quase) incógnita da narratividade (objeto de estudo da narratologia).

No limite a narração pode ser vista sob — pelo menos — dois aspectos: 1) o discursivo, substancialmente a narração em si, a ser considerada significante; 2) o conteúdo, isto é, o significado, da narração. Esta dicotomia parece estar refletida no par opositivo de enredo (sjužet) e de fabula, proposta pelos formalistas russos, ou naquela de plot e story em inglês, ou na de discours e histoire adotada por Todorov[1], ou de récit e histoire de Genette[2], ou de récit racontant e récit raconté de Bremond[3]. A incerteza terminológica, aumentada ainda pelo uso ora privilegiado de "analyse du récit" em vez de "análise da fabula", depende do fato de que a dicotomia é insuficiente para dar conta do campo de pesquisa: enredo e fabula são na realidade (1.1) dois modos de se representar o conteúdo de uma narração, ao passo que se torna necessário um termo para indicar seu aspecto significante. Adotaria portanto, pelo menos no início, uma tripartição: discurso (o texto narrativo significante); enredo (o conteúdo do texto na ordem mesmo em que é apresentado); fabula (o conteúdo, ou melhor, seus elementos principais, reorganizado em ordem lógica e cronológica).

As páginas que se seguem querem ser um panorama crítico das principais tentativas de análise da narrativa. Nasceram da confiança na utilidade destas pesquisas, mas também da experiência de certas aporias ou até de limites intransponíveis inseridos nesta aproximação, e que convém não esconder-se e não esconder. O entusiasmo em propor novos processos de análise, ou em aplicar e muitas

1. Todorov, 1966, p. 231.
2. Genette, 1972, p. 72.
3. Bremond, 1973, n.º 1, p. 321.

vezes contaminar os já em uso (os nossos, são tempos de epigonismo e de ecletismo), fez com que, até agora, se descurasse desta meditação sobre os fundamentos teóricos; outros, pior ainda, preferiram opor um dogmático *fin de non recevoir*.

Há um equívoco generalizado do qual desejo já me libertar. Discurso e *fabula* (ou também enredo) parecem se adaptar perfeitamente à já inexorável imagem dos níveis: nível superficial o discurso, nível profundo a *fabula* (ou então, a profundidade crescente, primeiro o enredo e depois a *fábula*). São imagens tiradas da lingüística chomskiana, como a outra também simétrica, não menos freqüente, que considera o discurso *gerado* pelo enredo, como este pela *fabula*. E pouco importa até que se fale de níveis; mesmo se logo em seguida os níveis se multiplicam, e percebe-se que melhor seria considerá-los como seções ideais, sem implicar medidas de profundidade[4]. Perigoso é, ao invés, falar em termos gerativos, pelo que de genético isso comporta.

Não é correto conceber o discurso como um desenvolvimento (por ampliação e adição de pormenores) do "nível profundo"; ponhamos o enredo, porque o enredo não preexiste ao discurso senão, talvez, como projeto informe e destinado a contínuas adaptações: o enredo alcança sua ordem no próprio instante em que a obra, como construção lingüística, é terminada. Expressão e conteúdo são duas faces de um mesmo objeto, como significante e significado nos termos saussurianos: é útil distingui-los, é impossível separá-los. Como confirmação, tenta-se

---

4. Ótima a descrição proposta por Lotman, 1970, p. 98: "uma estrutura de relações não é uma soma de pormenores materiais, mas uma provisão de descrições, que é fundamental no obra de arte e constitui sua base, sua realidade. Mas esta provisão é estruturada não como uma hierarquia de muitos planos sem interseções internas, mas como uma estrutura complexa de subestruturas reciprocamente cruzadas entre si com reiteradas intervenções deste ou daquele elemento em diversos contextos construtivos. Estas interseções constituem precisamente a "realidade" do texto artístico, seu polimorfismo material, que rejeita a bizarra assistematicidade do mundo circunstante com tamanha verossimilhança que no leitor não atento surge a ilusão, a fé na identidade entre esta casualidade, esta irrepetível individualidade do texto artístico, e as propriedades da realidade representada". Para as sucessivas referências à gramática transformacional, cf. Ruwet, 1972, p. 199.

imaginar "regras de transformação" que expliquem a passagem de uma estrutura narrativa profunda para um discurso narrativo: projeto que, talvez acessível num estudo fenomenológico das relações entre enredo e *fabula* (tratar-se-ia, todavia, de nada mais do que esquemas ou tradições expositivos), tornar-se-ia absurdo se se propusesse alcançar até a superfície, o discurso, com todos seus elementos lexicais e estilísticos.

Níveis e geração continuam sendo, portanto, duas metáforas, e como tais — mas só se declaradamente como tais — aceitabilíssimos. Mais ainda se, em *geração*, viesse a ser notado um traço de criatividade, de liberdade inventiva, tão mais brilhante a partir do momento em que o livro, definitivo em seu conjunto e nas frases singulares, é fixado *ne varietur* à sua expressão discursiva, mecanismo perfeito e para sempre imóvel. O emitente não nos fala, *nos falou;* para nós "receptores" resta tão-somente a liberdade de compreender e interpretar sempre mais em profundidade. Somos nós que continuamos a percorrer os espaços entre a superfície e os outros (supostos) níveis, nós que imaginamos os trajetos mais elaborados entre as várias estruturas do e no texto.

0.2. Resta, todavia, o fato de que uma pesquisa desse tipo se volta completamente para os limites da semiótica literária. Um texto (em nosso caso, narrativo) é um conjunto de signos cujos agrupamentos sempre maiores — alcançáveis com procedimentos não de todo particularizados, mas não casuais nem infinitos — funcionam por sua vez como signos. As leis de coesão destes conjuntos de signos (termo que prefiro a *macrossigno*, porque indica a decomponibilidade e a substituibilidade pelo menos teórica de seus componentes) são, em parte, lingüísticas — a lingüística tradicional, até Chomsky, inclusive, sendo válida para as frases, e a *Textlinguistik* também para extensões muito maiores (pelo menos nos programas) —, mas em parte relativas a regras de significação não-lingüísticas que se procura definir.

Alinhando na área escolhida para esta pesquisa o discurso, o enredo e a *fabula*, pode-se dizer que na estreita frincha entre discurso e enredo, valem sempre leis de significação de tipo lingüístico: as que governam a perceptibilidade de significados frásticos e transfrásticos (por exemplo de uma seqüência ou de um episódio). Mas entre enredo e *fabula* as leis de significação são muito mais difíceis de serem particularizadas, tratando-se de relações não entre significantes e significados, mas entre significados diversamente articulados, ainda que, pelo menos como território de pertinência, coextensivos. O que se pode dizer por enquanto é que nossa "competência" em conceber ou em compreender uma narrativa demonstra a existência de um repertório e de certas possibilidades de combinação de significados narrativos comunicáveis. A narratologia enfrenta o dever assaz árduo de esboçar este repertório e de descrever estas possibilidades.

Como se verá logo mais, a principal diferença entre *fabula* e enredo está no fato de que a *fabula* respeita a cronologia (mesmo que fantástica) dos acontecimentos, o enredo, ao contrário, os mantém na ordem em que o escritor os descreveu.

O tempo, como ordem de sucessão irreversível, é portanto elemento discriminante basilar entre os vários modos de concatenação dos acontecimentos: uma espécie de "metro padrão" ideal. Por outro lado, também a leitura se desenvolve no tempo (sempre no sentido de ordem de sucessão irreversível, prescindindo da eventualidade, destituída de interesse teórico, que o leitor releia determinado trecho antes de prosseguir); e forma-se um enredo um tanto complexo entre o tempo de leitura (ou tempo do discurso), o tempo do enredo e o tempo da *fabula*[5].

É, afinal, na dimensão temporal que se notam, e acima de tudo que funcionam, os fenômenos de recursividade, fundamentais não somente para os efeitos expressivos, estilísticos (penso na bem justificada pertinácia em se estudar os paralelismos)[6], mas também para aqueles comunicativos, e, em particular, narrativos (é a recursividade que reforça a identidade de lugares, personagens, eventos; que insere os fatos numa curva de tonalidade e de atmosferas; que sombreia as estruturas semióticas de

---

5. Veremos que as coisas se tornam ainda mais complicadas pelo fato de que o tempo de leitura é progressivo sim, mas não uniforme (2.1).
6. Bibliografia imensa; lembro somente Levin, 1962; Koch, 1966; Jakobson, 1963, pp. 235-39, e especialmente Jakobson, 1973, pp. 234-79; Lotman, 1970, pp. 131-97.

uma narração). Por isso, o problema do tempo irá dominar e dar (espero) unidade a esse capítulo introdutório, e a vários dos que se seguem.

Se, em seguida, o leitor não míope for levado a admirar-se com o fato de que os estudos sobre a narração estejam se desenvolvendo exatamente agora que o romance (vivo, morto ou moribundo que seja) é sempre menos narração de eventos, menos ainda de aventuras, poderá, conforme seus gostos, considerar essas pesquisas como o inventário de uma liquidação, ou vice-versa, como uma demonstração da incoercível necessidade humana de fabular e de narrar.

Enredo, Fabula e Modelo Narrativo

1.1. No início (por convenção, é preciso haver um início) pode-se colocar Veselóvski. Escreve Erlich[7] que "à análise morfológica formalística foi de ajuda, e não pouca, a distinção introduzida por Veselóvski em sua inacabada *Poética* dos enredos, entre 'trama', a unidade de medida narrativa, e 'enredo' ou grupo de diversos motivos". De fato, Chklóvski cita-o:

> Por *motivo* entendo a mais simples unidade narrativa que, sob forma de imagem, corresponde às mais variadas exigências do intelecto primitivo ou às observações cotidianas (...). Por *trama* entendo um acúmulo de diversas situações (ou motivos)[8].

Porém, se examinarmos o que Veselóvski entende por *motivo*, perceberemos que ele alude a duas ordens de coisas muito diferentes:

> 1) as assim chamadas *légendes des origines:* a representação do sol como um olho; a idéia de que o sol e a lua são irmão e irmã ou então marido e mulher; os mitos do nascer e do pôr-do-sol, das manchas solares, dos eclipses solares e lunares e assim por diante.
> 2) As situações de vida: o rapto da noiva (costume campesino de núpcias), o banquete de despedida (nos contos de fadas) e outros costumes semelhantes[9].

Os temas de Veselóvski são aprofundados sobretudo por Chklóvski e Tomachévski. Chklóvski em *Literatura i*

---

7. Erlich, 1954, p. 259.
8. Chklóvski, 1925, p. 34.
9. *Ibid.*

kinematograf, Berlim, 1923[10], e depois em *O teorii prozy*, estabelece uma oposição entre trama (ou enredo) e *fabula*:

> O conceito de trama aparece demasiado confundido com o de ilustração dos eventos, com isto que eu definiria convencionalmente como *fabula*. Na realidade a *fabula* é somente material para dar forma à trama. A trama de *Eugênio Onegin*, por exemplo, não é a relação amorosa entre Onegin e Tatiana, mas uma elaboração desta *fabula*, obtida mediante a introdução de digressões que a interrompem[11].

Deve-se aproximar desta, a definição de *fabula* dada por Tomachévski[12]:

> O tema da obra com *fabula* representa um sistema mais ou menos unitário de acontecimentos, um derivante do outro, um ligado ao outro. O conjunto de tais acontecimentos em suas mútuas relações internas é precisamente o que chamamos de *fabula*;

e a de *enredo*:

> a distribuição em construção estética dos acontecimentos na obra é chamada de *enredo*[13].

Ligando as duas definições, tem-se que a *fabula* é o sistema de eventos, em sua ordem temporal e causal, usado como material pelo escritor, que o expõe com uma ordem artificial-artística, constituindo a trama. Veselóvski, ao contrário, opunha o simples ao composto (o motivo à trama), depois de ter reagrupado como elementos simples os motivos, definidos porém de modo não unívoco. Em termos veselovskianos, dever-se-ia dizer que a *fabula* é o sistema de conexões lógicas e cronológicas dos motivos do tipo 2, ao passo que a *trama* é sua manipulação literária.

A oposição *fabula/trama* é um notável passo à frente em relação a Veselóvski. Chklóvski e Tomachévski caracterizaram de maneira genial duas linhas sintagmáticas co-presentes, uma das quais, a *fabula*, funciona como contrafigura neutra engenhosamente empenhada em salientar, por contraste, os procedimentos das composições efetuadas pelos escritores.

10. Erlich, 1954, p. 260.
11. Chklóvski, 1925, p. 178 (o capítulo é de 1921).
12. Tomachévski, 1925, p. 311.
13. *Ibid.*, p. 314.

Sobre os procedimentos de composição (sobre os enredos), sabe-se quanta atenção e inventividade foram desenvolvidas por Chklóvski e por Eichenbaum. Menos aprofundada, ao invés, foi a questão dos elementos minimais que constituem a *fabula,* os quais Veselóvski denominava *motivos*. Observações agudas são feitas, ao contrário, por Tomachévski, que adverte sobre a exigência de se chegar a elementos não-decomponíveis:

> Procedendo nessa decomposição da obra em frações temáticas, chegando por fim a partículas *não-decomponíveis* ulteriormente, que constituem as porções mínimas de material temático: "Anoiteceu", "Raskolnikov assassinou a velha", "O herói morreu", "Recebeu-se uma carta" etc. O tema de uma partícula indivisível é chamado *motivo,* e na prática cada proposição possui o seu próprio motivo[14].

E prossegue:

> Os motivos, combinando-se entre si, formam a estrutura temática da obra; deste ponto de vista, a *fabula* é constituída pelo conjunto dos motivos em suas relações lógicas causais-temporais, ao passo que o enredo é o conjunto dos mesmos motivos, naquela sucessão e naquelas relações em que eles são dados na obra[15].

Tomachévski observa exatamente que os motivos de Veselóvski (especialmente aqueles do n. 1, precisaria eu) são em absoluto outra coisa, "não... entidades 'não-decomponíveis', mas somente... entidades historicamente não-decompostas, que conservaram sua própria unidade, mesmo em seu vaguear de uma obra para outra"[16]. Poder-se-ia observar que o termo *motivo* se adapta melhor ao uso que desse termo faz Veselóvski, em conjunto com outros folcloristas, que ao uso feito por Tomachévski: mas o que importa é a substância, a busca de *partículas não-decomponíveis.*

Tomachévski dá, antes, um ulterior passo à frente, distinguindo entre *motivos ligados,* "que não podem ser omitidos", e *motivos livres,* "elimináveis sem prejuízo da integridade da conexão causal-temporal dos acontecimentos"[17], entre *motivos dinâmicos,* "que modificam uma si-

14. *Ibid.,* pp. 314-15; o grifo é dele.
15. *Ibid.,* p. 315.
16. *Ibid.*
17. *Ibid.,* p. 316.

tuação" e *motivos estáticos*, "que não provocam mudança alguma"[18], e determinando com exatidão que "para a *fabula* só tem importância os motivos ligados; para o enredo, ao contrário, são às vezes exatamente os motivos livres (as 'digressões') que têm as funções mais importantes, determinando a estrutura da obra"[19], e que "os motivos dinâmicos são os elementos motores centrais da *fabula*; na organização do enredo, ao invés, podem ser colocados, em primeiro plano, os motivos estáticos"[20]. Tomachévski viu, portanto, que entre os elementos da *fabula* subsistem relações necessitantes, ao passo que entre os do *enredo*, a rede de relações é mais ampla e rica de variações.

1.2. Nesta ordem de pesquisa, a contribuição de Propp deve ser considerada decisiva. Os *motivos*, na formulação de Tomachévski ("partículas não-decomponíveis") encontram termo e definição muito mais rigorosos: "Por *função* entendemos a conduta de uma determinada personagem, do ponto de vista do seu significado para o desenvolvimento do acontecimento"[21]; ao que se pode acrescentar o seguinte esclarecimento: "Se quisermos chamar meu esquema de modelo, este modelo reproduz todos os elementos construtivos (constantes) do conto de fadas, deixando de lado os elementos não-construtivos (variáveis)"[22].

No sistema de Propp as personagens fazem parte das variáveis: a mesma função é muitas vezes realizada por personagens diferentes, com atributos diversos. Portanto, não personagens que desenvolvem funções, mas funções *das* personagens. Quanto à função em si, sua definição é possível somente em relação "à sua colocação no desenvolvimento da narração"[23]: "o que deve ser considerado é o significado de uma determinada função no acontecimento narrativo"[24].

18. *Ibid.*, p. 317.
19. *Ibid.*
20. *Ibid.*, p. 318.
21. Propp, 1928, p. 27.
22. Propp, 1966, p. 219.
23. Propp, 1928, p. 27.
24. *Ibid.*

Nada menos empírico, portanto, do que o procedimento proppiano: Propp constituiu para si um *corpus* preciso (os contos de fadas 50-150 da coletânea de Afanassiev), um sistema fechado, e definiu seus elementos levando em conta o sistema de sua totalidade: o *significado* das funções é seu valor paradigmático e sintagmático. Valor paradigmático: em todos os contos de fadas do *corpus* se apresentam certos momentos imprescindíveis (proibição, infração da proibição, prova, conquista do meio mágico etc.); com base nessa constatação geral pode-se prescindir dos vários modos em que tais funções são cumpridas, e por quem. Valor sintagmático: existindo uma direção causal-temporal das funções, ações aparentemente iguais podem ser classificadas somente com relação às funções contíguas:

> a ação não poderá ser determinada sem referência à sua colocação no desenvolvimento da narração[25]; (...) podemos sempre confiar no princípio da determinação da função segundo suas *conseqüências*. Se à solução da tarefa segue-se a aquisição do meio mágico, tratar-se-á da submissão à prova por parte do doador; se encontrarmos, ao contrário, a conquista da noiva e as bodas, teremos a tarefa difícil[26].

Baseado nisso, Propp foi capaz não só de determinar melhor ainda as relações entre composição, ou modelo narrativo, e *enredo,* mas também de evidenciar sua substância semiótica:

> poderíamos chamar de estrutura do conto de fadas, o conjunto do enredo e da composição. Esta não tem existência real, na mesma medida em que no mundo das coisas não existam aqueles conceitos gerais que se encontram somente na consciência do homem. Mas é mesmo graças a estes conceitos gerais que nós conhecemos o mundo, que descobrimos suas leis e aprendemos a governá-lo[27].

Propp é bastante claro ao precisar os limites de sua análise: quer no que se relaciona com outros tipos de contos de fadas, quer, e mais, no que diz respeito a diferentes produções diegéticas, como a literária. Somente por motivos editoriais, diz, seu livro não leva o título mais apropriado, de *Morfologia da Fábula de Magia*[28], acrescentando:

25. *Ibid.*
26. *Ibid.*, p. 72.
27. Propp, 1966, p. 217.
28. *Ibid.*, p. 208.

o método é amplo, as conclusões, ao contrário, valem somente para aquele determinado tipo de narrativa folclórica, a cuja análise elas devem sem dúvida sua origem.[29].

É, em suma, ele próprio o primeiro a excluir que as 31 funções fundamentais por ele individuadas, e sua ordem de sucessão, possam ser mantidas integralmente num âmbito exorbitante do *corpus* escolhido (e escolhido, precisamente, por sua compacidade); bastaria a caracterização, em um *corpus* diferente e mais amplo, de alguma outra função ou de diferenças de sucessão para impor o abandono do esquema de Propp. A combinatória paradigmática e sintagmática que fixa as funções dentro de um sistema fechado deveria deixar lugar a outra combinatória, uma vez aberto o sistema. Esta é a primeira lição, a meu ver positiva, de Propp.

A segunda lição se refere à literatura. Não insistiria demais sobre a evidência de frases como esta:

[Nossos métodos] são possíveis e profícuos lá onde ocorre uma repetibilidade em ampla escala, como acontece na linguagem ou no folclore. Mas quando a arte se torna o campo de ação de um gênio irrepetível, o uso de métodos exatos dará resultados positivos só se o estudo dos elementos repetíveis for acompanhado pelo estudo daquele elemento único que até agora consideramos como a manifestação de um milagre incognoscível[30]

Parece-me muito mais importante tudo quanto Propp diz das motivações

(Por motivações entendemos tanto os moventes quanto os fins que determinam as diversas intervenções das personagens. *Tais motivações conferem às vezes ao conto de fadas um colorido e uma eficácia particulares,* mas representam, ainda assim, as componentes mais instáveis e inconstantes e são, além disso, muito menos claras e definidas as funções e os elementos de ligação)[31]

e dos atributos das personagens

(Por atributos, entendemos o conjunto de todas as características exteriores das personagens: idade, sexo, condição, aspecto e seus traços particulares etc. — *São os atributos que conferem ao conto de fadas sua vivacidade, sua beleza e seu encanto)*[32].

29. *Ibid.*, p. 209.
30. *Ibid.*, p. 227.
31. Propp, 1928, pp. 80-81; grifo meu.
32. *Ibid.*, p. 93; grifo meu.

Propp tem uma atitude diferente perante as motivações e os atributos: as primeiras são indicadas de modo anedótico, e consideradas, com respeito às funções, não determinantes; para os segundos, ao invés, Propp declara poder redigir (antes de ter redigido) tabelas, em suma, afirma tê-los agrupado num sistema, mesmo que secundário com relação ao das funções. Pelo contrário, diz Propp, "a análise dos atributos torna possível a *interpretação científica* do conto de fadas"[33].

O que importa aqui é notar quão exatamente Propp distinguiu entre elementos funcionais, aqueles que regem a construção do raconto, e elementos talvez mesmo mais importantes em outra perspectiva, mas não pertinentes à sua definição. Se isso vale para os contos de fadas, valerá mil vezes mais para uma obra literária, em que as ações são amiúde somente a ilustração ou, no máximo, a conseqüência, de motivações e atributos sobre os quais se concentra a fabulação artística. O rigor, na definição do que seja o modelo narrativo, serve também para pôr em evidência, *em negativo*, o que ele não é, o que *este* tipo de análise sacrifica, confiando seu cuidado a análises diversamente estabelecidas.

Se, em seguida, os elementos não-funcionais puderem ser investidos de uma funcionalidade em outro nível, ou constituírem elegantes franjas incontroláveis, teremos aí o que se procurou e que se procura, hoje, determinar com exatidão; mesmo Propp está disposto a uma conclusão, seja do primeiro tipo (aquela proposta para os atributos), seja do segundo (aquela proposta para as motivações).

1.3. Se procurarmos agora resumir os resultados, aparentemente convergentes, das reflexões de Chklóvski e de Tomachévski, por um lado, e de Propp, por outro, perceberemos que os pares opositivos sobre os quais trabalham são os mesmos apenas na aparência: a *fabula*, que os teóricos da literatura opõem ao *enredo*, não coincide com o modelo narrativo de Propp.

Tomemos um texto e segmentemo-lo em "unidade conteudística", de modo a não deixar nada fora dele: ob-

---

33. *Ibid.*, p. 96; grifo do autor.

teremos o que, de comum acordo, nossos estudiosos chamam *enredo*. Daí pode ter início um segundo tipo de análise, que deixa na posição originária as unidades conteudísticas cujas relações sejam de consecução lógica ou temporal, enquanto, quando existirem deslocações ou desarticulações, reordena as unidades segundo a consecução, por assim dizer, natural. O produto desta segunda análise é uma paráfrase resumidora do texto ao mesmo nível de abstração da precedente, mas com a eliminação de qualquer descarte da ordem lógico-temporal.

É daí que pode ter início a terceira operação, com o fim de reduzir os dados narrativos à sua pura funcionalidade: a um nível de abstração bem mais rarefeito.

Em conclusão, temos:

(I) Discurso.
(II) Conjunto das unidades conteudísticas correspondentes ao nível do discurso.
(III) Unidade conteudística reorganizada segundo sucessão lógico-temporal.
(IV) Funções que constituem uma reformulação de (III) segundo elementos cardinais.

É claro que Chklóvski e Tomachévski chamam (II) de *enredo*, ao passo que seu conceito de *fabula* oscila entre (III) e (IV), não tendo eles bem claro ainda o conceito de função: típico do comportamento de Tomachévski, que procura chegar a (IV) eliminando de (III) os elementos não-determinantes dos efeitos da ação; isto é, simplificando (III), mas não medindo o nível de abstração. Propp, ao contrário, confronta diretamente (II) e (IV), sem utilizar de maneira explícita a fase (III): naturalmente porque, na narrativa popular, quase nunca se verificam desarticulações temporais ou, em geral, deslocações do conteúdo com relação à ordem "natural". Em outras palavras, Propp não deve passar pela fase (III), porque em seus textos esta coincide substancialmente com a fase (II).

Proponho designar os elementos da quadripartição da seguinte maneira:

(I) Discurso.
(II) Enredo.
(III) *Fabula.*
(IV) Modelo narrativo.

A passagem que o crítico executa de (II) para (III) é principalmente de ordem lógica e cronológica: trata-se de colocar primeiro os *ante* depois os *pós*, as causas antes dos efeitos. Posto que é raríssima, na narrativa literária, a ordem "natural", esta primeira operação é decisiva para evidenciar os procedimentos usados pelo escritor (empenho vigorosamente absolvido pelos formalistas, cf. 3.1): seja no sentido de explicar as razões artísticas das "infrações", seja para descrever os maquinismos expositivos que as tornam compreensíveis.

A passagem de (III) para (IV) é de outro tipo: é uma passagem do particular para o geral, sendo o modelo a forma mais geral, na qual um raconto pode ser exposto, mantendo a ordem e a natureza de suas conexões[34].

O enredo e o discurso

2.1. A sucessão temporal parece incontrastada se começarmos a examinar o texto narrativo em seu aspecto aparente, o discurso. O texto é composto de uma série de

---

34. Doležel, 1972, propõe, em lugar de minha quadripartição, uma tripartição: *Motiv Texture* (= Discurso); *Motiv Structure* (= Enredo); *Fabula* (= Modelo narrativo), composta de *motifemas;* acrescento que para Doležel *Motiv* corresponde mais ou menos a "unidade conteudística", e *Motifema* a função (o termo é de Dundes, 1964; cf. aqui 6.1). Identificando III e IV, Dolezel não registra a fase de reorganização lógica e cronológica das ações em seu aspecto *ético,* que deve preceder a passagem do específico ao genérico, do ético ao êmico (cf. aqui 3.1). Assim, no esquema da página 61, Doležel indica somente as relações de especificação entre *Fabula* e *Motiv Structure,* e aquelas de verbalização entre *Motiv Structure* e *Motiv Texture.* É também tripartido, mas diferente do esquema de Genot, 1970b: *Enredo, Fabula, Argumento.* A omissão do Discurso (*Motiv Texture* de Doležel) é apenas de nomenclatura, não relevante; falta ao contrário, como em Doležel, e em quase todos os estudiosos, a distinção entre *fabula* e modelo narrativo. A novidade da lista de Genot é o Argumento, ou pseudo-referente: "o argumento — escreve — é a vestimenta figurativa 'segunda' ilusoriamente concreta, que remetendo a um sistema cultural psicológico, ético etc., permite fazer reentrar a narração nos modos instituídos de um código extraliterário, mas já, em parte, discursivo" (p. 20). Não tenho a impressão que o Argumento possa estar na mesma linha dos outros dois termos, linha de abstração crescente, e tenho a suspeita de que sua natureza não-homogênea o dirija, de preferência, para a área do enredo, a quem forneceria parte dos materiais.

linhas impressas, que se sucedem, desde a primeira letra da primeira palavra até a última da última palavra (num texto oral, por uma série de palavras que se debulham no tempo). Esta linearidade (rompida em certos textos visuais contemporâneos) é somente uma aparência.

Tomemos a primeira frase de um livro qualquer. A vista colhe grupos de letras, e ao mesmo tempo o leitor totaliza palavras individuais, ou melhor, sintagmas; ao fim da frase, o leitor totalizou um sentido acabado. Trata-se, pois, de um movimento uniforme rumo ao fim da frase, concluído por uma apreensão mais ou menos instantânea de seu sentido global. Em seguida, a vista retoma seu movimento, e assim por diante. Mas ao termo da leitura da segunda (ou da terceira, ou da enésima frase), o que resta da primeira na mente do leitor?

> No one knows how meaning is represented within memory, but there is no evidence to show that any form of syntactic structure is directly involved.

Deste modo Johnson-Laird, com base em experiências que qualquer pessoa pode facilmente efetuar sobre si mesmo; e ainda:

> It is natural to wonder whether the sentence is the largest unit normally involved in the recall of language. It is possible that from the meanings of sentences in a connected discourse the listener implicitly sets up a much abbreviated and not especially linguistic model of the narrative, and that recall is very much an active reconstruction based on what remains of this model[35].

Em suma, o leitor de um livro *lê, de cada vez uma só frase*; todas as precedentes vão constituir uma síntese memorial[36] (conteudísticas, de elementos estilísticos, de sugestões), ao passo que as frases ainda por ler formam uma área de possibilidades quer lingüística, quer narrativa.

---

35. Johnson-Laird, 1970, pp. 269-70.
36. Para o conceito de síntese memorial, cf. Segre, 1969, p. 79. Cf. também Van Dijk, 1972, pp. 133 e 140 ("texts have to be conceived of as having a surface structure of sentences and a global deep structure which can be considered to be a semantic abstract underlying the text").

Proporei o seguinte esquema:

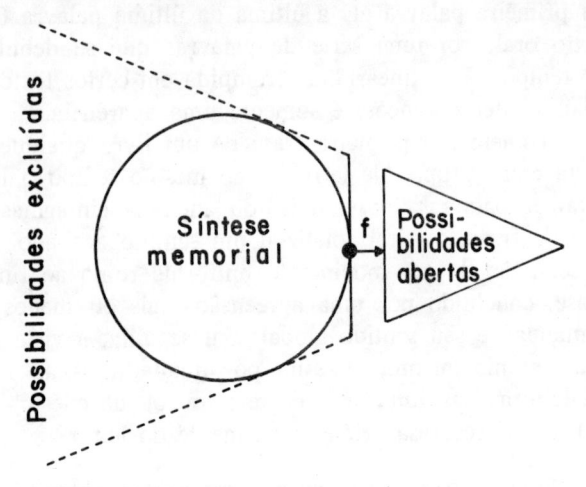

[diagrama: um círculo rotulado "Síntese memorial" com um triângulo à direita rotulado "Possibilidades abertas", unidos pelo ponto f; linhas tracejadas tangentes ao círculo abrindo-se para a esquerda indicam "Possibilidades excluídas"]

Onde *f* é a frase efetivamente lida como tal, enquanto as frases precedentes constituem uma síntese memorial, das quais são excluídas as possibilidades não desenvolvidas pelo escritor, ao passo que (para o leitor) estão ainda abertas várias possibilidades, que terminarão por se fechar à leitura da última frase, quando *f* irá tocar o vértice do triângulo, e a narrativa será completamente transformada em síntese memorial.

O esquema proposto tem a vantagem de mostrar a co-presença de leitura lingüística do texto (forma da expressão) e de assimilação conteudística: em cada ponto da leitura, a experiência lingüística é exercida sobre a frase que está sendo lida, enquanto o que antecede, já foi assimilado como experiência conteudística e estilística. Em outras palavras, é impossível sobre o eixo do tempo uma leitura puramente lingüística do texto.

Análise lingüística e análise estilística são portanto realizáveis somente se se prescindir da ordem de leitura: os elementos da análise se agrupam em classes ou séries que individuam, pelo menos em parte, o paradigma da obra, decompondo seu sintagma, se se considerar como tal a sucessão linear das frases das quais é constituído[37].

37. "Embora na recepção a mensagem se apresente como sucessão articulada de significação, isto é, em sua condição diacrônica, a recepção pode realizar-se somente transformando a sucessão em simultaneidade e a pseudodiacronia em sincronia.

Pareceria portanto que se deveria opor a leitura (temporal) à análise estilístico-lingüística (acrônica).

A sucessão temporal da leitura produz, ao contrário, uma espécie de dialética entre os dois procedimentos. Foi dito que as frases já lidas são canalizadas para uma síntese memorial. Todavia, o leitor atento não registra somente conteúdos, mas anota palavras, estilemas, construções etc.; ele os deposita nos escaninhos da memória formal. A leitura de cada nova frase é, portanto, um ato de reconhecimento: reconhecimento do sistema estilístico-lingüístico, já entrevisto com base na leitura percorrida; reconhecimento, em particular, de palavras, estilemas, construções iguais ou afins ou opostas, de alguma maneira comparáveis com as já encontradas (recorrências); reconhecimento, e especificação precisa, de planos conotativos. É a unidade genética de conteúdo e expressão que permite prosseguir, como sendo unitária, uma leitura aparentemente tão diversificada: na complicação da obra, os elementos formais desenvolvem um papel basilar para delimitar também seu conteúdo.

Se a leitura se realiza do modo aqui descrito sumariamente, cumpre deduzir daí que a leitura dos elementos lingüísticos é uma leitura *orientada*. O caso mais típico é o da repetição de versos ou frases iguais. Encontrando-se em dois pontos sucessivos da poesia, ou da prosa, a mesma frase permanece inalterada somente em seu aspecto lingüístico; na realidade muda de valor, e não só, como é bastante óbvio, por se achar imersa em partes diferentes do texto, que podem revelar suas diferentes implicações. A mudança de valor que quero frisar remonta a dois motivos concernentes à sucessão da leitura: a frase, em suas duas ou mais posições progressivas, *a*) é precedida por uma síntese memorial mais ou menos ampla; *b*) se en-

---

Pelo que afirma Brøndal, a percepção sincrônica pode colher um máximo de seis termos por vez. Se se colocar assim como condição primeira o princípio de colher simultaneamente a significação, aplicável a todos os níveis da manifestação, não somente a mensagem nos aparece como unidade acrônica de manifestação, mas cada organização da manifestação, isto é, em sentido lato, toda a sintaxe imanente deve ser concebida como articulação do conteúdo com vista a sua recepção", Greimas, 1966, p. 152. Para as deduções no campo de ação de análise da narrativa, cf. Jansen, 1968; Genot, 1970, pp. 22-25.

contra numa fase mais ou menos avançada do processo pelo qual se torna extrínseco o sistema lingüístico-estilístico.

Daí numerosas possibilidades de exploração artística: a frase pode mudar de valor em suas várias posições, pode atuar como *clímax* ou como *anticlímax*, pode oferecer-se, após várias presenças enigmáticas, a um reconhecimento final semântico. Temos, em suma, um caso especular àquele do paralelismo: lá, invariantes rítmicas ou sintáticas a serem descobertas no meio de variações lingüísticas, aqui, invariantes lingüísticas que produzem progressivamente variáveis sêmicas[38].

Os elementos lingüístico-estilísticos realizam, portanto, de modo análogo aos conteudísticos, um enredo: ao lado daqueles de acontecimentos e pessoas, o leitor segue também os itinerários de estilemas e conotações. Deve-se ter a capacidade de realizar uma consideração "narrativa" dos fatos de linguagem, além de (como se procede de costume) uma consideração global. Também para os fatos de linguagem há o suspense e os lances teatrais, os indícios e as confirmações, muitas vezes fracionados. Por isso, propomos, nos Caps. 3 e 8, duas leituras, uma acrônica e outra temporal, dos fatos lingüísticos.

2.2. Uma vez que estamos tratando das relações entre as frases que constituem o texto, acreditamos que a Textlinguistik[39] deva trazer uma notável ajuda. E de fato traz. Basta um aceno a alguns dos pontos tratados pela Textlinguistik:

a Co-referência (ou Substituição), graças à qual a mesma entidade é indicada com palavras diversas em frases sucessivas (caso típico é a pronominalização);
a Inclusão e a Implicação lógica, que ligam elementos de frases sucessivas de capacidade conceitual diferente, mas de assunto afim; fenômeno semelhante à:
Contigüidade semântica, isto é, comunhão parcial de ele-

---

38. Cf. aqui os Caps. 8 e 9, com exemplos, respectivamente, de prosa e poesia.

39. Sobre esse novo ramo da lingüística, que tem seu fundador em Z. S. Harris, mas que teve desenvolvimentos especiais na Alemanha e na Holanda, cf. Dressler, 1972, de onde extraio, com alguns retoques, a lista dos problemas. As experiências mais avançadas são, talvez, as de Petoefi, 1971 e 1973.

mentos sêmicos; a linha semântica que liga mais de uma frase, ou todas as frases de um texto, é chamada (com um termo de Greimas) *isotopia*;

Tema e Rema[40] (em inglês, *topic* e *comment*), onde o Tema é o conteúdo inicial e fundamental da informação, ao passo que Rema é cada adição ou desenvolvimento sucessivo;

a perspectiva dos Tempos e dos Aspectos verbais (dos quais voltaremos a falar em 3.2);

o Sistema de expectativas linguísticas do leitor, que implica normas exatas para o início, o desenvolvimento e a conclusão de um discurso, e semelhantes.

Mas as sugestões da Textlinguistik valem sobretudo para determinar com exatidão a "competência" (em sentido chomskiano) do escritor, antes de mais nada, e, em seguida, do leitor, que, partilhando da mesma competência, está apto a compreender o texto que lhe foi submetido. Competência em formar e em entender não frases individuais — objeto da gramática gerativa — mas sucessões coerentes de frases. Este programa implica duas consequências pelo que nos diz respeito: 1) a Textlinguistik é mais conveniente para pesquisas sobre a linguagem comum que sobre a linguagem literária; a linguagem literária infringe, amiúde, muitas ou todas as leis de formação dos textos geralmente válidas; 2) a Textlinguistik segue necessariamente a ordem de formação das frases, desde a primeira até a última. Aponto, a esse propósito, o conceito de desenvolvimento e restrição semântica[41], ou aquele de "desambiguação"[42]; eles implicam (justamente, de resto) que o processo discursivo seja também um processo de individuação e de precisão semântica.

No texto literário se verifica o mesmo processo, mas com valor um tanto diferente. Como o narrador não nos diz de imediato quem são e o que fazem e o que farão as personagens, mas no-lo faz descobrir aos poucos, envolvendo-nos cada vez mais na narrativa, assim o escritor, na prosa ou na poesia, nos indica caminhos semân-

---

40. A dupla de termos foi introduzida por V. Mathesius: cf. Vachek, 1966, pp. 18, 77, 89.
41. Dressler, 1972, p. 63.
42. Van Dijk, 1972, p. 4.

ticos e semiológicos que depois percorreremos lentamente, e que talvez iremos perlustrar. Não se pode, portanto, falar de ambigüidade ou generalidade inicial; mas de um adentrar-se dirigido com mão firme num universo semântico; aquelas que parecem ambigüidades ou generalidades iniciais são tão determinantes quanto a exatidão e a delimitação conquistadas no final, porque o que importa não é o resultado, mas o percurso que conduz até ele. Poder-se-ia, em suma, dizer que à orientação unidirecional da Textlinguistik, o estudo literário do texto deve substituir uma orientação bidirecional, que possa, também, remontar, de cada fase, para a anterior, e deter-se em cada uma, a fim de verificar sua necessidade expressiva. Nenhum progresso de mais ambíguo para menos ambíguo: a realidade literária está no espaço que liga os dois limites.

O enredo e a fabula

3.1. Não é intenção deste capítulo tratar do estilo. Os parágrafos precedentes (2.1; 2.2) deveriam ter servido para mostrar que se nos detivemos ligeiramente sobre a superfície do texto, sobre o discurso, que aparentemente deveria ser âmbito privilegiado da temporalidade e da linearidade, verifica-se, ao contrário, uma intermitência e um movimento alternado (leitura de palavras ou sintagmas; totalização de frases; integração das frases na precedente síntese memorial), que são conseqüência de três fatos concomitantes: 1) a impossibilidade da mente abraçar mais do que uma frase por vez; 2) a tradução das formas de expressão conteudística; em outras palavras, a autonomia dos conteúdos, narrativos ou não, sintetizados em sua formulação analítica (lingüística), que se conserva somente durante a leitura da frase individual; 3) a decomposição dos elementos sintagmáticos do texto já lido em pequenos fardos de elementos paradigmáticos.

O *enredo* segue e expõe na ordem em que se encontram no texto os acontecimentos narrados; ele é, portanto, caracterizado com um ato de síntese (no caso particular, de paráfrase resumidora): mesmo para descrever um episódio qualquer, deve-se passar além de sua formulação lingüística, e reformulá-lo de maneira simplificada.

Eis então que se defrontam dois tipos de paráfrases resumidoras. Uma paráfrase que é, por definição mesma, em ordem cronológica (a *fabula*, subdividida em elementos minimais), e uma paráfrase que, propositadamente, aceita todas as deslocações temporais e espaciais realizadas, para seus motivos, pelo escritor (*o enredo*). A *fabula* se revela, assim, como sendo uma elaboração teórica fundamental para descrever, comparativamente, o enredo, visto que constitui o limite de referência e de medida das deslocações que nela são realizadas.

É de todo natural que os formalistas russos, desenvolvendo as intuições de Veselóvski, tenham dividido nitidamente entre si o campo de ação: o *enredo* aos estudiosos de literatura, a *fabula* e os modelos narrativos aos etnógrafos. Deve-se, ao contrário, notar que uma leve desarticulação nas datas de publicação dos trabalhos, mais que nas datas de nascimento (Eichenbaum, 1886, Tomachévski, 1890, Chklóvski, 1893, Propp, 1895), teve como conseqüência que os teóricos da literatura não puderam levar em conta a *Morfologia da Fábula*, saída no final do período mais fecundo do formalismo. Assim, mesmo tendo formulado o conceito de *fabula*, como hipótese de trabalho, nossos teóricos não só não puderam passar da *fabula* para a fase ulterior e basilar do modelo, mas também não fizeram da *fabula* todo o uso possível, como termo ao qual se pode comparar o enredo, e definiram antes os vários enredos estudados, comparando-os entre si. As estrepitosas descobertas críticas de Chklóvski e dos outros conservam, portanto, no fim de contas, uma boa dose de precariedade.

Após ter falado muito bem dos motivos da não-linearidade do enredo ("a arte não propende para a crítica, mas para a decomposição[43], pois que ela não é uma marcha ao som de música, mas dança e passeio *percebidos*, ou melhor, um movimento criado para o único propósito de que possamos percebê-lo")[44], Chklóvski caracteriza quase sempre esta não-linearidade através do confronto com outros textos análogos, ou com tipos geralmente difundidos de enredos ("para o nascimento de uma novela é, portanto, necessária não só uma intriga, mas também

---

43. Note-se que aqui, paradoxalmente, Chklóvski toma o texto real como uma decomposição daquela *fabula* que é mera invenção do crítico, mesmo que fundamental.
44. Chklóvski, 1925, p. 43.

uma contra-intriga, uma não-coincidência"[45]; "Sterne trabalha tendo em mente, no fundo, o romance de aventuras que, notadamente, têm formas muito rígidas e que, geralmente, termina com um casamento ou com um noivado. As formas do romance de Sterne são uma deformação e uma violação das formas tradicionais")[46].

O fato é que Chklóvski se propõe, ao mesmo tempo, objetivos heterogêneos: esboçar uma espécie de história dos enredos, com a tese central da passagem da novela para o romance; delinear uma tipologia dos enredos; defender uma concepção poética de tipo antipsicológico e anti-sociológico.

Sua *Arte da Prosa* arrola, assistematicamente, vários tipos de técnicas construtivas: composição circular, em degrau[47], em moldura, em enfiada, e os procedimentos retóricos que aí estão abrigados: paralelismo, oximoro. Ele não considera só as relações entre os materiais, mas também os efeitos que eles produzem no leitor: o estranhamento, sobretudo o retardamento. Chklóvski, antes, generaliza demais o recurso a este tipo de explicação, como se partes inteiras de obras tivessem como único propósito deixar o leitor em suspenso sobre os desenvolvimentos da narrativa. Um inconveniente que em seguida o próprio Chklóvski supera, dando uma explicação mais complexa à presença de páginas que, aparentemente, divagam:

As digressões cumprem três diferentes funções. A primeira, é de permitir ao autor a inserção de material novo no romance (...). Muito mais importante é a segunda função da digressão: refrear o curso da ação (...). A terceira função da digressão consiste na criação de contrastes[48].

A dialética entre *fabula* e enredo é percebida mais claramente por Tomachévski. O texto literário é subordi-

---

45. *Ibid.*, p. 72; in *I Formalisti Russi* organizado por T. Todorov, prefácio de R. Jakobson, Turim, 1968, pp. 208-9, a frase é assim traduzida: "assim a construção de uma novela requer não só uma ação, mas uma contra-ação, uma certa falta de coincidência".
46. Chklóvski, 1925, p. 158.
47. A novela, por exemplo, seria, em geral, "uma combinação de composição circular e de composição em degrau, complicada além do mais pelo desenvolvimento de diversos motivos", Chklóvski, 1925, p. 78.
48. Chklóvski, 1925, pp. 184-85.

nado a dois procedimentos sucessivos: em primeiro lugar de composição em partes tematicamente unitárias, a seguir de reorganização e de recomposição das mesmas partes "em suas relações lógicas causais-temporais". A primeira operação esclarece o enredo, a segunda a *fabula*[49].

As páginas de Tomachévski me parecem decisivas também em seus defeitos. Noto, antes de mais nada, o esforço em direção a algo que se aproxima do modelo narrativo de Propp, a ser observado quando Tomachévski declara que para alcançar a *fabula* se deve renunciar aos motivos *livres* e àqueles *estáticos* (cf. 1.1): Tomachévski tem em vista, em outros termos, manter unicamente, na *fabula*, os motivos funcionais, mesmo considerando os outros determinantes no enredo:

> basta recapitular a *fabula* de uma obra para realizar imediatamente aquilo que se pode *omitir* mesmo conservando a conexão entre os fatos narrados, e aquilo que não se pode preterir sem infringir entre estes a ligação causal[50].

Posteriormente, porém, Tomachévski, quer por meio de distinções terminológicas (*tema* e *motivo*), quer mediante o duplo uso dos termos (*motivo* para ele não é unicamente uma ação mínima, como "Anoiteceu", "O herói morreu", mas também uma descrição da natureza, de localidades, de ambientes, das personagens; ele considera também a possibilidade de motivos recorrentes, como *leitmotiven* musicais), indica o grau diferente de sinteticidade com o qual se pode descrever um enredo, e portanto a necessidade de mostrar, conforme os graus de síntese, qual seria o papel desenvolvido pelos motivos.

Passar-se-á, em suma, do *tema* como "conceito resumidor, que unifica o material verbal usado na obra"[51], ao tema de cada parte individual da obra, caracterizada precisamente com base na sua unidade temática particular[52], na *fabula*, no enredo com todos seus motivos, estáticos e dinâmicos, ligados e livres, que o compõem. Tomachévski mostra enfim que enredo e *fabula*, nitidamente distintos no que diz respeito à ordem cronológica, podem mesmo ser sistematizados numa linha específico-genérica, que tem numerosos graus intermédios.

49. Tomachévski, 1925, pp. 314-15.
50. *Ibid.*, p. 316.
51. *Ibid.*, p. 314.

Há uma frase de Tomachévski que deveria ser sempre lembrada por todos aqueles que jogam sobre este tabuleiro da narratividade:

> Os motivos dinâmicos são os elementos motores centrais da *fabula;* na organização do enredo, ao contrário, podem ser colocados em primeiro plano os motivos estáticos[53].

Isso significa, substancialmente, que existem duas ordens de funcionalidade, a das ações e a das situações, ou, se assim se preferir, que na narração, o peso dos eventos não corresponde àquele de sua manifestação em atos concretos. Se, portanto, se objetiva sintetizar os enredos, ocorre que aquilo que se sacrifica numa síntese mais avançada, venha a ser recuperado em outra síntese complementar: de maneira que o mecanismo do enredo não seja representado de modo incompleto.

3.2. A primeira operação a ser efetuada numa análise do discurso é a segmentação. A segmentação pode ter como propósito pelo menos dois objetivos principais: 1) preparar as seqüências que, reordenadas segundo a cronologia conteudística, irão construir a *fabula*; 2) caracterizar as zonas de convergência entre os vários tipos de funções discursivas e de linguagem. Temos, em suma, uma segmentação linear e uma segmentação por classes lingüístico-funcionais.

Na segmentação linear pode-se dizer que as margens são indicadas pelos encaixes temporais; em outras palavras, constituem blocos unitários aqueles em que a sucessão do discurso coincide com a da narração. Um segmento termina, normalmente, ou porque seguido por uma digressão (que leva a um momento temporal diferente, esteja ele ou não na mesma linha da narração principal), ou porque seguido de um segmento retrospectivo ou prospectivo. Naturalmente a interrupção só subsiste se existir, em outra parte do texto, um segmento que prossiga a narração contida no segmento apenas delimitado. Quase

---

52. *Ibid.*
53. *Ibid.*, p. 318.

a acentuar sua obra de encaixe, os escritores não se limitam a efetuar estas deslocações com relação à ordem cronológica, mas quase sempre criam desarticulações entre as divisões exteriores da obra (capítulo, livro, canto) e os segmentos conteudísticos[54].

O interesse da segmentação linear está em sua impossibilidade. A segmentação linear, de fato, põe em contato com os "segmentos de reenvio", os que mantêm a compreensibilidade do texto acima do vaivém temporal que é nele efetuado. E não basta, certamente, colocar entre parênteses os "segmentos de reenvio" para tornar possível a reorganização da *fabula*: os segmentos retrospectivos e prospectivos assumem de fato, no mais, modos de exposição particulares: discurso, monólogo interior, sonho, pressentimento etc. (nas personagens); inserto, prenúncio etc. (na técnica do discurso narrativo). É por isso que a *fabula* pode ser enunciada somente em forma de resumo, o que muda as modalidades de enunciação dos acontecimentos: conforme o que já foi notado, a saber, que a *fabula* é, sobretudo, um instrumento de medida dos desvios da ordem de sucessão do que é narrado.

Mesmo que nos atenhamos unicamente ao aspecto narrativo, nota-se de fato que ao leitor é proposto um duplo trajeto de significação: do trajeto que o discurso narrativo oferece com suas deslocações e seus cruzamentos, o leitor descobre progressivamente o trajeto temporal, reconstitui um acontecimento que apreendeu segundo a *ordo artificialis* escolhida pelo escritor. É esta a forma mais geral e importante do estranhamento: por seu intermédio acrescenta-se, à aventura depositada na narração, a aventura do ato de ler; a ordem e o modo em que os fatos são levados ao conhecimento do leitor são tais que potenciam e polarizam em um sentido particular o valor[55].

Se nos reportarmos ao esquema apresentado em 2.1, o ato da leitura se revela, agora, bem mais complexo: porque, enquanto a leitura "lingüística" segue fielmente o itinerário do enredo, a síntese memorial progressivamente totalizada propende continuamente a reordenar-se em *fabula*, isto é, a adquirir e levar em conta qualquer

---

54. Cf. Segre, 1969, pp. 79-80.
55. Falou-se, assim, de "significação diferida" ou "suspensa": cf. Tadié, 1971, p. 124; Genette, 1972, p. 97.

especificação ulterior sobre a ordem lógico-temporal dos acontecimentos. Cada aumento de informação fornecido pela leitura constitui uma surpresa, e ao mesmo tempo um esclarecimento. Antes de hipótese teórica, a *fabula* é, pois, momento imprescindível na compreensão de um texto narrativo[56].

Menos fácil é enunciar normas para a segmentação lingüístico-funcional, que se mantém, no entanto, aderente ao discurso, respeitando suas articulações: em suma, é *possível*. Já o termo que uso mostra de que maneira, a meu ver, esta segmentação é efetuável e útil. Trata-se 1) de individuar segmentos discursivos compactos, mas considerando também eventuais mutações na maneira de comunicar o conteúdo; 2) de distinguir segmentos de "ação" de segmentos descritivos, meditativos, históricos etc.; 3) de individuar as peculiaridades lingüísticas destes segmentos.

Esta segmentação prepara, em suma, uma classificação dos segmentos individuais; classificação que, pelo menos na perspectiva aqui adotada, se resolve num recenseamento dos *modos de comunicar o conteúdo*. Não é de fato somente a linearidade temporal a ser rompida no discurso narrativo; é rompida a própria continuidade do discurso, em conseqüência de deslocações de suas perspectivas ao longo da direção emitente (narrador)-receptor (leitor). Faço alusão à variedade, e à variabilidade das relações entre narrador e leitor de um lado, entre narrador e personagens de outro.

O narrador pode identificar-se com uma personagem, ou, alternativamente, com mais personagens, a quem de cada vez cabe o uso da primeira pessoa; pode ver as coisas por intermédio de uma personagem (seu *alter ego*), e usar a terceira pessoa, ou assumir, de cada vez, o visual das personagens em cena; pode fingir estar seguindo os acontecimentos, isto é, ignorar, em cada ponto da narrativa, o segmento, ou pode então comunicá-los progressivamente como se já os conhecesse, e portanto com prenúncios ou chamadas; pode se dirigir diretamente ao leitor, comentando a narração e "dialogando" com ele, e

---

56. Cf. Todorov, 1971, p. 127; mas Todorov descura da outra função, mais desfrutável, da *fabula:* a de hipótese teórica formulada pelo crítico, com finalidade descritiva.

pode expor impassivelmente; pode até instituir um jogo fictício de três ou mais elementos, quando se apresenta como simples editor de um texto escrito por outro escritor, ou de um epistolário.

A segmentação lingüístico-funcional permite deduzir o sistema destas perspectivas de comunicação[57], elucidando as apóstrofes ao leitor ou as divagações didascálicas; os comentários, os prenúncios e as chamadas; os trechos metanarrativos e as polêmicas gracejadoras entre autor verdadeiro e fictício; a impostação no presente ou nos tempos pretéritos; na primeira, na segunda ou terceira pessoa, e assim por diante[58].

Esta segmentação oferece, em suma, um quadro geral do discurso narrativo em seu sentido próprio, de discurso de alguém para alguém. Por isso este discurso, geralmente diegético, quase sempre contém partes dialógicas, miméticas (isto é, ainda, discursos), além de monólogos, discursos indiretos livres e assim por diante; a segmentação traz à luz as relações e os motivos da alternância destes vários modos de comunicar. Pode-se dizer, paradoxalmente, que nos escritores mais completos a narração é muitas vezes metanarração, o discurso metadiscurso e o enredo mais complicado não é o dos acontecimentos, mas de sua manifestação artística.

4.1. Os dois tipos de segmentação que acabo de descrever poder-se-iam distinguir pelo fato de um se reportar (a segmentação linear) às ligações entre referente (a história narrada) e símbolo (a própria narração) — dentro do jogo iniciado pelo escritor e aceito pelo leitor, de considerar a referência como relacionada a um referente que, num raconto inventado, não existe —, o outro (a segmentação lingüístico-funcional) às relações entre emitente e receptor, e às eventuais mediações entre um e outro.

---

57. Sobre a perspectiva da narração, cf. a síntese de Van Rossum-Guyon, 1970 e todo o n.º 4, ano I, de *Poétique;* além disso, os textos russos apresentados por Todorov em *Poétique* III, 1972, n.º 9; Genette, 1972, pp. 206 e ss., Uspensky, 1973.

58. Uma síntese elementar melhor articulada, em Bourneuf e Ouellet, 1972.

Esta, bipartição genética, porém, entre os dois tipos de segmentação é válida somente em primeira instância: a relação emitente-receptor, na transmissão de uma obra literária, é quase exclusivamente comunicativa e unidirecional (o receptor não se torna por sua vez emitente, e vice-versa; não há *feedback*); o objeto da comunicação é, sem dúvida, a narração, significante e significada. As peculiaridades do discurso narrativo dependem, portanto, em tudo, da posição recíproca do emitente e do receptor.

A segmentação nos permite, portanto, aprofundar, de maneira sistemática, o problema das relações emitente-receptor. Argumento que sai do meu tema, e sobre o qual, de resto, já foi feito muito e bom trabalho. Bastaria citar Genette, 1972, que sobre um caso concreto, a *Recherche* de Proust, ajustou uma série de análises que sistematizam as análises da poética clássica e as dos formalistas russos, reunindo várias sugestões da crítica americana e alemã.

Lembro apenas o problema das anisocronias, ou seja, das desarticulações entre o tempo narrado e o da narração (isto é, na prática, o comprimento do texto) ou o da freqüência (podendo, os fatos narrados, ter um aspecto singulativo, durativo ou iterativo); as relações inversas entre narração diegética (dirigida pelo emitente) ou mimética (em que são as personagens e suas palavras que dominam)[59]; os tempos e os modos da narração[60] etc.

Se colocarmos o foco sobre as relações emitente-receptor, isto é, sobre a enunciação, entraremos num horizonte diferente daquele aqui escolhido do enunciado (no qual o ato comunicativo interessa somente como condição prévia para a compreensibilidade da obra, fornecida pelo autor de significados que o leitor, em maior ou menor parte, reconhece)[61]. Mas se olharmos para as formas pro-

---

59. Aqui Genette, 1972, p. 187, expõe uma fórmula (*information + informateur =* C, onde C é igual a C[onstante]), que nega logo após para Proust, de quem está se ocupando, por ser considerado uma exceção ou um paradoxo. Creio que a fórmula quase nunca tenha valor. Poder-se-ia dizer somente — mas isto seria óbvio — que: *information + sélection* = C.

60. Bibliografia imensa. Lembro somente Hamburger, 1957; Stanzel, 1959; Bronzwaer, 1970; Weinrich, 1971; outras chamadas em Van Dijk, 1972, p. 290, nota 2.

61. Sobre as desarticulações entre significados de partida e os de chegada, cf. Segre, 1969, pp. 89-92.

duzidas por estas relações, encontrar-nos-emos no âmago do texto narrativo, e providos, além do mais, de ótimas chaves para sua compreensão.

Já notei, de fato[62], que, no caso da obra literária, a linha emitente-receptor se divide em duas partes: emitente → mensagem e, com solução de continuidade, mensagem → receptor; eis então que o emergir de atitudes e intervenções pessoais do autor se transforma em dado formal, próprio da mensagem; não é o emitente que se dirige a nós, é a mensagem que contém, como elemento de seu artifício, as apóstrofes ou as meditações atribuídas ao emitente, na mesma proporção em que contém os discursos e os pensamentos das personagens. E é pelo trâmite desta comunicação em duas fases que os problemas dos tempos, modos, aspectos, e assim por diante, revelam ser de natureza primorosamente formal.

Pelo contrário, as análises mencionadas constituem um programa completo para a segmentação do texto. Pode-se projetar uma casuística para classificar os textos narrativos conforme os procedimentos que nele são usados e, sobretudo, por sua conexão. Por exemplo: textos em primeira pessoa com um certo tipo de metanarração e com a predominância de certos modos e tempos, e assim por diante. Algo semelhante foi tentado aqui (Cap. 3); Genette, 1972, constitui um exemplo mais sofisticado, mas bastante semelhante.

4.2. Já foi dito o indispensável sobre a passagem da segmentação para a individuação da *fabula* (3.1; 3.2): ela representa um esforço em direção da linearidade temporal. Aqui se deve porém acrescentar que a linearidade temporal é obtida mediante a ligação dos segmentos nos quais tenha sido eventualmente subdividida uma ação unitária (uma unidade conteudística). Trata-se, em suma, de uma reconstrução de uma unidade de sentido: cada unidade deve ter um sentido acabado, e constituir um anel dentro de uma corrente de unidades-eventos[63]. A in-

---

62. *Ibid.*, p. 90. Uma observação análoga, de O. Burgelin, é reportada por Genot, 1970, p. 32.
63. Cf. Genot, 1970, p. 22.

tegração pode efetuar-se dentro de limites de várias amplitudes (correspondentes a um resumo mais ou menos sumário: visto que o resumo torna evidente o tipo de nexos individuais): trata-se da escala de abstração da qual falaremos mais adiante. Mas os segmentos podem também ser aproximados em vários planos ideais, mantendo sua posição no texto. Neste caso a segmentação põe em evidência outros gêneros de vínculos, desde os motivacionais até os temáticos.

A lógica causal não coincide com a temporal, mesmo que a implique. Reconstruir uma sucessão de acontecimentos (a *fabula*) não significa reconstruir suas motivações, muitas vezes impalpáveis, remotas, oblíquas. Tanto é verdade que a *fabula* pode ser — e de fato sempre é — um resumo; mas o conjunto das motivações é tão complexo que somente o texto em sua totalidade pode indicá-lo. O texto resiste invicto às nossas agressões, cujo melhor êxito pode apenas ser o de fazê-lo falar.

A segmentação distingue, portanto, mas sem privilegiar nenhuma delas, as partes do texto que contêm atos e causalidades diretas, das que apresentam motivações mais amplas, caracterizações mais refinadas das personagens, até as descrições ambientais e os impulsos inconscientes[64]. Esta casuística, por enquanto grosseira, irá mostrar suas implicações quando se der notícia das tentativas de descrição funcional da narrativa.

Mas a obra literária se caracteriza exatamente pelo seu não limitar-se às motivações explícitas. O narrador quase nunca diz que uma personagem executa uma ação por uma determinada razão, mas fornece uma série de indícios que encaminham para a descoberta desta razão e para a compreensão de sua complexidade. Enunciação indireta que constitui o correlato do enredo e, muitas vezes, da impalpabilidade dos impulsos que agem sobre o homem.

O texto segmentado expõe ao olhar atento a série de segmentos que se referem a um dado sistema de mo-

---

64. Lembro que Aristóteles já distinguia na tragédia, além do espetáculo e da composição musical, "a fábula, os caracteres, a linguagem, o pensamento", sobre os quais se entretinha com notáveis clarificações (*Poetica* 1450a, in G. Della Volpe, *Poetica del Cinquecento*, Bari, 1954, p. 70).

tivações. Estes segmentos obedecem à exigência, evidenciada pela lingüística moderna, da recursividade (está em seu âmbito o fato de que as afinidades sêmicas ou lexemáticas atestam sobre a ligação — antes, sobre a continuidade entre segmentos, mesmo que distantes). E portanto são ligados, à distância, mediante os mesmos procedimentos que a retórica estuda sobre segmentos contínuos (anáfora, correlação, contraposição etc.).

Mas a recursividade tem uma dupla função: denotativa e conotativa. É denotativa ao individuar cadeias, ao focalizar progressivamente motivações; é conotativa na medida em que a insistência produz, mais que um incremento de notícias, um incremento de efeitos expressivos. Por isso, sem dúvida, dois segmentos de uma série são ao mesmo tempo ligados e separados: são ligados em ordem à denotação, são separados pelo que diz respeito à conotação. O que caracteriza estas correntes é, de qualquer maneira, sua execução de tipo musical, como numa partitura: elas dão um andamento rítmico ao discurso narrativo:

[...] na primeira tentativa feita por ele para formular uma teoria da prosa, Chklóvski postulou uma estreita correlação entre os artifícios da composição e os do estilo. Ele sustentou que "as técnicas usadas na construção da intriga (*sjužetoslozenie*) são análogas, antes fundamentalmente idênticas, às usadas na orquestração verbal". Estabelece-se assim uma analogia entre fenômenos aparentemente diversos como a "tautologia arquitetônica", o recorrer de um mesmo evento num poema épico ou num conto de fadas, e a repetição verbal[65].

É aqui, em suma, que se verifica em seu aspecto macroscópico e, para os efeitos do discurso narrativo, mais importante, quanto ao que foi observado (2.1) sobre o fato de que cada leitura é *orientada*. Cada segmento se sobrepõe de fato àquele afim, dando origem ao que Chklóvski chama de *imagem transcorrente*:

O assunto [leia-se: enredo] é constituído, mediante ligações entre várias partes, como o repetir-se dos mesmos trechos, que

65. Erlich, 1964, pp. 78-79.

se tornam imagens transcendentes [...]. Lendo um trecho, o percebemos continuamente sobre o fundo ambiental de outro. Foi-nos dada a orientação em direção a uma ligação, nós procuramos interpretá-la e isto modifica a percepção do trecho[66].

Podemos então dizer que o escritor não só prefere nos dar os indícios das motivações mais do que as próprias motivações, mas muitas vezes nos arrasta para a área (ou para a aura) destas motivações, com procedimentos não distantes daquelas da "persuasão oculta"[67]. A atividade indutiva do leitor é polarizada por meio de sugestões.

Sabe-se bem — a estilística tradicional tem ensinado — que a recursividade não é só conteudística. E tudo quanto eu disse até agora sobre os valores temáticos, pode valer para palavras ou frases recorrentes ao longo do texto. Seria importante encontrar o ponto de convergência entre recursos conteudísticos e recursos estilísticos: o que sem dúvida é possível, visto que um tema traz muitas vezes consigo uma constelação lexical ou semântica, ou até modos exatos de enunciação.

Procurei fornecer um exemplo desta convergência no Cap. 3, onde os segmentos em monólogo, em apóstrofes, em diálogo, ou os com predomínio de narração direta ou de narrações memorativas, os introvertidos e os metanarrativos correspondem a partições exatas do raconto, com sua tonalidade; e simultaneamente se alternam, segundo simetrias precisas.

É a este propósito que seria útil a noção de *registro*, tirada metaforicamente da música, para indicar um aparato para a variação da sonoridade e do timbre: todo um texto é "executado" alternando registros com funções claramente colorísticas mas, também, distributivas da matéria narrada. Infelizmente o termo ainda não assumiu um significado suficientemente estável. Vai-se do registro como "conjunto de motivações e de procedimentos lexicais e retóricos", que comporta "um tom expressivo particular"[68], à sua definição como:

un ensemble de conventions communicatives dont on est obligé de postuler l'existence pour expliquer la transmission

---

66. Chklóvski, "Pil'njak" (1925), *Revista Soviética*, XVI, 1965, n.º 3, pp. 74-82, às pp. 75 e 78.
67. Como notei a propósito da *Viagem Sentimental* de Chklóvski (Segre, 1969, p. 234).
68. Zumthor, 1963, p. 155.

d'une espèce très particulière de message. En cela, on pourrait le dénommer code [...]. Répertoire d'affinités sélectives, d'oppositions et de similarités aspirant à se lier dans la contiguité d'un texte, le registre remplit donc, dans la constitution de celui-ci, la fonctions de règles combinatoires[69],

ou como "un réseau de relations pré-établies entre éléments relevant des divers niveaux de formalisation, ainsi qu'entre ces niveaux" ao passo que outros consideram como registros os meios lingüísticos do escritor, à medida que ele faz prevalecer a referencialidade (discurso descritivo) ou a literalidade (discurso abstrato, discurso figurado, discurso reportado) ou mesmo processo de enunciação (discurso pessoal, discurso estimativo)[70].

A última definição faz prevalecer os modos de enunciação, que talvez fosse inútil chamar de registros; a definição de Zumthor (sobretudo "rede de relações preestabelecidas entre elementos próprios de diversos níveis de formalização, como também entre os próprios níveis") é operativamente muito mais útil, mesmo se Zumthor, em relação a seu propósito historiográfico, sublinha a tradicionalidade ("relações *preestabelecidas*") dos registros, à medida que para nós importa mais o caráter complexo e estruturante da noção, cujos elementos constitutivos poderão em seguida ser determinados com exatidão para cada texto examinado.

Sustento, todavia, a proposta de ler um texto inteiro — em especial se estilisticamente elaborado e variado — como uma partitura de registros, que por vezes acompanham, por vezes também podem dominar a própria narração, substituindo um enredo de acontecimentos por um enredo de tonalidades estilísticas[71].

Funções e fabula

5.1. Por motivos que dizem respeito à história política e cultural da Europa nos anos 1930-60, as propostas de Propp foram deixadas de lado, para depois ressoar com límpido vigor por volta dos anos 60, primeiro no âmbito

69. Zumthor, 1972, p. 239.
70. Todorov, 1968, pp. 108-16.
71. Do mesmo modo aqui, no Cap. 3, as páginas cf. 122-129.

folclórico e etnográfico, e depois no âmbito literário[72]. Procedo imediatamente a esta revivescência na teoria da literatura, reservando-me o direito de fazer, mais tarde, algumas alusões à contribuição dos etnólogos.

A maior insistência sobre a linha de Propp veio de Bremond. O qual, no início de uma de suas primeiras contribuições, focaliza, com precisão, de que modo (e dentro de quais limites) as análises de Propp podem ser levadas para o terreno literário:

> Ce que Propp étudie dans la conte russe [...] c'est une couche de signification autonome, dotée d'une structure qui peut-être isolée de l'ensemble du message: le *récit*. Par suite, toute espèce de message narratif, quel que soit le procédé d'expression qu'il emploie, relève de la même approche à ce même niveau. Il faut et il suffit qu'il raconte une histoire. La structure de celle-ci est indépendante des techniques qui la prennent en charge[73].

Eis, portanto, reforçado o valor semiológico do modelo narrativo, e indicada com precisão sua independência dos meios e das técnicas expressivas. Mas Bremond também diz que o sistema fechado de Propp não pode ser mantido se recorrermos a outros textos. A exigência principal que Bremond faz prevalecer é a das possibilidades de opções: qualquer ação pode ter ou não seguimento, e, no primeiro caso, pode ter um seguimento venturoso ou infausto. Uma análise do *récit* deve ser binária ("nécessité de ne jamais poser une fonction sans poser en même temps la possibilité d'une option contradictoire")[74].

A sucessão fixa de funções assentada por Propp é, portanto, colocada em dúvida (pelo menos de modo abstrato) pela exigência de uma série de alternativas abertas por funções individuais; ela é, além disso, agredida mesmo mais perigosamente por uma outra evidência: que entre algumas funções há uma relação de pressuposição, e portanto uma ordem fixa, ao passo que outras têm uma posição preferencial que é somente probabilística, e por conseguinte deixa entrever a possibilidade de funções em posição livre.

72. Cf. Meletinski-Nekliudov-Novik-Segal, 1973.
73. Bremond, 1964 = Bremond, 1973, p. 12.
74. *Ibid.*, p. 25.

Não vou entrar em detalhes, também importantes, como a sugestão de não fazer seguir as funções sobre uma cadeia unilinear, mas de caracterizar num *récit* as classes homogêneas e correlatas de funções, que devem ser colocadas, respectivamente, sobre várias linhas paralelas e constituem portanto seqüências ligadas mas não consecutivas da narração (decomponível portanto em unidades menores — as funções — e em unidades maiores — as seqüências).

Deve-se, ao contrário, sublinhar logo a exigência dicotômica, que, como assinala o próprio Bremond[75], permite a ligação com comportamentos arquetípicos e com estereótipos culturais, aos quais o ouvinte (ou leitor) relaciona o *récit*, reconhecendo seus significados narrativos ou notando as infrações eventualmente efetuadas pelo narrador (ou escritor). As funções são, de fato, para Bremond, "unités de sens"[76]. Elas podem constituir modelos de menor ou maior complexidade:

il est sans doute possible, en combinant un nombre limité d'éléments aisément repérables (les fonctions, groupées en triades) de construire des modèles de situations et de conduites d'une complexité indéfiniment croissante, capables de constituer ces "simulacres" des événements et des personnages (*dramatis personae, actants, rôles,* comme on voudra les nommer) dont l'analyse sémiologique du récit a besoin[77].

---

75. *Ibid.*, p. 35, mas também p. 30.
76. *Ibid.*, p. 47. Análoga, porém mais premente, à definição proposta por Lotman, 1970, p. 276: "Como se apresenta o acontecimento como unidade de composição do enredo? *No texto o acontecimento é a transferência da personagem além dos confins do campo semântico*" (grifo do autor). De onde toda uma sintomática série de afirmações com relação ao enredo: "A deslocação do herói para o interior do espaço a ele atribuído não constitui um acontecimento. Daí resulta clara a dependência do conceito de acontecimento da estrutura espacial do texto, de sua componente classificatória. Por isso, o enredo pode se concentrar no episódio principal, que é a interseção do principal limite topológico com sua estrutura espacial" p. 281); "Elementos inevitáveis de todo enredo são: 1) Um campo semântico dividido em dois subconjuntos reciprocamente complementares. 2) Um limite entre dois subconjuntos que, nas condições habituais, é intransponível, ao passo que no caso dado (o texto do enredo sempre diz respeito a um caso determinado), resulta superável pelo herói-agente (protagonista). 3) O herói-agente" (p. 283).
77. Bremond, 1964 = Bremond, 1973, p. 46.

Passando às propostas construtivas, Bremond exprime seu programa como uma descrição das "constrições lógicas que toda série de eventos dispostos em forma de conto deve respeitar para não se tornar ininteligível"[78]. Trata-se, pois, de um plano de caráter dedutivo, em que as formulações de Propp constituem apenas um repertório de exemplificação. Eis entretanto a definição do *récit*:

> Todo conto consiste em um discurso que integra uma sucessão de eventos de interesse humano na unidade de uma mesma ação[79].

Bremond mantém firmes, naturalmente, os pontos já indicados: nenhuma função é obrigatoriamente seguida por outra, pois que cada vez se abre uma possibilidade binária, que admite a passagem, assim como a não passagem, da virtualidade ao ato.

O que interessa aqui é a linguagem empregada para descrever as funções. Vimos que Propp tinha levado a termo sua classificação tendo em conta o conjunto do sistema. Em certo ponto da *Morfologia* se encontra um esboço de generalização:

> De um ponto de vista morfológico podemos definir fábula como qualquer desenvolvimento de uma danificação (X) ou de uma falta (x) através de funções intermediárias até um casamento (N) ou até outras funções empregadas como solução [...]. Este desenvolvimento foi por nós chamado de *movimento;* cada nova danificação, cada nova falta, dá origem a um novo movimento[80].

Bremond segue um procedimento inverso: visto que o ponto de partida de uma ação pode ser somente um projeto humano que os eventos favoreçam ou impeçam, toda e qualquer narração pode se reportar a dois tipos:

---

78. Bremond, 1966, p 99.
79. *Ibid.*, p. 102.
80. Propp, 1928, p. 98. Tomachévski, 1925, p. 313, falava, ao contrário (mas a propósito de textos literários), de passagens de estados de contradição para a conciliação final, ou de rupturas de equilíbrio ao reestabelecimento de um, ou do equilíbrio.

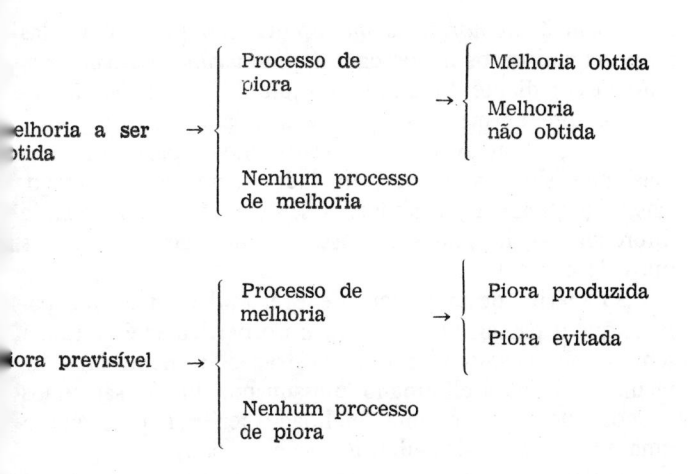

melhoria a ser → { Processo de piora → { Melhoria obtida / Melhoria não obtida } ; Nenhum processo de melhoria }
obtida

piora previsível → { Processo de melhoria → { Piora produzida / Piora evitada } ; Nenhum processo de piora }

É sobre esses dois esquemas bastante genéricos que (ventilando em parte a terminologia de Propp) se introduzem os principais eventos intermediários: o *obstáculo a ser eliminado*, o *dever a ser cumprido*, o *problema a ser resolvido*, a *negociação*, a *agressão* etc. Nesta casuística as personagens (*aliado* e *beneficiário da ajuda*, *adversário* e *agredido*, *sedutor* e *seduzido*) caracterizam as seqüências, isto é, as séries de funções nas quais estão implicados. Bremond adverte que cada seqüência tem seu paralelo de signo oposto, porque a vitória de uma personagem é a derrota da outra, o sucesso de uma é o malogro da outra, e assim por diante. Dever-se-ia objetar, ou pelo menos precisar, que esse desdobramento quase nunca é valorizado na *fábula*, visto que cada acontecimento é posto em relação com o protagonista (ou com os protagonistas), e julgado em sua perspectiva.

É preciso aqui perguntar-se que tipo de ações foram cadastradas por Bremond como funções, e como ele passa do geral ao específico. Quanto ao primeiro ponto, Bremond afirma que "aos tipos narrativos elementares correspondem [...] as formas mais elementares do comportamento humano. O empenho, o contrato, o erro, a armadilha etc. são categorias universais"[81]. A passagem do geral ao particular é posteriormente efetuada através do adensamento das seqüências dentro da grande tríade-matriz: trata-se, em suma, de cadastrar os obstáculos que se

---

81. Bremond, 1966, p. 121.

interpõem à *melhoria*, as *ajudas* que são proporcionadas ao protagonista, os meios para a *eliminação do adversário*, e assim por diante, "numa hierarquia de seqüências incluídas, sempre as mesmas, que determinam exaustivamente o campo do 'narrável' "[82]: "construindo, a partir das formas mais simples da narratividade, seqüências e categorias, concatenar-se de situações sempre mais complexas e diferenciadas, lançamos as bases de uma classificação dos tipos de conto (...)"[83].

O mérito deste projeto de Bremond é, pois, me parece, que a passagem do geral para o particular é efetuada sempre no mesmo plano de abstração[84]: melhoria, obstáculo, meio para eliminá-lo, e assim por diante, são todos termos que mantêm uma qualidade genérica passível de uma vasta gama de subarticulações. Todavia, a escolha deste plano é arbitrária, e é o caso de interrogarmo-nos sobre sua validade.

Não há dúvida que num léxico de funções como o usado por Bremond possa entrar qualquer narração; mas há um ponto além do qual uma descrição se torna falsificação. Posso chamar de *sedução* a sedução de um conselheiro desonesto, como a de um namorado ardoroso? Ou pôr sobre a mesma rubrica o engano de um embusteiro e aquele de um adúltero? E se eu começar a distinguir, mesmo que lexicalmente, as funções, não estarei me dirigindo para um declive que iria terminar bastante longe?

Tomemos um exemplo clássico, o de Propp. Sejam dadas estas cinco situações iniciais:

1. O rei manda Ivan procurar a princesa. Ivan parte.
2. O rei manda Ivan procurar uma raridade. Ivan parte.
3. A irmã manda o irmão procurar um medicamento. O irmão parte.
4. A madrasta manda a enteada procurar fogo. A enteada parte.
5. O ferreiro manda o camarada procurar uma vaca. O camarada parte[85].

Para Propp os cinco segmentos são funcionalmente idênticos: constituem o *envio* e a partida *para a busca*.

82. *Ibid.*, p. 120.
83. *Ibid.*, p. 121.
84. Excluída a parte inicial do ensaio, onde entre *virtualidade* e *melhoria a ser obtida* ou *piora previsível* há incremento de especialidade.
85. Propp, 1928b, p. 278.

No sistema das fábulas de magia estas situações de encaminhamento são típicas, e sua unificação é incontestável; exatamente porque o sistema é rígido, pode-se opinar que toda vez que, por exemplo, a eventualidade n.º 4 não apresenta os desenvolvimentos que ela *deve* ter, mas constitui um episódio puramente anedótico, não há por que considerá-la uma função, mas cumpre englobá-la em outra, ou, sem mais, deixá-la de lado. Podem-se, ao contrário, imaginar outros sistemas em que seja considerada fundamental a diferença entre um objeto de pesquisa animado (exemplos 1, 5) ou inanimado (exemplos 2, 3, 4), agradável (exemplos 1, 2) ou útil (exemplos 3, 4, 5) etc.

O grau de generalização na delimitação das funções é, portanto, condicionado pelo sistema. Sistema que por sua vez pode receber, conforme os objetivos do estudioso, limites mais ou menos restritos: pode-se instituir como sistema o próprio texto de que estejamos nos ocupando, isto é, sua *fabula*, ou todas as obras afins de um escritor, ou todas as obras afins de uma mesma ou demais épocas. Nasce daí, pois, a exigência de que as funções possam ser definidas mediante uma escala de generalização variável; que, em outras palavras, a passagem do geral ao particular não se dê apenas sobre uma retícula bidimensional de subdivisões internas sempre mais cerrada (como proposto por Bremond), mas seja também uma passagem do genérico ao específico, tendo às extremidades a generalização máxima e a máxima especificação. Em todo o caso, há um limite que não se pode superar: o da identidade semântica do texto examinado. Enredo e *fabula*, por certo, conservam certa massa de elementos particulares e de especificações dos quais o modelo narrativo deve prescindir. Mas não julgaria útil um modelo narrativo partindo do qual o texto resultasse irreconhecível. Há uma antinomia entre individualidade e generalização que, no caso dos modelos narrativos, é muito oportuno. Os modelos devem permitir descrever, de maneira uniforme, textos de várias naturezas e época, individuar, em suma, invariantes; mas no momento em que as invariantes se revelarem insignificantes, em que o texto seja completamente irreconhecível no modelo, o próprio modelo se torna destituído de utilidade. Acontece, em resumo, que entre texto e modelo persiste uma relação biunívoca, enquanto geral.

Pode-se notar, por outro lado, que as tríades caras a Bremond são constituídas por elementos homogêneos no plano lógico, mas não no narrativo. Narrativamente, os elementos iniciais (virtualidade) e terminais (objetivo alcançado) podem ter uma consistência ainda que mínima; o primeiro pode muito bem não ser enunciado, e ser de fato englobado no elemento mediano (atualização). Diria portanto que o esquema-matriz de Bremond deveria ser transformado do seguinte modo:

(virtualidade) ⟶ atualização ⟶ (objetivo alcançado),

de maneira a indicar que o *récit*, na forma mais abstrata possível, se identifica com o elemento mediano, mesmo se os outros dois elementos forem condições necessárias para sua subsistência[86].

Uma tendência à tripartição é, todavia, pode-se dizer, congênita, e Aristóteles havia apontado isso mui exatamente:

Um todo é o que tem princípio, meio e fim. Princípio é o que não tem em si necessidade alguma de encontrar-se após uma outra coisa, mas é natural que uma outra coisa se encontre ou esteja para se encontrar depois dele. Fim, ao contrário, é aquilo que por sua própria natureza vem a se encontrar após uma outra coisa, ou que seja sua conseqüência necessária ou que, simplesmente, lhe suceda na ordem normal (e verossímil) dos fatos; e depois dele não há outra coisa. Meio é o que se encontra depois de outra coisa, e a outra está depois dele[87]:

onde está bem individuada a função inauguradora e motriz do primeiro elemento, e a conclusiva do último. O que leva a substituir a "virtualidade" de Bremond por funções reais, já diegéticas, como por exemplo (a um grau muito menor de abstração) "namoro", "promessa de casamento", ou semelhantes.

Tome-se então essa tríade:

promessa de casamento ⟶ contrariedades retardadoras (= obstáculos a serem superados ⟶ meios para superar os obstáculos ⟶ obstáculos superados) ⟶ casamento.

Esta tríade pode adaptar-se a centenas de textos, desde os romances alexandrinos até os *Promessi Sposi* e os

---

86. Tal é também, me parece, a opinião de Lotman: cf. acima, nota 76.
87. *Poética*, 1450b.

romances água-e-açúcar. Depois, conforme o tipo de "contrato" que a promessa de casamento constitui, de acordo com o tipo de contrariedades etc., podem-se instituir reagrupamentos sempre mais estritos, trazendo cada vez à luz elementos específicos incluídos na generalidade da fórmula-base.

Ainda mais rica em desenvolvimentos pode ser uma narração que parta da função *namoro*. A primeira discriminação é (pelo menos em sociedades monogâmicas) a preexistência ou não de um casamento; a segunda, o propósito de consumar o amor, ou não etc. Daí a presença ou a ausência da função *adultério*, que pode ser em seguida considerada conclusiva (como um alvo alcançado), ou interlocutória, em direção a ulteriores desenvolvimentos. Neste quadro, as astúcias que prejudicam o cônjuge legítimo podem ser vistas apenas em relação a seu alvo (*remoção de obstáculo*), ou confrontadas com todas as astúcias, praticadas com qualquer intenção, e definidas como *engano*, ou melhor especificadas, se for em suas modalidades que se concentra a narração (*burla*: cf. Cap. 4), associando ao engano uma resolução de humilhação por parte do adversário.

Em segundo lugar, as funções podem ser emparelhadas ou unidas em grupos mais amplos: a *promessa de casamento* pode ser considerada concomitante (ou não) ao *empenho*, explícito ou não, em *conservar a castidade*, o que implica uma série de desenvolvimentos paralelos àquele da fórmula-base, segundo combinações sempre mais complexas. É naturalmente com base nestes esquemas (tornados estereótipos) que as eventuais infrações obtêm resultados de surpresa, comicidade etc. (ver Cap. 5).

Portanto, a meu ver, a rede para definir o *récit* não deve ter somente possibilidades de adensamento, isto é, de enriquecimento de detalhes, mas deve permitir medições mais ou menos adstringentes na escala do genérico-específico, de modo que o ardor da análise possa ser colocado em vários pontos de distância do tema, e agregá-lo, conforme as necessidades, a classes mais ou menos amplas de tema descrito, respectivamente, numa mesma escala.

5.2. Propp define as personagens a partir das funções e não o contrário. Tendo aproveitado sete tipos principais de personagens (antagonista, presenteador, ajudante, princesa e rei, mandante, herói, falso herói)[88], ele as caracteriza com base nas funções que elas desenvolvem, definindo as esferas de ação pertencentes a elas, e sublinhando a possibilidade de que apenas uma personagem abranja mais de uma esfera de ação, ou que uma só esfera de ação seja repartida entre mais de uma personagem.

Esta originalíssima decisão teórica, que em substância despoja a personagem de uma fisionomia e de um caráter *precedentes* à ação, e a transforma num papel durante o *curso* da ação, implica uma precisa concepção da fábula de magia, que não devemos discutir aqui (e que, de resto, Propp subentende): uma concepção em que os temas estão subordinados aos atos, visto que os próprios atos são simples variantes formais de um acontecimento já predisposto como imutável. É a impossibilidade para uma função de ter êxitos alternativos que torna insignificante a figura que a leva a termo.

Propp dizia que "todos os *predicados* nos dão a composição da fábula, todos os *sujeitos*, os *complementos*, e as outras partes da frase determinam o enredo narrativo"[89]. Compreende-se que, ao se estender à literatura a tentativa de Propp, se tenha procurado ter em conta, além dos predicados — ações, sujeitos — personagens e modalidades, isto é, complementos.

Provavelmente é desta frase de Propp que nasce a tentativa de análise da narrativa, de Todorov, 1969. Seu princípio básico (que ambiciona muito mais do que descrever somente as novelas do *Decameron*) é a possibilidade de sintetizar o conteúdo de uma narração, utilizando as principais categorias da gramática: as personagens serão sujeitos ou objetos da ação, enfim, agentes ou pacientes, suas ações serão verbos, suas características adjetivos ou substantivos, e assim por diante; não faltam outras categorias gramaticais — negação, comparação, modo — mesmo se seu uso for mais metafórico do que aquele dos termos fundamentais.

Não é necessário resumir o modo engenhoso com o qual Todorov sintetiza as novelas, reduzindo-as a fórmulas. Indicarei somente o aprofundamento por ele trazido à relação entre personagem e função; a distinção (mesmo

88. Propp, 1928, Cap. VI.
89. *Ibid.*, p. 121.

se contestável em muitos detalhes) entre um plano sintático e um plano semântico, o primeiro dos quais institui o *sentido* das funções de maneira relacional (na linha de Propp), enquanto o segundo dá, prescindindo da narrativa, seu significado; a instituição de signos adequados para distinguir uma sucessão cronológica de uma sucessão causal.

Todorov sustenta todavia a preeminência da função sobre a personagem: o agente é qualificado pelo predicado que lhe é ligado: "l'agent est une personne; mais il n'est en même temps personne"[90]; "il est... comme une forme vide que viennent remplir les différents prédicats (verbes ou attributs)"[91]. Uma decisão que, se quisermos reduzir o raconto a uma pura sucessão de funções, é bem justificada. Pelo que diz respeito a Todorov, em particular, deve ser sublinhado que em seguida ele recupera os traços de caráter das personagens, inserindo nas seqüências os atributos: que são, porém, apenas os elementos qualificativos interessados ou motivados no conto.

O principal mérito da tentativa de Todorov é o de sugerir uma representação formalizada e linear das seqüências que constituem a narrativa: uma representação que identifica não só as funções, mas as personagens, seus atributos determinantes, suas volições. O principal defeito, sem entrar em detalhes que outros já discutiram amplamente[92], é a classificação dos verbos em três categorias pertencentes à área de "modificar", "pecar" e "punir"[93], que não se colocam num mesmo grau de generalização, que não constituem um sistema semântico coerente e que não conseguem determinar abaixo de si, nem sequer as ações efetivamente descritas no *Decameron*.

Trata-se, de qualquer maneira, de um defeito extremamente instrutivo. Deixemos de lado *modificar*, cujo

90. Todorov, 1969, p. 28.
91. *Idem*. O problema é visto de maneira mais ampla e menos unilateral no apêndice sobre *Les Hommes-Récits*, pp. 85-97. [Trad. bras. "Os Homens Narrativas" in TODOROV, *As Estruturas Narrativas*, São Paulo, Perspectiva, 1970, Debates 14.]
92. Cf. P.W.M. De Meijer, in *Het Franse Boek*, XLI, 1971, n.º 1, pp. 5-11; Bremond, 1973, pp. 103-28.
93. Todorov, 1969, pp. 34-41; precedentemente, Todorov, 1967, tinha sintetizado o mundo verbal das *Liaisons Dangereuses* na tríade *désir*, *participation* e *communication*, a quem se podiam aplicar regras de derivação: oposição e passivo (pp. 58-61). Daí toda uma casuística, que tende determinar com exatidão o código comportamental das *Liaisons* (p. 66).

âmbito é naturalmente muito extenso. Tomemos *pecar*. Sob *pécher*, Todorov registra: *acte sexuel, voler, tuer, manger, se saoûler, manquer de respect, blasphémer, trahir une promesse, avoir le coeur dur, faire partie d'un peuple ennemi, être riche* (naturalmente, em situações específicas). Os verbos registrados são os de uma descrição a nível de *fabula*. O verbo ao qual são remontados — não importa, aqui, quão apropriadamente — pode subsumi-los somente dentro de uma concepção particular da vida, que é a atribuída por Todorov a Boccaccio. Procurando unificar os verbos sob três únicas rubricas, Todorov mostrou implicitamente que toda categoria está necessariamente ligada a uma ideologia: a da época a que o texto pertence, ou a da época em que a análise foi efetuada. A adequação dos esquemas de Todorov subsiste portanto, apenas no caso em que suas categorizações sejam, por sua vez, adequadas: isto é, no caso em que ele tenha preenchido uma adequada interpretação histórico-ideológica. A extrema abstração não leva, neste particular, a uma extrema aplicabilidade. O modelo é um modelo histórico (cf. 5.4).

5.3. Bremond voltou recentemente ao problema do *récit*, principalmente na maior parte de seu último volume, intitulado *Les Rôles Narratifs Principaux*[94]. No início parece religar-se a seu trabalho de 1966, do qual retoma o esquema triádico, a série: *éventualité* → *passage à l'acte* → *achèvement*, a insistência sobre as possibilidades binárias. Mas logo se nota uma inflexão diferente, confirmada pela ausência da contribuição de 1966 num volume que também reúne escritos precedentes, até 1964.

Com efeito, esta nova proposição constitui uma reviravolta da impostação de Propp, aceita, para este ponto, por Bremond ainda em 1966 → a personagem prevalece sobre a função:

La fonction d'une action ne peut être définie que dans la perspective des intérêts ou des initiatives d'un personnage, qui en est le patient ou l'agent. Plusieures fonctions ne s'enchainent que si l'on suppose qu'elles concernent l'histoire d'un même personnage (ainsi *Victoire* ne succède à *Lutte* que si l'on admet qu'un même personnage est, d'abord combattant, puis victorieux). Nous définirons donc la fonction, non seulement

94. Bremond, 1973, pp. 129-333.

par une action (que nous nommerons *processus*), mais par la mise en relation d'un personnage-sujet et d'un processus-prédicat; ou encore, pour adopter une terminologie plus claire, nous dirons que la structure du récit repose, non sur une séquence d'actions, mais sur un agencement des rôles[95].

A novidade da perspectiva traz consigo, portanto, uma renovação das definições. A função não é mais caracterizada por sua incidência sobre o movimento geral do *récit*, mas pela relação entre um agente e um predicado; o *récit* não é mais constituído por uma sucessão de ações, mas por uma concatenação de papéis.

Se confrontarmos Bremond, 1966, com Bremond, 1973, notaremos que nos esquemas do primeiro havia processos de melhoria (ou de piora), obstáculos a serem eliminados, ajudas a serem recebidas ou serviços a oferecer, que eram inscritos na coluna sob o papel do beneficiário ou da vítima de tais processos, identificado com a perspectiva do conto; ora, é a própria personagem que é atingida pelo processo, ou o executa respectivamente, opera a modificação ou é objeto dela, e assim por diante. Ademais, são valorizadas também as funções reflexivas, nas quais o agente se identifica com o paciente.

Todo o trabalho de Bremond se concentra, portanto, na definição dos papéis possíveis. Duas grandes categorias: paciente e agente. O paciente pode ser objeto de influências que o provêem ou o privam de informações, de esperanças ou de receios; de ações que modificam sua sorte (mediante melhoria ou degradação) ou o mantêm no estado precedente (mediante proteção ou frustração). Correlativamente, o agente pode se apresentar como influenciador, melhorador ou degradador, protetor ou frustrador. Além disso, as subdistinções ou as subespécies são numerosas: o agente pode ser voluntário ou involuntário etc.

Vê-se logo que os papéis, mesmo que na terminologia pareçam em parte corresponder aos de Propp, se diferenciam deles, porém, decididamente, por terem uma validade muito maior (total, antes, pelo menos nas intenções): ao antagonista de Propp, por exemplo, está reservada uma série de funções limitadas e de êxito previsível, enquanto o degradador e o frustrador de Bremond podem aparecer em qualquer tipo de raconto, e têm tantas probabilidades de

---

95. *Ibid.*, pp. 132-33.

sucesso quantas de insucesso; princesa e rei de Propp falham não tanto porque sua presença no conjunto da literatura narrativa é mínima, quanto porque num conto a presença de princesa ou de rei é uma qualificação entre outras infinitas possíveis, e quem a traz tanto pode ser agente como pode ser paciente, protetor ou frustrador etc.

Portanto, ao contrário dos escritos anteriores, Bremond, 1973, insiste nos papéis muito mais que no *récit;* mas resulta, no fim, que se trata apenas de uma direção de pesquisa, se as conclusões forem baseadas na passagem "du précodage des rôles au codage du récit"[96]. Nas conclusões, antes, é o processo que toma vantagem sobre os papeis, numa série de tabelas de seis colunas que catalogam: vínculo sintático, processo, fase do processo, volição, pessoas (agente e paciente). Lendo a coluna da direita para a esquerda, encontramos portanto indicados: agente e paciente do processo, voluntariedade ou não do processo (eventual, em ato, executado), o processo (os tipos de processo previstos são cerca de cinqüenta), o tipo de relação entre uma fase e a outra (causa e efeito, meio e resultado, obstáculo e meta).

A máquina construída por Bremond, 1973, é muito mais compacta e complicada que aquela de Bremond, 1966. Deve ser sublinhado que desta vez Bremond se refere, mesmo sumariamente, a exemplos concretos, fábulas, novelas, excertos teatrais, *exempla ficta* etc., enfim, controla suas deduções por um repertório. Suas tabelas finais, aparentemente, consideram a dupla perspectiva de cada narração, já bem presente em Bremond, 1966. A definição dos processos e sua voluntariedade estão sempre em relação com o agente e com o paciente: o emparelhamento que, todavia, impede de se levar em conta a eventualidade que duas ações independentes venham a colidir, produzindo, em seus agentes e pacientes, conseqüências que nenhum dos dois tinha programado. A lógica da função, que inevitavelmente é uma ação humana também em Propp, continua dominando, quer as personagens sejam absorvidas nela (Propp), quer sejam seus motores (Bremond).

E nela domina também a valorização dos moventes e dos atributos. Veja-se como Bremond[97] discrimina atri-

96. *Ibid.*, pp. 309 e ss.
97. *Ibid.*, pp. 137-38.

butos puramente descritivos, estáticos, e os dinâmicos, "par lesquels il [a personagem] subit ou provoque une évolution", levando em conta somente estes últimos; ou como a passagem de um estado A para um estado B é sempre vista como um processo de modificação, e não como efeito de um impulso produzido pelo próprio estado (de pobreza, de insatisfação etc.). Levado para o centro da narrativa, a personagem continua, em suma, a ser qualificada pelas ações que executa, ou que sofre, pelos movimentos que provoca, ou pelos quais é arrastada.

A meu ver (especialmente quando se trata de textos com maior responsabilidade literária) as relações devem, ao contrário, ser invertidas: uma ação interessa na medida em que reflete a índole e a vontade de uma personagem. Antes, a personagem, que geralmente tem nome e sobrenome, e está registrada num cadastro mais ou menos fictício, constitui um feixe de atitudes e de traços de caráter (em inglês, isso se chama exatamente de *character*) que, seja ele um indivíduo atípico ou então um tipo tradicional ou uma "máscara" — conforme as poéticas ou os gêneros literários —, constitui, *ipso facto*, a explicação de seus moventes e contém a possibilidade de desenvolvimentos interiores. A personagem, enfim, efetua a unificação das funções, que têm sentido porque efetuadas por ela, derivando-se dela:

> Um procedimento usual para agrupar e ligar em série os motivos é a introdução de personagens que se constituem em seus portadores viventes[98].

5.4. As tentativas de Todorov e Bremond são as mais avançadas da análise da narrativa propostas até o momento. Mais que fazer delas uma crítica minuciosa, seria útil experimentá-las concretamente, quiçá tentando sua unificação[99]. Mas o discurso, ao qual quero aludir aqui, se refere aos próprios fundamentos do método. Estas análises do raconto usam uma metalinguagem aplicando-a a um texto lingüístico (à obra literária, fabular etc.). Esta metalinguagem pode desembocar em formalizações, mas apenas por meio do humilde procedimento da paráfrase, na maioria das vezes resumidora.

98. Tomachévski, 1925, p. 337.
99. Muito instrutiva a experiência de Rossi, 1973.

O fato mereceria ser historiado; mas indicarei somente seus dois extremos. Já Platão, comparando o discurso mimético com o diegético, e reconstituindo em forma narrativa os discursos de Crise e a resposta de Agamemnon, efetuava uma redução e uma banalização do texto homérico[100].

«Ἀτρεῖδαι τε καὶ ἄλλοι ἐυκνήμιδες Ἀχαιοί,
ὑμῖν μὲν θεοὶ δοῖεν Ὀλύμπια δώματ' ἔχοντες
ἐκπέρσαι Πριάμοιο πόλιν, εὖ δ' οἴκαδ' ἱκέσθαι·
παῖδα δ' ἐμοὶ λύσαιτε φίλην, τὰ δ' ἄποινα δέχεσθαι,
ἁζόμενοι Διὸς υἱὸν ἑκηβόλον Ἀπόλλωνα.»

"Ἔνθ' ἄλλοι μὲν πάντες ἐπευφήμησαν Ἀχαιοί
αἰδεῖσθαί θ' ἱερῆα καὶ ἀγλαὰ δέχθαι ἄποινα·
ἀλλ' οὐκ Ἀτρεΐδῃ Ἀγαμέμνονι ἥνδανε θυμῷ,
ἀλλὰ κακῶς ἀφίει, κρατερὸν δ' ἐπὶ μῦθον ἔτελλε· ·

«Μή σε, γέρον, κοίλῃσιν ἐγὼ παρὰ νηυσὶ κιχείω
ἢ νῦν δηθύνοντ' ἢ ὕστερον αὖτις ἰόντα,
μή νύ τοι οὐ χραίσμῃ σκῆπτρον καὶ στέμμα θεοῖο·
τὴν δ' ἐγὼ οὐ λύσω· πρίν μιν καὶ γῆρας ἔπεισιν
ἡμετέρῳ ἐνὶ οἴκῳ, ἐν Ἄργεϊ, τηλόθι πάτρης,
ἱστὸν ἐποιχομένην καὶ ἐμὸν λέχος ἀντιόωσαν·
ἀλλ' ἴθι, μή μ' ἐρέθιζε, σαώτερος ὥς κε νέηαι.»

"Ὡς ἔφατ'· ἔδδεισεν δ' ὁ γέρων καὶ ἐπείθετο μύθῳ·
βῆ δ' ἀκέων παρὰ θῖνα πολυφλοίσβοιο θαλάσσης·
πολλὰ δ' ἔπειτ' ἀπάνευθε κιὼν ἠρᾶθ' ὁ γεραιὸς
Ἀπόλλωνι ἄνακτι, τὸν ἠΰκομος Λητώ·

«Κλῦθί μευ, Ἀργυρότοξ', ὃς Χρύσην ἀμφιβέβηκας
Κίλλάν τε ζαθέην Τενέδοιό τε ἶφι ἀνάσσεις.
Σμινθεῦ, εἴ ποτέ τοι χαρίεντ' ἐπὶ νηὸν ἔρεψα,
ἢ εἰ δή ποτέ τοι κατὰ πίονα μηρί' ἔκηα
ταύρων ἠδ' αἰγῶν, τόδε μοι κρήηνον ἐέλδωρ·
τίσειαν Δαναοὶ ἐμὰ δάκρυα σοῖσι βέλεσσιν.»

Ἐλθὼν ὁ ἱερεὺς ηὔχετο ἐκείνοις μὲν τοὺς θεοὺς δοῦναι ἑλόντας τὴν Τροίαν αὐτοὺς σωθῆναι, τὴν δὲ θυγατέρα οἱ λῦσαι δεξαμένους ἄποινα καὶ τὸν θεὸν αἰδεσθέντας. Ταῦτα δὲ εἰπόντος αὐτοῦ οἱ μὲν ἄλλοι ἐσέβοντο καὶ συνήνουν, ὁ δὲ Ἀγαμέμνων ἠγρίαινεν ἐντελλόμενος νῦν τε ἀπιέναι καὶ αὖθις μὴ ἐλθεῖν, μὴ αὐτῷ τό τε σκῆπτρον καὶ τὰ τοῦ θεοῦ στέμματα οὐκ ἐπαρκέσοι· πρὶν δὲ λυθῆναι αὐτοῦ τὴν θυγατέρα, ἐν Ἄργει ἔφη γηράσειν μετὰ οὗ· ἀπιέναι δ' ἐκέλευεν καὶ μὴ ἐρεθίζειν, ἵνα σῶς οἴκαδε ἔλθοι. Ὁ δὲ πρεσβύτης ἀκούσας ἔδεισέν τε καὶ ἀπῄει σιγῇ· ἀποχωρήσας δὲ ἐκ τοῦ στρατοπέδου πολλὰ τῷ Ἀπόλλωνι ηὔχετο, τάς τε ἐπωνυμίας τοῦ θεοῦ ἀνακαλῶν καὶ ὑπομιμνήσκων καὶ ἀπαιτῶν, εἴ τι πώποτε ἢ ἐν ναῶν οἰκοδομήσεσιν ἢ ἐν ἱερῶν θυσίαις κεχαρισμένον δωρήσαιτο· ὧν δὴ χάριν κατηύχετο τεῖσαι τοὺς Ἀχαιοὺς τὰ ἃ δάκρυα τοῖς ἐκείνου βέλεσιν.

---

100. *Iliade* I, vv. 17-42, ed. P. Mazon — P. Chantraine — P. Collart, Paris, 1937 (Les belles lettres); *Repubblica* III, 393-94, ed. E. Chambry, Paris 1932 (Les belles lettres).

Naturalmente seria também possível uma ulterior redução: não só na forma "Crise pede o resgate da filha; Agamemnon recusa e despede Crise" (como sugere Genette)[101], mas também como: "Pedido de resgate; recusa" (considerando não-funcional a despedida de Crise).

Encontra-se o mesmo problema em relação a Hendricks, que, ciente da transição entre significados lingüísticos e significados narrativos[102], propõe uma série de fases para uma passagem menos subjetiva possível entre uns e outros[103]. Aquela que ele chama de "normalização" de um texto é muito semelhante à "simplificação" efetuada por Platão (veja-se o excerto de Faulkner "normalizado" e em Hendricks, 1967, p. 173); mas uma série de normalizações sucessivas desemboca, em todo o caso, na "sumarização", que é, inevitavelmente, uma paráfrase de tipo resumidor[104]. Hendricks conclui, corretamente, que "summarization is a more powerful operation than normalization, but is also more subjective in that it is not closely tied to grammatical form"[105].

Hendricks não considera, ao contrário (e isto pesaria ainda mais no prato da subjetividade), que o resumo da obra proposto pelo crítico serve não só para indicar o que ele tenha achado nela de mais significativo (pertinente), mas até para preparar a interpretação, a qual se adapta naturalmente às escolhas e às enfatizações que o resumo sintetiza. Se, portanto, não se toma (e ninguém propõe isso) o resumo como um equivalente da obra, poder-se-á sustentar que este é um ato crítico de importância fundamental; ao passo que sua natureza inevitavelmente subjetiva é um indício da impossibilidade de uma definição incontrovertível dos significados narrativos.

Excluímos também os casos de resumo impreciso, em que sejam enunciados eventos narrativos ausentes do texto, ou diversos daqueles que são contidos por esse texto; permanece que a escolha dos eventos, e mais ainda sua concatenação, interpretam o que o texto diz de maneira mais difusa e complexa, mesmo porque a concatenação não é, na intenção do narrador, tão simples quanto resulta da paráfrase. São, portanto, possíveis infinitas paráfrases

---

101. Genette, 1972, pp. 190-91, que reporta somente à segunda frase, pois que não cita o trecho inteiro.
102. Hendricks, 1967.
103. Hendricks, 1973.
104. *Ibid.*, p. 175.
105. *Ibid.*, p. 178.

"honestas" (isto é, atentamente fiéis) de um mesmo texto[106]. E não existe uma medida de objetividade, pois as paráfrases são, por sua natureza, não objetivas.

Que as funções sejam formuladas através de um procedimento resumidor, é notório. Propp já dizia, indicando o resumo como fase preliminar da operação: "O conteúdo da fábula pode ser inteiramente exposto em frases curtas, do gênero: os pais vão para o bosque, proíbem os filhos de saírem para a rua, um dragão rouba a menina etc."[107], glosado por Meletinski, que fala de "condensation du contenu en une série de phrases courtes"[108]. E note-se que toda a *Morfologia da Fábula* está baseada não em fábulas, mas em seus resumos operados dentro do discurso teórico pelo próprio Propp.

De maneira mais exaustiva, Todorov indica a existência de uma escala de generalização entre os resumos:

L'unité syntaxique de base sera appelée PROPOSITION. Elle correspond à une action "indécomposable", p. ex. "Jean vole de l'argent", "Le roi tue son petit-fils", etc. Cependant cette action n'est indécomposable qu'à un certain niveau de généralité; à un niveau plus concret, une telle proposition serait représentée par une série de propositions. Autrement dit, une même histoire peut avoir des résumés plus ou moins succints. Ainsi l'un posséderait la proposition "Le roi fait la court à la marquise" là où dans un autre on aurait: "Le roi décide de partir", "Le roi voyage", "Le roi arrive à la maison de la marquise", etc.[109]

Assim Todorov chega a confessar francamente: "nous traitons des résumés des nouvelles plus que des nouvelles elle-mêmes"[110], suscitando um escândalo que pode ter justificação somente no caso de os resumos não serem "honestos", ou de não serem obra do próprio crítico[111]. O procedimento resumidor é uma passagem obrigatória.

Deve-se então acrescentar que a série telescópica das maiores ou menores generalizações resumidoras opera principalmente sobre o conjunto das motivações:

Un historien peut résumer un règne en écrivaht: "Il s'employa à consolider son trône"; il peut fournir une première

106. Há um aceno em Todorov, 1967, p. 57.
107. Propp, 1928, p. 121.
108. Meletinski, 1969, p. 207.
109. Todorov, 1969, p. 19.
110. *Ibid.*, p. 16.
111. Cf. De Meijer, *art. cit.*

précision en ajoutant: "Il s'employa à consolider le trône en brisant les grandes maisons féodales", puis une seconde en écrivant: "il s'employa à consolider le trône en s'appuyant sur la bourgeoisie pour briser les grandes maisons féodales". Dans cet emboitement de moyens, consolider le trône peut être désigné par le récit comme le moyen pour le monarque de faire son devoir, autrement dit de satisfaire un mobile éthique, finalité dernière de sa conduite; abaisser les féodaux est le moyen de consolider le trône, c'est-à-dire le moyen du moyen; s'appuyer sur la bourgeoisie est le moyen d'abaisser les féodaux, c'est-à-dire un moyen du troisième degré[112].

Mas bastará um exemplo para mostrar todas as responsabilidades das quais a paráfrase está inevitavelmente carregada. A fábula 113 de Afanassiev é referida e comentada por Propp[113], para mostrar o método usado a fim de caracterizar as funções; Bremond[114] contrapõe uma análise sua, que valoriza momentos da narrativa, descurados por Propp, e representa de outra maneira a lógica narrativa. Pois bem, a dissensão entre os dois estudiosos se resolve no embate de dois resumos.

Pode-se, portanto, encarar com toda energia possível uma formalização do *récit,* mas tal formalização não pode deixar de passar pela fase, institucionalmente subjetiva, da paráfrase[115]. Não se pode sair do esquema:

récit → paráfrase → formalização.

Aqui a diferença se refere às formalizações científicas. Uma fórmula química ou matemática *pode* ser exposta em uma linguagem natural, e quase sempre com prejuízo de sua clareza e universalidade: equação ou transformação química — fórmula — paráfrase; a formalização do *récit tem sua base* num resumo executado numa linguagem natural, e não faz senão exprimir isto de modo sintético e simbólico. Em outras palavras, não é uma verdadeira formalização.

Há mais ainda. As funções, habitualmente, não são indicadas por meio de paráfrase, mas por meio de termos genéricos, que chamarei de "etiquetas". Nesta nova passagem, há uma ulterior intervenção subjetiva do crítico. Assim, em Propp, é definida como *conivência* a seguinte função: "A vítima cai no ardil e com isto favorece invo-

112. Bremond, 1973, pp. 196-97.
113. Propp, 1928, pp. 102-5.
114. Bremond, 1964 = Bremond, 1973, pp. 22-25.
115. Hendricks, 1967.

luntariamente o inimigo"; e com *falta*, define-se esta função: "A um dos membros da família falta algo ou lhe surge o desejo de algo"; para não falar de funções que não descrevem mais os eventos, mas os classificam em relação a sua posição na narrativa: assim *momento de conexão,* que está para: "O infortúnio ou falta é tornado patente; recorre-se ao herói com um pedido ou uma ordem, manda-se ou deixa-se que ele se vá"[116].

O procedimento de Propp é irrepreensível. De fato, quer suas paráfrases, quer suas "etiquetas" são formuladas com base no conhecimento do *corpus,* considerado como um sistema fechado. Comparando todos os segmentos narrativos análogos I) por seu conteúdo, II) por seu significado no desenvolvimento da trama (e a primeira analogia é válida somente se subsistir a segunda), ele chegou a uma formulação "normalizada", que constitui, por assim dizer, a média de todas as paráfrases de segmentos análogos, tomadas das narrativas individuais.

Tudo quanto foi relevado por Propp vale para qualquer tentativa a fim de caracterizar e *nomear* funções. Certamente, podem-se analisar as ações de um texto em relação ao desenvolvimento da trama, mas em referência a qual *corpus* podemos etiquetá-las? Parece-me indispensável uma afirmação de princípio: um modelo geral da narratividade é impossível, pois são os próprios eventos que, através dos tempos e dos lugares, são recortados de modo diferente da realidade e assumem significados diversos. As funções narrativas refletem esta mudança lenta mas contínua. Não posso analisar um texto épico medieval sem mencionar o código feudal e as suas violações: sem dar portanto às lutas familiais, ao insulto, à traição, ao ato heróico[117], um valor totalmente diverso, e de extensão diferente, com respeito àqueles que teriam termos como "danificação moral", "ruptura de contrato", "luta", ou outros semelhantes. E, sobretudo, a conexão lógica entre as ações é diferente, pois cada época concebe diversamente merecimentos e culpas, prazeres e sofrimentos, gratificações e castigos, e diversamente imagina suas conexões na vida de um homem. A lógica de um raconto (aquela com base na qual as ações podem ser definidas como

---

116. Propp, 1928, pp. 36, 41 e 42.
117. Cf. Dorfman, 1969; Dorfman usa o termo *narreme* para extensas seções textuais, unificáveis sob um título.

funções, e etiquetadas) é a lógica de uma determinada cultura, reflexo de uma sociedade ou de suas precedentes fases históricas.

Parece-me, portanto, ser inútil generalizar o modelo proppiano, quiçá ulteriormente simplificado. Porque mesmo que pudéssemos forçar, dentro disso (o que nem sempre acontece), qualquer narrativa de qualquer época, seria à custa de uma total falsificação não só das "etiquetas", mas também das ligações entre uma função e outra. Foi dito que Propp forneceu, num certo sentido, o esquema geral de todas as fábulas de magia russas: pois bem, tal esquema *não* é o de todas as narrações existentes; e se isto é verdade para a sucessão das funções, o mesmo não pode deixar de ser verdade para as próprias funções, definidas exatamente com base nesta sucessão.

Pode-se dizer o mesmo para qualquer outro modelo fechado. Os modelos abertos (Bremond, Todorov), melhor utilizáveis porque podem facilmente recalcar as concepções éticas expressas nos textos, têm sempre, porém, diante deles, o escolho lexical. Na infinidade de ações que podem ser levadas a termo por um sujeito, e que o dicionário de uma determinada língua registra como verbos, quais são os termos (os verbos) sob os quais podem ser agrupadas, de modo satisfatório e suficientemente amplo, todas as ações realizáveis e os verbos que as designam? Estamos novamente diante do problema da generalização: cujas dificuldades — em nosso caso — nascem da necessidade de as várias ações narradas nos textos virem a ser etiquetadas com termos nem menos e nem mais gerais, dadas as relações intercorrentes entre elas (e que legitimam o termo *função*), e com limites válidos para um número possivelmente amplo de textos (cf. 5.1.).

É preciso, enfim efetuar uma operação prévia: caracterizar a lógica (intertextual) das ações num determinado *corpus* (que cabe em um estatuto histórico, controlável no contexto). Somente naquele instante poderão ter início, sobre um dado texto, três outras ordens de operações: 1) escolha do grau de simplificação da *fábula* em ações nucleares; 2) escolha do nível de abstração com o qual se pode definir as ações nucleares; 3) escolha, dentro do conjunto dos termos que designam tais ações, dos que forem mais aptos para exercer a função de "etiqueta", em relação à lógica contextual e intertextual.

6. *Diacronia e acronia na* fabula

6.1. Como já foi visto (1.1), é próprio da *fábula*, por definição, a ordenação cronológica e causal dos eventos. Qualquer paráfrase que venha a faltar a esta ordenação poderá ser substituída por uma paráfrase fiel à cronologia (um problema à parte, não preocupante do ponto de vista teórico, é o de eventuais séries contemporâneas de acontecimentos). A tal princípio se apega, firmemente, Propp definindo a função exatamente em relação ao desenvolvimento do acontecimento (cf. 1.2), isto é, em bases causais e posicionais.

A estrutura da fábula, como a esboça Propp, se apresenta como uma sucessão *cronológica* de funções qualitativamente distintas, da qual cada uma constitui um "gênero" independente[118].

É nítido o destaque das colocações de Propp em Lévi-Strauss, desde o modo como o seu discurso é formulado em 1955[119], no qual as idéias de Propp estão presentes, de maneira muito indireta, provavelmente através do ensinamento de Jacobson[120]. Fala-se aí, de fato, de uma "dupla estrutura, *histórica* e *a–histórica* ao mesmo tempo", do mito, que faz com que ele

possa simultaneamente depender do âmbito tanto da *palavra*[121] (e ser analisado enquanto tal) quanto da *língua* (na qual é formulado) mesmo oferecendo, num terceiro nível, o mesmo caráter de objeto absoluto[122].

Como *palavra*, o mito é realizado sintaticamente em elementos alinhados em sucessão espaço-temporal, como *língua* ele é analisável em elementos (mitemas)[123] permutáveis e ordenáveis, segundo agrupamentos significantes acrônicos.

Dado um mito, seus mitemas constitutivos devem ser dispostos (como numa partitura orquestral) de modo a manter, horizontalmente, a ordem de sucessão, mas também constituir, verticalmente, colunas intituláveis de relações semânticas. A leitura horizontal dos mitemas é

---

118. Lévi-Strauss, 1960, p. 190; o grifo é meu.
119. Lévi-Strauss, 1955.
120. Lévi-Strauss, 1960, pp. 166-67.
121. Em sentido saussuriano, como o sucessivo *língua*.
122. Lévi-Strauss, 1955, p. 233.
123. Que me parece sejam definíveis como "unidade conteudística" a nível de *fabula*.

a do conto (cronológica), a vertical é a do *sentido* (acrônica). Esta concepção foi naturalmente reforçada após a publicação nos EUA da *Morfologia da Fábula* (1948), e precisamente em discussão com Propp:

> Adotando nossa concepção, a ordem de sucessão cronológica é reabsorvida numa estrutura de matriz atemporal, que tem de fato forma constante, e as deslocações de funções representarão apenas mais um de seus modos de permutação (por colunas, ou frações de colunas, verticais)[124].

Esta chamada para o significado dos mitemas teve resultados positivos na história subseqüente do método de Propp. Permitiu sair do seu sistema fechado, condicionado pelo tipo de fábula ao qual todos os contos de magia podem ser referidos, além de formular a conceptibilidade de sistemas dirigidos, de cada vez, por sua coerência semântica. Revelou a possibilidade de que contos de fadas de mais de um movimento nada mais façam senão apresentar e reforçar sob aspectos anedóticos diversos um só esquema, instituindo equivalência entre funções aparentemente estranhas. Por outro lado, não se pode dizer que Lévi-Strauss queira fechar na geometria de suas gaiolas qualquer narração, se ele admite que "a fábula oferece maiores possibilidades de jogo, as permutações se tornam, nela, relativamente livres e adquirem progressivamente uma certa arbitrariedade"[125] — é fácil deduzir daí que a *fabula* de uma novela ou de um romance será ainda mais livre e arbitrária.

O que oscila um pouco em Lévi-Strauss são os procedimentos para a caracterização e a definição das matrizes atemporais. Às vezes ele fala de permutações, de transformações e às vezes de grupos de relações (como num esforço para colher algo não muito, possivelmente, segurável — donde o recurso às metáforas e analogias).

Com efeito, Lévi-Strauss tocou num problema decisivo para a semiótica dos modelos narrativos. Por um lado, as funções são elementos mínimos, não redutíveis ulteriormente, do modelo; por outro, existem, entre algumas funções, afinidades, de modo que, também num modelo, o apresentar-se em pontos sucessivos destas fun-

124. Lévi-Strauss, 1960, p. 192.
125. *Ibid.*, p. 181.

ções institui uma forma de recursividade parcial. Evidentemente as funções, mesmo que não redutíveis, são decomponíveis: como é justo, se pensarmos que são elementos muito mais complexos dos semantemas, que se podem bem decompor em elementos sêmicos menores. A variedade terminológica de Lévi-Strauss abre, portanto, o caminho a dois possíveis desenvolvimentos da análise das funções: um de tipo lógico, dirigido exclusivamente ao modelo (por exemplo, a *infração* seria o oposto da *proibição*, e esta uma transformação negativa da *ordem*; *partida* e *volta* seriam uma mesma função, *separação*, expressa negativa ou positivamente)[126] e um de tipo semântico: duas funções seriam afins quando tivessem um ou mais princípios em comum. Naturalmente o segundo tipo é utilizável principalmente num menor nível de abstração, e sem dúvida o é para a *fabula*.

É, precisamente a nível de *fabula* que Lévi-Strauss analisa o mito de Édipo[127], lendo-o, conforme as afirções citadas, como uma "partitura". É necessário deter-se um instante nas leituras "verticais" adotadas. Ele distribui a lenda em quatro colunas verticais; na terceira coluna encontramos:

    Cadmo mata o dragão
    Édipo imola a Esfinge

e na quarta:

    Labdaco (pai de Laios) = "coxo" (?)
    Laios (pai de Édipo) = "torto" (?)
    Édipo = pé inchado (?)

O significado das duas colunas seria, respectivamente, a *negação da autoctonia do homem* e a *persistência da autoctonia humana*. Sem discutir as comparações mitológicas das quais resulta que os filhos da terra são muitas vezes representados como sendo incapazes de caminhar com desembaraço, tenho que notar: 1) que a quarta coluna, ao contrário das outras três, não tem conteúdo narrativo, e portanto não se enquadra na leitura horizontal dos mitemas; 2) que a quarta coluna mostra claramente ter sido composta por simetria com a terceira, à qual, por por sua vez, foi conferido o título com base nas outras

126. *Ibid.*, p. 191.
127. Lévi-Strauss, 1955, pp. 240-42.

deduções de caráter etnológico, diferente daquelas funcionais.

Terceira observação, decisiva para nossos intentos: os títulos dados às colunas não constituem propriamente uma generalização, não são da mesma natureza dos mitemas preteridos (a terceira coluna, por exemplo, só poderia ser unificada como: "matança de monstros ctônios"). Estes títulos, em suma, não se encontram no mesmo eixo parafrástico dos mitemas, mas são *interpretações* destes; tais títulos reportam forçosamente os mitemas a categorias não coextensivas.

Não se discute, aqui, a validade do método de Lévi-Strauss (do qual existem aplicações posteriores muito mais elaboradas, mesmo que estas tenham sido as primeiras a terem função de paradigma). Além do mais, deve-se determinar com precisão que, em se tratando de mitos, *o significado oculto é um dado primordial e basilar*, muito diferente dos significados de outras narrações, literárias ou não. A ênfase colocada por Lévi-Strauss nas coordenadas "verticais" corresponde, portanto, às exatas exigências do objeto; e os procedimentos de elucidação são julgáveis exclusivamente pela validade dos resultados. Para nós, ao contrário, que não nos ocupamos de mitos, é importante precisar o alcance da "ruptura da linearidade". Esta ruptura se dá não só à custa de uma avaliação distinta dos mitemas — considerados como condensados narrativos em sentido horizontal, como conjuntos sêmicos em sentido vertical —, mas com base na imposição de um crivo interpretativo formulado, *a posteriori*, mediante reenvios a um sistema mitológico construído no exterior do texto. É o que diz (em tom de ressentimento, no qual não estamos implicados) Propp:

A diferença entre meu modo de raciocinar e o de meu crítico está no fato de que eu extraio as generalizações do material, enquanto o professor Lévi-Strauss elabora abstratamente minhas generalizações[128].

Não se pode, ao contrário, compartilhar dos temores de Propp com referência às violências contra a ordem cronológica:

a remoção forçada das funções da sucessão temporal destrói a frágil trama da narração, que, como uma tênue e elegante teia de aranha, dissolve-se ao menor toque[129].

Veremos como a reconstrução paradigmática ajuda iluminar ulteriormente aquela lógica do raconto que a pesquisa das funções deve precisamente revelar. De resto, mostrei no início (2.1), que a linearidade da leitura ou da escuta é totalmente ilusória: os conteúdos sucessivamente totalizados se organizam dentro de um crivo acrônico, sendo que a linearidade de Lévi-Strauss (ou outras eventuais) pode ser considerada como um aperfeiçoamento. Este crivo garante tanto a memorabilidade, quanto a racionalidade da narrativa.

Os sucessivos estudos etnográficos de tipo formalístico são, todos, desenvolvimentos e aprofundamentos das colocações de Propp e de Lévi-Strauss[120]. Falarei a respeito, aqui, logo mais[131], pois que esse é o campo no qual foram mais debatidos os problemas das relações lógicas entre as funções da antinomia entre sintagma e paradigma e, por fim, da estrutura geral da narrativa. Nestes apontamentos ser-nos-á preciosa a caracterização da natureza da paráfrase proposicional da função (5.3). Eis os principais problemas:

a) Relações lógicas entre as funções. Cada função, seja ela representada por "etiquetas" ou por definições discursivas, é a enunciação de uma ação. Entre as ações que se alinham uma após a outra, não podem deixar de subsistir, dentro da lógica da narrativa, relações de sucessão ou de conexão.

Propp já notara que muitas funções se apresentam constantemente emparelhadas: "proibição e sua infração, investigação e concessão de informação, logro (cilada) do antagonista e reação a isto por parte do herói, combate e vitória, marcação e identificação"[132]. Com efeito, elas estão unidas por uma ligação de implicação (a ser lida em sentido inverso, sendo o segundo elemento da parelha que implica o primeiro)[133]. Dundes[134] manteve-se nesta linha, mudando porém o repertório das funções (que ele denomina, mal-afortunadamente, *motifemes*), o qual sistematiza o agrupamento binário das funções, tendo também em men-

128. Propp, 1966, p. 218.
129. *Ibid.*, p. 219.
130. Ótima a exposição de Meletinski 1969.
131. Para maiores informações, cf. Meletinski, 1969; Meletinski-Nekliudov-Novik-Segal, 1973; Miceli, 1973; Pop, 1973.
132. Propp, 1928, p. 116.
133. Bremond, 1973, p. 122.
134. Com um precedente interessante em Armstrong, 1959.

e a escala de generalização (os *motifemes* se realizam numa gama de *allomotifs*). A parelha fundamental, em que podem se inserir quase todas as fábulas, é a de Falta-Remoção da falta (idéia depois desenvolvida por Bremond). Em seu âmago, cada narrativa (ou pelo menos cada narrativa ameríndia analisada por Dundes) pode se esquemtizar ou como sucessão de séries opositivas, ou como séries de motivemas seguidos por seus segundos elementos em ordem inversa, ou como enredos mais complexos, porém sempre baseados nas dicotomias originárias. Uma perspectiva que será acolhida, melhor do que por outros, por Pop[135]: veja-se por exemplo a organização simétrica dos movimentos de abertura e os de fechamento na fábula romena *A Moça-Soldado*, analisada por Pop:

I Falta:
  II Logro:
    III Prova:
      IV Violência:
      Liquidação da violência
    Liquidação da prova
  Liquidação do logro
Liquidação da falta.

A discussão das teses de Dundes, feita por Bremond[136], não vêm ao caso, aqui, mesmo porque a principal diferença entre as representações funcionais dos dois estudiosos está em preferir uma fórmula binária de momentos extremos (Dundes) ou uma tríade, que acentua o momento da mediação (Bremond). Trata-se de escolhas convencionais, não contraditórias na substância; como sugeri antes (4.3), poder-se-ia também considerar como momento-eixo o mediano, que efetua a passagem entre dois extremos, de natureza intelectual e não necessariamente desenvolvidos em modelo, em ato.

Muito semelhante à discussão de Dundes é a postura inicial de Meletinski[137], que afirma:

le conte merveilleux se présente..., à un niveau plus abstrait, comme une structure hiérarchisée de blocs binaires, dans laquelle le dernier bloc (membre couplé) porte obligatoirement le signe positif.

---

135. Pop, 1967 e 1973, p. 434.
136. Bremond, 1973, pp. 59-80.
137. Meletinski, 1969, p. 243.

Mas depois Meletinski estrutura de modo paradigmático os elementos de caráter comportamental:

> les règles de conduite, la structure du comportement dans le conte, constituent un système sémantique achevé, dans lequel les fonctions révélent des rapports logiques complémentaires indépendants de leurs liens syntagmatiques[138].

Assim o desenvolvimento sintagmático da fábula é condicionado pela combinação distinta de elementos comportamentais positivos e negativos. Existem, por fim, relações positivas basilares (por exemplo: caráter familial ou não-familial, filantrópico ou egoístico, mítico ou não-mítico da prova levada a termo pelo herói): conforme a presença em variante positiva ou negativa dos elementos de cada uma dessas parelhas formam-se categorias gerais de fábulas que permitem uma classificação precisa.

A meu ver, é importante esta experiência do semiólogo soviético, não só pelo aprofundamento das possibilidades de análise sintagmática e paradigmática da fábula, mas pela inserção do conceito de *valor*, naturalmente no âmbito das concepções pelas quais as fábulas se regem. Mas é importante, sobretudo, ter registrado nas formalizações aqueles dados comportamentais e institucionais que inserem a fábula no tempo e na história.

b) Estrutura geral da narrativa. Destaca-se a subdivisão do sintagma em *movimentos*, que contêm mais funções:

> o movimento principal da fábula (como foi demonstrado por Propp), é interpretado como um movimento desde a falta (danificação) até a liquidação da falta e as conquistas adicionais; em segundo lugar [não num segundo tempo, antes no interior do movimento (C. S.)], este movimento se realiza através das provas que deve superar o herói da fábula[139].

Tais movimentos também podem ser formulados por meio de abstração ou de maneira puramente formal, mediante expressões "vazias". Para o primeiro caso, veja-se aqui as propostas de Bremond etc.; para o segundo, assinalo o esquema de Labov e Waletzky[140]:

138. *Ibid.*, p. 244.
139. Meletinski-Nekliudov-Novik-Segal, 1972, p. 422.
140. Labov e Waletzky, 1967.

(I) Orientation
(II) Complication
(III) Evaluation
(IV) Resolution
(V) Coda

que de resto pode ser confrontado com o de Greimas e até com certas divisões da retórica clássica[141].

c) O paradigma. É interessante a retomada, por parte de Segal[142], do esquema levi-straussiano: disposição horizontal de elementos sintagmáticos realizada de modo a dispor, em colunas verticais, as unidades equivalentes. As unidades individuadas por Segal, ao nível da *fabula*, são "predicados (relações narrativas, às quais é atribuído um determinado valor)"[143]. Ele analisa três variantes de um mesmo relato ameríndio, e chega ao significado das três versões, seja mediante análise da sucessão dos "predicados", seja decompondo os "predicados" em menores componentes sêmicas, e observando a presença ou a ausência de cada uma delas nas três versões. Esta decomposição dos "predicados" em componentes sêmicas é, sem dúvida, uma das propostas mais fecundas para uma análise concreta da *fabula*.

6.2. Foi Greimas quem reelaborou de modo mais profundo a lição de Propp e a de Lévi-Strauss, tentando efetuar uma síntese audaz. Uma parte de suas pesquisas pode ser aqui lembrada brevemente: a que diz respeito às funções. Utilizando o mesmo repertório de funções evidenciado por Propp, Greimas alcança uma redução numérica (de 31 para 20) obtida, é o que mais importa, através de um ordenamento em duplas opositivas, que geometriza os produtos do empirismo proppiano[144]. Greimas chega a agrupar as funções em três grandes classes de sintagmas: sintagmas performanciais (provas); sintagmas contratuais (instituição e ruptura de contratos), sintagmas disjuncionais (partidas e retornos)[145] e a unificar grande parte dos movimentos realizados através

---

141. Van Dijk, 1972, pp. 136-37 e 293-94, com retranscrição lógica envolvendo o protagonista.
142. Segal, 1966.
143. *Ibid.*, p. 335.
144. Greimas, 1966, pp. 192-203.
145. Greimas, 1970, p. 191.

das ações num grande bloco quadripartido, que tem em seus pontos extremos a ruptura do contrato e a restituição do mesmo (ou instituição de um novo contrato), nas duas seções centrais a alienação e a reintegração do herói através da execução de um fato extraordinário ou "prova"; ou então, conforme uma formulação mais recente, vendo sua sucessão como

> l'établissement d'une relation contractuelle *conjonctive* entre un destinateur et un destinataire-sujet, suivie d'une *disjonction* spatiale entre les deux actants. L'achèvement du récit serait marqué, au contraire, par une conjonction spatiale et un dernier transfert des valeurs, instituant un nouveau contrat par une nouvelle distribution des valeurs, aussi bien objectives que modales[146].

Com muito mais ênfase que em Propp, as fases da narração estão ligadas às relações entre as personagens: assim, o contrato constitui a ligação entre o destinador e o destinatário (comunicação), a luta exprime o tipo de ligação entre o adjuvante e o opositor. E as personagens de Propp, reduzidas a seis, assumem uma formação fixa:

```
Destinador ─────────▶ Objeto  ─────────▶ Destinatário
Adjuvante  ─────────▶ Sujeito ◀───────── Opositor
```

Mas nota-se logo, na maior abstração com a qual as personagens são designadas, que Greimas, mesmo partindo das análises de Propp, tem em vista esquemas que deveriam possuir uma validade geral. A abstração mostra de resto que Greimas, mais ainda do que Propp, subordina a consistência das personagens às funções por elas efetuadas. É por isso que ele acolhe o termo de Tesnière *actante* (*actant*), que liga justamente a personagem ao ato, e ao mesmo tempo a despoja de toda qualificação contingente: *actante* está para *ator* (*acteur*) como fonema está para som, e é tão possível que mais *atores* se apresentem como um só *actante*, quanto o fato de que um só ator desenvolva o papel de mais de um *actante*. Não só as funções, mas também os valores são subordinados aos actantes:

---

146. *Ibid.*, p. 182.

les actants sont conçus non plus comme des opérateurs, mais comme des lieux où peuvent se situer les objets-valeurs, lieux où il peuvent être amenés ou dont ils peuvent être retirés[147].

A particularidade mais interessante do esquema actancial é a realização das modalidades: *saber*, na linha destinador-destinatário; *poder*, na linha adjuvante-opositor; *querer*, na linha sujeito-objeto. O *querer* tornar-se-á posteriormente, através do desenvolvimento da ação, um *fazer*.

O pensamento de Greimas acrescenta à dificuldade e às complicações intrínsecas o fato de estar em contínuo movimento, sem detenções em ordenações mesmo que provisórias. Pelo que nos diz respeito, penso podermos nos basear em dois escritos de 1966 e de 1969[148]. No primeiro, Greimas distingue (seguindo o rastro de Lévi-Strauss) três componentes estruturais do mito: a armação, o código e a mensagem. A armação é "le statut structural du mythe en tant que narration"[149]; é portanto uma unidade discursiva que possui uma dimensão temporal: os comportamentos descritos mantêm entre si relações de anterioridade e de posteridade. A mensagem é "la signification particulière du mythe-occurrence", e pode ser lida tanto no plano discursivo, quanto no plano estrutural (valendo a hipótese de que o primeiro plano seja uma manifestação do segundo): estamos, portanto, numa fase de passagem da acronia para a temporalidade. No plano discursivo os atores e os acontecimentos têm valor de encarnações, por assim dizer, de unidades sêmicas organizadas sintaticamente em enunciados. No plano estrutural as mesmas unidades sêmicas não mais estão ordenadas conforme as manobras de seus realizadores (atores e ações), mas de acordo com suas relações conceptuais, que são dadas logo de início.

Vem por fim o código:

Le *code* est une structure formelle 1) constituée d'un petit nombre de catégories sémiques 2) et dont la combinatoire est susceptible, en produisant des sémèmes, de rendre compte de l'ensemble de contenus investis faisant partie de la dimension choisie de l'univers mythologique[150]

147. *Ibid.*, p. 176.
148. *Ibid.*, pp. 185-230 e 157-83.
149. *Ibid.*, p. 187.
150. *Ibid.*, p. 196.

A ordem em que são indicadas as componentes do mito não implica prioridade de uma ou de outra, antes uma praxe alternativa entre mensagens, armação e código, de modo a aumentar progressivamente nossa compreensão das mensagens e nosso conhecimento do código[151].

Mas outro artigo, mais recente, de Greimas exprime francamente uma ordem de prioridade do código com respeito à mensagem, e deste com relação à armação. Cada narração tem, segundo Greimas, um nível aparente (sujeito às exigências específicas das substâncias lingüísticas através das quais se exprime) e um imanente, em que a narratividade é organizada anteriormente à sua manifestação. Enfim, "la signification est indifférente aux modes de sa manifestation"[152]. É preciso, portanto,

> imaginer les instances *ab quo* de la génération de la signification, de telle sorte qu'à partir d'agglomérats de sens aussi peu articulés que possible, on puisse obtenir, en descendant par paliers successifs, des articulations significatives de plus en plus raffinées, afin d'atteindre simultanément les deux buts que vise le sens en se manifestant: apparaître comme *sens articulé*, c'est-à-dire, signification, et comme *discours sur le sens*, c'est-à-dire une grande paraphrase développant à sa manière toutes les articulations antérieures du sens. Autrement dit: *la génénration de la signification ne passe pas, d'abord, par la production des énoncés et leur combinaison en discours; elle est relayée, dans son parcours, par les structures narratives et ce sont elles qui produisent le discours sensé articulé en énoncés*[153].

De início, então, há aquela que Greimas considera a estrutura elementar da significação, desenvolvimento lógico de uma categoria sêmica binária que compreende dois contrários (por exemplo, *branco* e *preto*) e dois subcontrários (*não-preto* e *não-branco*), em relação sobreposta de contradição (*branco* vs. *não-branco*, *preto* vs. *não-preto*) e em relação direta de implicação (*não-preto* vs. *branco*). Cada uma dessas estruturas pode ser instituída como *modelo semiótico constitucional*, e subsumir um vasto campo de significação subordinando a si, à maneira de articulações, outras categorias binárias[154].

151. *Ibid.*, p. 197.
152. *Ibid.*, p. 158.
153. *Ibid.*, p. 159; grifo do autor.
154. *Ibid.*, p. 161.

Este modelo semiótico, evidentemente estático, forma uma espécie de morfologia, que é porém suscetível de uma representação dinâmica (sintática), quando se considera a significação "comme une saisie ou comme la production du sens par le sujet"[155]: em tal caso, as *relações* constitutivas do modelo são projetadas em *operações*. Estas operações sintáticas, uma vez exercidas sobre categorias de termos contrários ou contraditórios, são obviamente orientadas: do termo positivo ao negativo, ou vice-versa, ou de um contrário a um subcontrário etc.

No mesmo momento em que os elementos conceptuais se põem em movimento, eles se antropomorfizam: também os sujeitos abstratos ou inanimados são considerados, em seu modo de operar, na mesma medida das pessoas: a *opération* se torna um *faire*, e, uma vez que ela implica pelo menos dois *faire* contraditórios, ela realiza em *performance* um antagonismo polêmico (atribuindo-se aos dois sujeitos a *negação* e a *dominação*). A *performance* é portanto "l'unité la plus caractéristique de la syntaxe narrative"[156]. Temos, portanto, de início funções e actantes como elementos constitutivos da gramática narrativa; em seguida, os enunciados narrativos, formas sintáticas elementares, por fim as unidades narrativas (das quais a *performance* é o exemplo típico), que são sucessões sintagmáticas de enunciados narrativos[157].

Tudo isso é expresso em termos de "gramática". A gramática fundamental é a conceptual, a dos modelos semióticos constitucionais (código conforme o primeiro modelo); há em seguida um nível semiótico intermediário cuja gramática recebe uma representação antropomórfica, mas ainda não figurativa (mensagem) e por fim o *récit* (armação), que se manifesta em forma figurativa (com atores humanos ou personificações que executam tarefas, suportam provas, alcançam alvos). Visto que Greimas se interessa somente pelos dois primeiros níveis, ele já chama o segundo de "gramática narrativa superficial"[158], deixando sem possibilidade de qualificações a gramática figurativa que, se quisermos conservar a já inadequada imagem chomskiana, deveria ser definida como *superficialíssima* ou *aflorante*.

155. *Ibid.*, p. 164.
156. *Ibid.*, p. 173.
157. *Ibid.*, p. 174.
158. *Ibid.*, p. 166.

6.3. Derivam da reelaboração greimasiana, além da de Propp, as análises do *récit* de Todorov e de Bremond. Falando por último de Greimas (sem perturbar a cronologia, visto que sua teoria ainda é válida), quis salientar as instâncias, sentidas mais fortemente por Greimas, que me parecem imprescindíveis.

Em si, o poderoso esforço de remodelação teórica prestado por Greimas às propostas de Propp e de Lévi-Strauss não pode ser tomado em consideração sem uma certa cautela. O próprio Hjelmslev, a quem Greimas se refere mais que a qualquer outro pelas afirmações institucionais, recusava (fiel, nisto, a Saussure) qualquer primazia ou prioridade entre forma e substância, seja pelo que diz respeito ao signo lingüístico[159], seja pelo conjunto da gramática:

[...] a construção da gramática sobre sistemas ontológicos especulativos, assim como a construção de uma determinada gramática sobre a gramática de outra língua, estão forçosamente destinadas à falência [...].
O antigo sonho de um sistema fonético universal, e de um sistema universal do conteúdo (sistema de conceitos) não é, portanto, realizável, ou permanece, todavia, destituído de qualquer contato possível com a realidade lingüística. Não é supérfluo sublinhar (em polêmica com certas sobrevivências de filosofia medieval manifestadas recentemente) que tipos fonéticos de validade geral, ou esquemas eternos de idéias não se podem construir empiricamente de modo a ter qualquer validade para a linguagem[160].

Também a experiência direta dos textos, literários ou não, impede a aceitação de uma identificação dos actantes com os conceitos-chave, as idéias-força. Os conceitos-chave (que poderiam ser chamados vetores existenciais) são impulsos, motivações, objetivos, com os quais as personagens fazem as contas, mas que constituem uma rede intricada, e não molas em relação unívoca com cada um dos actantes.

Muitas vezes estas idéias-força estão mais relacionadas com a ação do que com as personagens: constituem, em outras palavras, pólos entre os quais as personagens se movem, mudando ou não seus próprios quadros mentais[161].

159. Hjelmslev, 1943, p. 63.
160. *Ibid.*, p. 83.
161. Veja-se por exemplo, aqui, o Cap. 6.

Mesmo admitindo a utilidade desta marcha do crítico rumo às nascentes conceptuais do texto, não é possível deduzir daí o axioma de que o escritor (ou fabulador, ou rapsodo) tenha efetuado uma marcha oposta, desde os mananciais conceptuais até sua antropomorfização e em seguida até sua figuração em personagens e ações. A relação ponderal entre elementos caracteriológicos, elementos *"evenemenciais"* (ocorrências da história fatual) e elementos ideológicos é tão variável, conforme as narrações, que não permite hipótese sobre um nível em que sejam exclusivamente os últimos a exercer funções de motores. Ora, o edifício erigido por Greimas se baseia precisamente na confiança neste axioma; de outro modo, o *modelo semiótico constitucional* transformar-se-ia, menos ambiciosamente, numa tentativa de esquematizar as idéias-força.

Também sobre o conceito de gramática narrativa superficial (que não seria porém a de superfície no sentido de Chomsky) seriam necessárias ulteriores determinações particularizadas: os exemplos de antropomorfização dados por Greimas — como "le crayon écrit"[162] — pertencem evidentemente ao nível das personagens, não ao dos actantes, de modo que poderíamos nos perguntar se *duas* superfícies não seriam demais.

Enfim, o quadrado lógico resulta muitas vezes, para efeito de uma narração qualquer, num instrumento redundante. Uma narração poderá opor a bondade à maldade, ou, como prefere Bremond[163], a bondade à falta de bondade; o desenvolvimento do quadrado lógico pode, com certeza, ser encontrado em autores particularmente capciosos, mas geralmente a narrativa (com seus correlatos conceptuais) age sobre séries de contrários (ou contraditórios).

Não obstante estas restrições, julgo o trabalho de Greimas como uma etapa fundamental nas pesquisas sobre o *récit*, porque ele indica a necessidade de reintegrar na análise o que Propp havia mais ou menos, drasticamente, excluído (personagens, moventes, modalidades), em proveito exclusivo das funções (cf. 1.2).

Necessidade indicada por mais de uma parte: por exemplo, Barthes[164], que propõe uma análise das uni-

---

162. Greimas, 1970, p. 167.
163. Bremond, 1970, p. 93, com muitas observações importantes.
164. Barthes, 1966, p. 25.

dades narrativas muito mais minuciosa que a efetuada por Propp e por seus seguidores. Barthes resolve o problema de maior ou menor relevância funcional das unidades mediante uma hierarquia terminológica: das funções passar-se-ia para os índices, que não reenviam "para um ato complementar e sucessivo, mas para um conceito mais ou menos difuso, mas necessário para o sentido da história"[165] e para os *informantes*, "que servem para identificar, para situar no tempo e no espaço"[166]; das funções cardinais ou *núcleos*, que abrem ou fecham uma alternativa, às *catálises*, que "se aglomeram em torno de um núcleo ou outro, sem modificar sua natureza alternativa"[167].

Barthes, porém, se mantém num grau de abstração muito menor do que aquele dos modelos narrativos: à superfície do discurso, mesmo se entendido em sua síntese parafrástica e não em seu aspecto verbal. E é natural que, a esse nível, sejam encontrados elementos mais ou menos funcionais, ou até, à primeira vista, não-funcionais.

A meu ver, e já o disse, à medida que somos obrigados, a um determinado nível de abstração, a prescindir de noções, qualificações e até de eventos, deve ser possível reorganizar o que foi expungido, a um nível menos abstrato. Deve-se poder esquematizar de modo funcional as relações entre idéias-chave, entre sentimentos e temas dos quais a enunciação do enredo prescinde necessariamente; é preciso poder esquematizar aquelas relações entre as personagens de quem uma novela ou um romance narra as transformações (e então as várias configurações destas relações estarão ao termo de grupos de ações cujas relações tenham sido mudadas) ou mesmo somente as conseqüências (e então o esquema constituirá a motivação das ações narradas); cumpre poder esquematizar as relações entre elementos descritivos de um raconto, uma vez que estes foram sacrificados pela natureza esquelética do modelo narrativo. Não é um exercício gratuito. Uma análise do raconto se apresenta como um esforço em direção da racionalidade, portanto também rumo à individuação de causas. Está claro que a lógica das funções não esgota

---

165. *Ibid.*, p. 18.
166. *Ibid.*, p. 21.
167. *Ibid.*, p. 19; são distinções análogas às de Tomachévski, 1925, pp. 316-17, entre *motivos livres, motivos dinâmicos* e *motivos estáticos:* cf. aqui, 1.1.

todos os impulsos causais, pois de outro modo os elementos extrafuncionais seriam um expletivo inútil. Este procedimento através de eliminações e recuperações, expungindo para funcionalizar e funcionalizando o que foi expungido, permite dirigir-se à pesquisa das invariantes narrativas (modelos abstratos ao máximo no que diz respeito à corporeidade de toda obra de arte) salvando porém, ao mesmo tempo, o que na obra individual é caracterizante e qualificante (pelo menos no plano dos conteúdos). Ficam assim tuteladas duas exigências aparentemente antinômicas: a da generalidade do modelo, e a da descrição adequada do objeto literário.

Quando for inaplicável a vigorosa projeção monogenética de Greimas, pode-se procurar representar as relações (de oposição, de aliança, de comutabilidade etc.) entre as personagens, observadas primeiramente em sua individualidade que já é síntese de dados caracterizantes (idade, estado civil, origem, temperamento), e observar a permanência ou as modificações destas relações em concomitância com as fases do raconto[168]. Deste modo, pode-se também esboçar polígonos de força entre as idéias-guia, de modo a precisar o espaço ideológico em que a ação se desenvolve. E não é difícil integrar o polígono das idéias-guia com as personagens[169], iniciando uma unificação entre os elementos marginalizados do quadro das funções.

Estes polígonos, pessoais, conceptuais ou mistos, às vezes podem esquematizar situações imutadas no decorrer da narrativa (delimitando o espaço no qual se inscrevem as funções), mas outras vezes podem sintetizar dinamismos

168. Cf. aqui, Cap. 2.
169. Cf. aqui o Cap. 3. Uma ótima tentativa análoga é a de Alexandrescu, 1971.
170. Cf., no Cap. 3, o § 6. As relações entre o polígono das personagens e a *fabula* já tinham sido pressentidas por Tomachévski, 1925, p. 312: "As mútuas relações entre as personagens em cada momento determinado constituem uma *situação*: por exemplo, o herói ama a heroína mas esta ama seu rival. Aqui temos três personagens, o herói, o rival e a heroína, ao passo que as relações são: o amor do herói pela heroína, e o da heroína pelo rival. Uma situação típica é a que vê relações *contrastantes*: as várias personagens, neste caso, desejam transformá-la de maneira diversa (...). Podemos pois definir o desenvolvimento da *fabula* como a passagem de uma situação para a outra, ao passo que toda situação é caracterizada por um contraste de interesses, por uma *colisão* e luta entre personagens".

dos quais as funções representam o desenvolvimento narrativo[170]. Em outras palavras — e voltamos ao problema do tempo — estes esquemas podem ter um estatuto acrônico (como o quadrado lógico de Greimas), mas também o de fases sucessivas, resultado do suceder-se das ações.

E então se revela até como uma necessidade o contraste entre a natureza excelentemente temporal da *fabula* e a acronia ou o movimento lento dos polígonos pessoais e conceptuais: numa ação não muito complexa (por exemplo, numa novela) as relações de pessoas ou de idéias podem ser a chave para a ação das personagens, que não repercute sobre estas relações, ou podem eventualmente ter um *antes* e um *depois*, resultado justamente da ação. Deverão pois ser bem distinguidos os esquemas estáticos dos que estão sujeitos a fases: os primeiros com relação unívoca no que se refere à ação, os outros com relação biunívoca.

A separação destes esquemas da cadeia funcional anula a ilusão de uma interpretação unicêntrica, mas em troca enfatiza, com a infinita possibilidade de combinações entre esquemas e cadeia, a amplitude do espaço inventivo reservado ao narrar: espaço de ações e de motivações.

7. A narratologia é um dos ramos mais jovens da teoria literária, em relação ao qual, mesmo que queiramos atribuir sua paternidade ao formalismo russo, devemos levar em conta os quase três decênios de hibernação, após os anos 1928-30. Ela se emancipou, aliás, só no último decênio; e agora ocupa tantos pesquisadores, que obriga, num panorama como este, a escolhas que espero sejam bastante motivadas pelo discurso demonstrativo.

Permanecendo nos níveis do enredo e da fábula, os resultados críticos são abundantes e incontestáveis. E não nos esqueçamos de que muitas *analyses du récit* não ultrapassam o nível da *fabula*, não obstante o uso das formalizações. Mas o espaço entre *fabula* e modelo narrativo é difícil de medir: parece alargar-se ou restringir-se conforme as pesquisas.

Esta elasticidade de medidas se apresenta particularmente onde a análise do raconto foi efetuada no interior, ou a serviço, de um estudo comparativo. A comparação entre dois textos análogos, de fato, leva muitas vezes a individuar segmentos conteudísticos, comuns, mais ricos e particularizados, do que aqueles que um estudo funcional consideraria: com toda vantagem para a própria comparação.

Veja-se, por exemplo, a análise do "canto de Ulisses" (*Inf*. XXVI) realizada por Avalle[171]. Ele especifica as quatro seguintes funções:

I) O *herói decide partir* para a investigação perigosa (afastamento).
II) O herói *comunica* esta decisão aos companheiros com um discurso no qual arrola os motivos que o impelem a tão arrojada empresa (alocução).
III) O herói e os companheiros *ultrapassam* a fronteira do "país desconhecido" que, pelos detalhes que seguem, resulta ser o país "de onde ninguém volta vivo" (infração).
IV) O herói e seus companheiros *morrem* em conseqüência de sua empresa temerária (punição).

Na verdade as fórmulas parafrásticas ("O herói decide partir", etc.) nos expõem a *fabula*; ao passo que os termos entre parênteses constituem o modelo narrativo ("afastamento" etc.).

Ora, as interessantíssimas relações do episódio com textos medievais afins, desde romances arturianos até o *Alexandreis* de Gautier de Châtillon, tomam, todos eles, como base, semelhanças ou identidades da *fabula*, salientando, ao inverso, como singulares e caracterizantes, os elementos dos enredos (motivações, funções das personagens etc.). A nível de modelo narrativo teriam sido aproximáveis — mas não mais confrontáveis — os textos mais heterogêneos. Na comparação, portanto, as invariantes são individuadas por via subtrativa, e restam (se o confronto for bem orientado) elementos comuns de notável consistência.

Naturalmente não seria lícito dirigir-se ao modelo através de reiteradas comparações, isto é, por via indutiva. O modelo, por outro lado, não pode prescindir dos objetos à cuja interpretação deve servir. Precisa nascer de uma experiência dos textos, e trata-se de encontrar o melhor tipo de relação sêmica generalizante entre as funções e os segmentos das narrações reais ou possíveis.

---

171. Avalle, 1966. Cf. as elaboradíssimas análises de Genot, 1971 e 1972, a segunda das quais confirma brilhantemente as possibilidades de utilização das análises do raconto em âmbito comparativo: cf. aqui Cap. 4, notas 3, 6, 8, 9, 19, 21 e p. 159.

O texto, portanto, é necessariamente a base para individuar as funções: como se verifica, de fato, nas tentativas já realizadas (quando não se parte de textos, se parte de Propp, que, por sua vez, se baseou em textos).

Sem repetir o quanto já foi exposto esparsamente no final dos vários parágrafos, mencionarei aqui os principais motivos que impedem, a meu ver, a criação de um modelo narrativo geral, isto é, de um catálogo fechado de funções e de regras para sua combinação: a mediação imprescindível do resumo — que tem natureza inevitavelmente subjetiva — para a passagem de uma *fabula* qualquer à estrutura funcional; a falta de um sistema narrativo global, que permita individuar as unidades mínimas mediante comutação: o pesquisador deve, de cada vez, assumir como sistema o próprio texto, ou um *corpus* de textos ligados por alguma afinidade cronológica ou conteudística ou temática etc.; a impossibilidade de estabelecer uma distância uniforme de generalização entre o léxico deste repertório e a série extensa de ações reais que cada número do repertório deveria subsumir.

Estes motivos dependem de um fato basilar: que uma obra literária pode ser considerada — se quisermos — como um objeto, somente até que seja analisada em sua manifestação verbal. Tão logo se leve em conta os significados, ela torna a entrar no circuito comunicativo: existe somente enquanto é lida, e exprime conteúdos que são o resultado do contato entre leitor e texto, portanto, de uma interpretação.

A interpretação leva, sem dúvida, à vertente da subjetividade (com todas as defesas que o escrúpulo filológico e hermenêutico pode erigir); em troca abre, através da dialética leitor-texto, possibilidades de análise excluídas numa consideração do texto como um objeto imóvel, um absoluto que, pelos motivos expostos, seria também inatingível. Depende da sagacidade do intérprete que o resumo funcional seja, senão indiscutível, pelo menos honesto; e está nas mãos do intérprete a escala dos graus de abstração, que ele procurará empregar do modo mais rendoso possível, definindo o *corpus* em relação aos objetivos de sua pesquisa.

Mas não há somente a relação leitor-texto: há também a relação texto-contexto. Já salientei que a lógica das funções é homóloga, mesmo que indiretamente (isto é, através das convenções literárias e sua viscosidade), à lógica do comportamento real de tempos e de lugares precisos.

Quando se rotular uma ação qualquer, ou mais ainda uma classe de ações, a ser considerada como função, não se pode deixar de levar em conta: 1) que a aceitação da classe, e seu rótulo, estão em relação precisa com uma dada concepção do mundo (a do texto ou do *corpus*, ou a do contexto, ou a do analista); 2) que, se for oportuno apoiar-se em repertórios fechados das funções de modo a constituir sistemas com relações internas precisas, saindo da sincronia os repertórios não poderão deixar de mudar nas relações internas e nos componentes; 3) que as relações de implicação, de oposição, de causalidade entre as funções são também válidas (ou não válidas) somente no quadro de normas imanentes aos textos (e remontantes ao contexto), nunca de normas determinadas e imutáveis; 4) que, portanto, também as regras de combinação das funções estão sujeitas a mudanças espaciais e temporais.

Creio que a individuação de modelos narrativos deva ser efetuada dentro do estudo dos sistemas de modelização das culturas[172]. A "lógica da narração" torna a entrar na "lógica" dos códigos comportamentais e ideológicos; o modo de nomear as funções pertence à mesma metalinguagem, com que se exprimem as idéias-guia de uma dada civilização.

Se isto for verdade, a perda de um, a meu ver utópico, modelo geral da narração, seria amplamente compensada pelo fato de se alcançar um tipo de contato fundamental entre obra literária e sociedade. Estes dois sistemas que, para usar uma imagem astronômica, inclinamo-nos a imaginar como concêntricos, são, ao contrário, linhas de força com amplos traços comuns, e com os mesmos pontos de convergência.

E então os modelos propostos (e melhor ainda os construtíveis), que ameaçavam resultar em instrumentos de dúbia utilidade, podem ser recuperados, e revelarem-se preciosos, se usados não como modelos da narrativa, mas como modelos da leitura de textos narrativos. A realidade do discurso, do enredo, da *fabula,* da estrutura funcional, é a de momentos, separados, por convenção descritiva,

---

172. Cf. Ivanov-Toporov-Zaliznjak, 1962; ulteriores informações sobre estas pesquisas, in Segal. 1973.

da compreensão de um texto; é a realidade de operações semiológicas, isto é, humanas e vividas e sujeitas à história; a lógica, como a matemática ou qualquer sistema artificial, determina impossibilidades mas não domina as ocorrências reais. Os modelos semiológicos são modelos históricos.

BIBLIOGRAFIA*

ALEXANDRESCU, S.
1971: A Project in the Semantic Analysis of the Characters in Wiliam Faulkner's Work. *Semiotica*, 6, pp. 37-51.
ARMSTRONG, R. P.
1959: "Content Analysis in Folkloristics". In: VVAA, *Trends in Content Analysis*, Urbana, pp. 151-70.
AVALLE, S. D.
1966: L'ultimo viaggio di Ulisse. *Studi Danteschi*, XLIII, pp. 35-68.
BARTHES, R.
1966: Introduction à l'analyse structurale des récits. *Communications*, 8, pp. 1-27 ["Introduzione all'analisi strutturale dei racconti". In: VVAA, *L'analisi del racconto*, Milão, 1969, pp. 5-46].

* A data é aquela da edição original; quando se cita a data da tradução, esta é indicada entre colchetes, com o título em italiano ou português.

BOURNEUF, R. e OUELLET, R.
    1972: *L'univers du roman*. Paris.
BREMOND, C.
    1964: Le message narratif. *Communications*, 4, pp. 4-32, e também em BREMOND, 1973, pp. 11-47.
    1966: La logique des possibles narratifs, *Communications* 8, pp. 60-71 ["La logica dei possibili narrativi". In: VVAA, *L'analisi del racconto*, cit., pp. 97-122].
    1973: *Logique du récit*. Paris.
BRONZWAER, W. J. M.
    1970: *Tense in the Novel*. Groningen.
CAMPOS, Haroldo de.
    1973: *Morfologia do Macunaíma*. São Paulo, Perspectiva.
CHKLÓVSKI, V. B.
    1925: *O teorii prozy*. Moscou; 1929^2 [*Una teoria della prosa*, Bari, 1966].
DOLEŽEL, L.
    1972: From Motifemes to Motifs. *Poetics*, 4, pp. 55-90.
DORFMAN, E.
    1969: *The Narreme in the Medieval Romance Epic. An Introduction to Narratives Structures*. Manchester.
DRESSLER, W.
    1972: *Einführung in die Textlinguistik*. Tübingen.
DUNDES, A.
    1964: *The Morphology of North American Indian Folktales*, Helsinki (*Folklore Fellows Communications* 81, n. 195).
ERLICH, V.
    1954: *Russian Formalism*. Haia; 1964^2 [*Il formalismo russo*, Milão, 1966].
GENETTE, G.
    1972: *Figures III*. Paris.
GENOT, G.
    1970: Analyse structurelle de "Pinocchio". Florença.
    1970b: Della scomposizione letteraria. *Sigma*, 25, pp. 3-38.
    1971: Teoria del testo e prassi descrittiva. *Strumenti Critici*, V, pp. 152-77.
    1972: Le récit (du) déclassé. *Revue Romane*, VII, pp. 204--32.
GREIMAS, A.-J.
    1966: *Sémantique Structurale*. Paris [*Semantica strutturale*, Milão, 1969].
    1970: *Du sens. Essais sémiotiques*. Paris.
HAMBURGER, K
    1957: *Die Logik der Dichtung*. Stuttgart; 1968^2. [Trad. bras.: *A Lógica da Criação Literária*, São Paulo, Perspectiva, 1975, Estudos 14].
HENDRICKS, W. O.
    1967: On the Notion "Beyond the Sentence". *Linguistics*, 37, pp. 12-51.
    1973: Methodology of Narrative Structural Analysis. *Semiotica*, 7, pp. 163-84.
HJELMSLEV, L.
    1943: *Omkring Sprogteoriens Grundlaeggelse*. Kobenhavn [*I fondamenti della teoria del linguaggio*, Turim, 1968].

IVANOV, V. V., TOPOROV, V. N., ZALIZNJAK, A. A.
- 1962: "O vozmoznosti strukturno-tipologiceskogo izucenija nekotorych modelirujuscich semioticeskich sistem". In *Strukturno-tipologiceskie issledovanija*, Moscou, pp. 134-43 ["Possibilità di uno studio tipologico-strutturale di alcuni sistemi semiotici modellizzanti". In: VVAA, *I sistemi di segni e lo strutturalismo sovietico*, org. por R. FACCANI e U. ECO, Milão, 1969, pp. 319-32].

JAKOBSON, R.
- 1963: *Essais de linguistique générale*. Paris.
- 1973: *Questions de poétique*. Paris.

JANSEN, S.
- 1968: Esquisse d'une théorie de la forme dramatique. *Langages*, 12, pp. 71-93.

JOHNSON-LAIRD, P. N.
- 1970: "The Perception and Memory of Sentences". In: J. LYONS (org.), *New Horizons in Linguistics*, Penguin Books, 1972³, pp. 261-70.

KOCH, W. A.
- 1966: *Recurrence and a Three-Modal Approach to Poetry*. Haia.

LABOV, W. e WALETZKY, J.
- 1967: "Narrative Analysis: Oral Versions of Personal Experience". In: J. HELM (org.), *Essays on the Verbal and Visual Arts*, Seattle, pp. 12-44.

LEVIN, S. R.
- 1962: *Linguistic Structures in Proetry*. Haia.

LÉVI-STRAUSS, C.
- 1955: The Structural Study of Myth. *Journal of American Folklore*, LXVIII, n. 270, pp. 428-44, depois in *Anthropologie Structurale*, Paris, 1958, pp. 227-55 [*Antropologia Strutturale*, Milão, 1966, pp. 231-61].
- 1960: "La structure et la forme. Réflexions sur un ouvrage de Vladimir Propp". In: *Cahiers de l'Institut de Science Économique Appliquée*, série M, n. 7, março ["La struttura e la forma". In: PROPP, 1928, somente na tradução italiana, pp. 163-99].

LOTMAN, I. M.
- 1970: *Struktura chudozestvennogo teksta*. Moscou [*Le struttura del testo poetico*, Milão, 1972].

MELETINSKI, E. M.
- 1969: *Strukturno-tipologiceskoe izucenie skzki*, em apêndice à reimpressão de PROPP, 1928 [*L'étude structurale et typologique du conte*, em apêndice a V. PROPP, *Morphologie du conte*, Paris, 1970, pp. 201-54].

MELETINSKI, E. M., NEKLIUDOV, S. I., NOVIK, E. S., SEGAL, D. M.
- 1973: "La folclorica russa e i problemi del metodo strutturale". In: VVAA, *Ricerche semiotiche. Nuove tendenze delle scienze umane nell'URSS*, org. por I. M. LOTMAN e B. A. USPENSKY, Turim, pp. 401-32.

MICELI, S.
- 1973: *Struttura e senso del mito*. Palermo.

PETOEFI, J. S.
- 1971: *Transformationsgrammatiken und eine ko-textuelle Texttheorie*, Frankfurt.
- 1973: *Grammatische Beschreibung, Interpretation, Intersubjektivität*, BIELEFELD (datilografado).

POP, M.
- 1967: Aspects actuels des recherches sur la structure des contes. *Fabula*, IX, 1-3.
- 1973: "Neue Methoden zur Erforschung der Struktur der Märchen", In: VVAA, *Wege der Marchenforschung*, Darmstadt, pp. 428-39.

PROPP, V. I.
- 1928: *Morfologia skazki*. Leningrado; 1969² [*Morfologia della fiaba*, Turim, 1966].
- 1928b: Transmormacia vol'sebnych skazok. *Poetika*, IV, pp. ["Il nesso tra la semantica e la struttura formale del *I formalisti russi. Teoria della letteratura e metodo critico*, org. por T. TODOROV. Prefácio de R. Jakobson, Turim, 1968, pp. 275-304].
- 1966: "Struttura e storia nello studio della favola". In: PROPP, 1928, somente na tradução italiana, pp. 201-27.

ROSSI, A.
- 1973: La combinatoria decameroniana: Andreuccio. *Strumenti Critici*, VII, pp. 1-51.

RUWET, N.
- 1972: *Langage, musique, poésie*. Paris.

SEGAL, D. M.
- 1966: "O svjazi semantiki teksta s ego formal'noi strukturoi". In: VVAA, *Poetics. Poetyka. Poetika*, II, Varsóvia ["Il nesso tra la semantica e la struttura formale del testo". In: *I sistemi di segni*, cit., pp. 333-64].
- 1973: "Le ricerche sovietiche nel campo della semiotica negli ultimi anni". In: VVAA, *Ricerche semiotiche*, cit., pp. 452-70.

SEGRE, C.
- 1969: *I segni e la critica*. Turim [Trad. bras.: *Os Signos e a Crítica*, São Paulo, Perspectiva, 1974, Debates n.º 83].

STANZEL, F.
- 1959: Epischer Praeteritum. Erlebte Rede. Historisches Praesens". In: V. KLOTZ, *Zur Poetik des Domans*, Darmstadt, 1965, pp. 319-38.

TADIÉ, J.-Y.
- 1971: *Proust et le roman*. Paris.

TODOROV, CH.
- 1971: La hiérarchie des liens dans le récit. *Semiotica*, III, pp. 121-39.

TODOROV, T.
- 1966: Les catégories du récit littéraire. *Communications*, 8, pp. 125-51 ["Le categorie del racconto letterario". In: VVAA, *L'analisi del racconto*, cit., pp. 227-70].
- 1967: *Littérature et signification*. Paris.
- 1968: "Poétique". In: VVAA, *Qu'est-ce que le structuralisme?* Paris, pp. 97-166.

1969: *Grammaire du Décameron.* Haia-Paris [Trad. bras.: *Gramática do Decameron,* São Paulo, Perspectiva, 1982, Debates, 145].

TOMACHÉVSKI, B. V.
1925: "Sjuzetnoe postroenie". In: VVAA, *Teoria literatury. Poetika,* Moscou-Leningrado, pp. 131-65 ["La costruzione dell'intreccio", In: *I formalisti russi,* cit., 307-50].

USPENSKY, B. A.
1973: *Study of Point of View: Spatial and Temporal Form.* Urbino.

VACHEK, J.
1966: *The Linguistic School of Prague.* Bloomington-London.

VAN DIJK, T. A.
1972: *Some Aspects of Text Grammars. A Study in Theoretical Linguistics and Poetics.* Haia-Paris.

VAN ROSSUM-GUYON, F.
1970: Point de vue en perspective narrative. *Poétique,* I, pp. 476-97.

WEINRICH, H.
1971: *Tempus. Besprochene und erzählte Welt.* Stuttgart.

ZUMTHOR, P.
1963: *Langue et techniques poétiques à l'époque romane (XIe-XIIIe siècles),* Paris, [*Lingua e techniche poetiche nell'età romanica (secoli XI-XIII),* Bologna, 1973].
1972: *Essai de poétique médiévale.* Paris [*Semiologia e poetica medievale,* Milão, 1973].

2. DESCONSTRUÇÃO E RECONSTRUÇÃO DE UM RACONTO (DA MORT LE ROI ARTU AO NOVELLINO)

Os §§ 70-71 da *Mort le roi Artu*[1] constituem um episódio fortemente unitário, quase um raconto dentro do romance. Os traços de mistério iniciais (a elegante nau que chega inesperadamente debaixo da torre do Rei Artur) transferem logo a curiosidade do leitor para Artur e Galvano, que nela partem para sua aventura de exploradores; a seguir é exalada uma nota de *pathos* estático, quando descobrem, num leito bem adornado, uma belíssima donzela morta; no centro do raconto, outro elemento

---

1. *La Mort le roi Artu. Roman du XIIIe. Siècle*, por J. Frappier, Genebra-Paris, 1964³ (Textes Littéraires Français). Cito-o com a sigla *MA*.

cativante: uma cartinha apaixonada que, sobre a pauta levemente perceptível das normas epistolográficas, exprime o amor e o desespero da donzela, vítima de uma recusa por parte do mais nobre dos cavaleiros — Lancelote (mais adiante, conclusão canônica dessas estórias trágicas, um túmulo acolhe o cadáver sob uma lápide que sintetiza suas vicissitudes).

Os elementos narrativos individuáveis (chamá-los-ei de *ações,* visto estar me mantendo, por motivos que veremos, a um nível de esquematização menos ousado que aquele exigido para poder falar propriamente de funções) são esses:

1. Chegada de uma nau misteriosa.
2. Artur e Galvano partem nela.
3. Eles descobrem, sobre uma cama, o cadáver de uma donzela.
4. Galvano encontra uma carta, e a apresenta ao rei.
5. Leitura e esclarecimento do acontecimento.

Todavia, o episódio não só se liga ao romance, como se constitui num ponto nodal. De fato, a jovem que aporta — última viagem — na corte de Artur, é a donzela de Escalot, morta de amor pela recusa de Lancelote (perfeito amante de Ginevra, não podia aceitar suas ofertas, mesmo que atraentes). Mas Ginevra julgara que Lancelote lhe fora infiel: primeiro porque Lancelote, coagido por uma promessa imprudente, ostentara num torneio a insígnia da donzela, depois porque Galvano lhe dera a entender que Lancelote estava apaixonado por ela: daí a injusta condenação de Lancelote, impelido pelo desdém da rainha a deixar a corte. Por sua vez, a ausência de Lancelote privava Ginevra do único paladino respeitado diante de Mador, que a acusava da morte do seu próprio irmão. A chegada da nau esclarece, pois, muitas coisas, preparando os desenvolvimentos sucessivos.

O episódio tem, a seguir, uma função mais sutil. A carta da donzela de Escalot, demonstrando a inocência de Lancelote (com respeito à rainha) confirma indiretamente a Artur a culpa de Ginevra (para com ele), da qual foi cientificado há pouco por Morgana e pelas pinturas feitas pelo próprio Lancelote prisioneiro da feiticeira (a *Salle aux images*). Assim, o que Morgana lhe apresentara cruamente como adultério, pode ser entrevisto por Artur pelo lado heróico e cortês: o fato se torna mais nobre, mais grave e inelutável. Por isso, com certeza, o autor leva o próprio Artur, e não Galvano, a ler a mensagem da morta.

Os nexos com a globalidade da trama são realizados mediante uma série de notícias e notações particulares: quando a nau arriba, o rei contempla pensativo a *riviere*, preocupado com a ameaça que Mador faz pender sobre a rainha; encontrada a jovem, Galvano a reconhece como a donzela de Escalot, e lembra ao rei a conversação, que este tivera com ele e com Ginevra, na qual dissera ser ela amante de Lancelote: o rei, que na ocasião se mostrara incrédulo face às revelações de Galvano, medita (imaginamos) sobre quão amargas eram as implicações do fato de lhe ter assistido razão.

Neste quadro, a primeira análise das ações mostra-se incompleta: há outras que devem ser explicadas, e todas se apresentam reagrupadas como fases de uma clarificação progressiva: em 1, 2, 3 há ainda um clima aventuroso[2] e abstrato; depois 3 torna-se fundamentalmente uma ação 3 *bis* (reconhecimento da jovem por parte de Galvano), que insere o episódio na trama conjunta, e portanto coloca as outras ações sobre o mesmo plano narrativo do romance, especialmente a ação 5, que dá testemunho à rainha e a todos da absoluta fidelidade de Lancelote, produzindo uma ação 5 *bis* (arrependimento da rainha) presente, de fato, ao episódio.

Mesmo se passarmos a uma apreciação dos atores, perceberemos que seu número e suas relações mudam quando se passa do episódio para o conjunto do romance. No episódio, há três atores presentes (Artur, Galvano e a donzela, que embora morta, fala por intermédio de sua carta) e um ausente (Lancelote), de cuja ação permanecem os resultados (a morte da donzela); na cronologia interna, os atores se ordenam em pares: Lancelote-donzela (suas relações e conseqüências funestas) e Artur-Galvano, testemunhas póstumas do acontecimento. Mas no conjunto da trama, a donzela não é senão um ator secundário, com função de catalisador (amante não correspondida) com relação ao triângulo Lancelote-Ginevra (amantes correspondidos)-Artur (marido traído): Artur, diferentemente de Galvano, passa do papel de testemunha ao de descobridor de sua própria desonra.

---

2. "A poi que ge ne di que les aventures recommencent" exclama Galvano à vista do pequeno barco.

Estes sucessivos exercícios de esquematização não são gratuitos. Há de fato quem tenha notado o caráter unitário do episódio, libertando-o dos pormenores tonais e das ações que o ligam ao romance (3 *bis* e 5 *bis*). Falo do compilador ao qual remonta a novela 82 do *Novellino*[3].

As relações da novela com *La Mort le roi Artu* são conhecidas[4]; mas nunca se estudou o método com o qual *N* utilizou sua fonte. Esquematizando *N*, obtêm-se esses elementos (ou ações):

1'. Amor infeliz da donzela de Escalot por Lancelote.
2'. Ordens para o preparativo do leito-catafalco e da nau e para a vestidura do cadáver.
3'. Compilação da carta.
4'. Morte da donzela.
5'. Execução das ordens.
6'. Viagem da nau até à corte de Artur.
7'. Artur parte na nau.
8'. Artur descobre o leito com o cadáver.
9'. Descobrimento da carta.
10'. Texto da carta como esclarecimento dos fatos.

Percebe-se imediatamente que as ações 6'-10' de *N* correspondem às ações 1-5 do episódio da *MA*. Mas é interessante individuar o procedimento narrativo que produziu em *N* as ações 1'-5'.

O episódio da *MA* propõe, já o vimos, uma solução fracionada aos seus mistérios: a nau é totalmente misteriosa; em seguida, a morta é identificada como a donzela de Escalot; e por fim, a carta explica por que ela morreu, e compreende-se que a jovem embarcara na nau a fim de levar a mensagem, ou melhor, a reclamação, a Artur e a seus cavaleiros. O procedimento se torna possível pelas ligações com partes externas ao episódio: já nos §§ 38-39 são descritas a paixão da donzela por Lancelote e a recusa deste, com a conclusão:

Tout en ceste maniere devisa la damoisele sa mort; si l'en avint tout issi comme ele dist; car ele morut sanz faille por l'amour de Lancelot, si com li contes le devisera ça en avant;

3. In *La Prosa del Duecento*, org. por de C. Segre e M. Marti, Milão-Nápoles, 1959, pp. 868-69. Cito-o aqui com a sigla *N*.
4. Veja-se R. Besthorn, *Ursprung und Eigenart der alteren italianischen Novelle*, Halle, 1935, pp. 111-12.

e no § 57 são dados outros e mais patéticos detalhes, com a conclusão:

Lors se parti la damoisele [...] et s'en vint a son lit et se cocha a tel eür que onques puis n'en leva, se morte non, si com l'estoire le devisera apertement.

O leitor da *MA* conserva, pois, na memória valências livres que o episódio está apto a satisfazer: a expectativa suscitada pelas fórmulas "si com li contes (l'estoire) le devisera ça en avant (tout apertement)" aplaca-se com a leitura do episódio. Deve-se notar, porém, que a ordem dos fatos, cronológica nas premissas extra-episódio, torna-se retrocessivo no interior do episódio: primeiramente há a chegada da nau, toma-se conhecimento então da morte da jovem, por fim remonta-se às suas causas. E acrescente-se que entre as ações extra-episódio (amor frustrado e morte, chamemo-las de *a* e *e*) e aquelas do episódio, três delas permanecem implícitas, esclarecidas pelo conhecimento do conjunto dos fatos: a compilação da carta (*b*), a ordem de ser embarcada na nau (*c*) e a realização da ordem (*d*).

Todas as transformações efetuadas por *N* derivam de uma decisão bastante natural: a de explicar aos leitores quem era a donzela de Escalot. O compilador compreendeu, enfim, que para obter uma novela devia eliminar as referências ao romance, para ele supérfluas, mas tinha que englobar, ao contrário, no contexto, os elementos que na *MA* o preparam. Exceto que, dizendo-se desde o início quem era a donzela de Escalot, se eliminava a possibilidade de uma solução fracionada e de uma rigorosa ordenação retrocessiva dos fatos, como proposta pela *MA*.

Assim, o compilador de *N*, enunciada a ação *a*, sai pelo resvalo da ordem cronológica, e julga necessário justificar as ações implícitas *b*, *c*, *d*, antes de narrar a ação *e*; em seguida, prossegue com a ordenação originária. Desse modo, temos as ações 1'-5' de *N*, correspondentes a *a-e* de *MA*, e as ações 6'-10' de *N*, correspondentes a 1-5 de *MA*. As duas séries são exploradas, e a segunda (6'-10') outra coisa não faz senão reapresentar em ordem retrocessiva o que a primeira (1'-5') expôs em ordem cronológica.

Não estou fazendo suposições, mas descrevendo fatos. É, sem dúvida, com referência aos fatos (em particular a uma certa inexperiência do compilador) que a conexão entre as ações 1'-5' e 6'-10' permanece imperfeita e proclama claramente a dificuldade da sutura. Refiro-me a essas frases: "E in questa borsa avea una lettera, ch'era de lo 'nfrascritto tenore. Ma imprima diciamo de ciò che va innanzi la lettera", onde o *ma imprima diciamo* e o *de lo 'nfrascritto tenore*, esclarecidos somente no final do raconto, denunciam as incertezas da reestruturação, como também o imperfeito *avea una lettera* (isto é, a ação 3'), colocado num tempo intermédio e ambíguo entre o tempo das disposições dadas e o do descobrimento efetivo (a ação 3' teria também podido preceder a 2').

Ainda mais sensíveis são as conseqüências sobre os atores. O "sistema" Lancelote-Ginevra-(Artur), com a donzela como catalisador, deixa lugar a um "sistema" Lancelote-donzela, onde Ginevra tem a função secundária de impedir, inconsciente, o amor entre os dois, e no qual a Artur se confia somente a função testemunhal (descobrir a jovem e a carta). A falta de comprometimento de Artur no acontecimento fica bem caracterizada por dois fatos: 1) Artur absorve em si as funções, apenas mediadora, de Galvano; 2) não é Artur quem encontra a carta e nem, tampouco, quem a lê, ansioso: ele faz com que outro a leia (*fecela leggere*), ataraxicamente.

Todavia, mesmo que elaborado, o raconto servia muitíssimo bem ao compilador. Ele ficou impressionado com a carta, que reinvocava, de um lado, a moda dos exemplos epistolares, de outro, a lírica amorosa: duas correntes que já haviam convergido nos *dictamina* eróticos[5]. A parte final da carta é escandida como a *stanza* de uma canção:

già nol seppi tanto pregare d'amore / ch'elli avesse di me mercede. / E cosí, lassa!, sono morta / per ben amare, / come voi potete vedere.

Porém o amor cortês, no *Novellino*, está geralmente "distanciado" numa perspectiva romanesca ou aristocrática. Aqui, o distanciamento romanesco é potenciado com um tom de fábula (que substitui o tom aventuroso da

5. Faço alusão a epístolas como as contidas em *Sommetta ad Ammaestramento di Comporre Volgarmente Lettere (1284-1287)*, editada por H. Wieruszowski no vol. II do *Archivio Italiano per la Storia della Pietà*, pp. 193-98, ou como as duas cartas de amor publicadas por J. Ruggieri in *Archivum Romanicum*, XXIV, 1940, pp. 92-94.

fonte). Confere-se à fábula a insistente preciosidade do décor: *ricca é a navicella coperta d'un vermiglio sciamito, ricco* é o leito, com *ricche e nobile coverture di seta, ricche* as *pietre preziose* que ornam o leito, *ricca di molto oro e di molte pietre preziose* a *bella corona* com a qual a donzela orna sua cabeça, *ricca a cintura e a borsa.* E é acima de tudo fabulosa a viagem da nau *senza vele,* que o mar conduz até Camalot.

Que estes elementos sejam pertinentes, no-lo diz o confronto com a *MA.* Aqui, o adjetivo *riche* é usado mais raramente e em frases mais afastadas, de modo a produzir, no máximo, uma tonalidade ambiental. Simultaneamente, são bastante densas as enunciações, em ordem, sobre a beleza da jovem: *moult avoit esté bele... si bele demoisele... trop bele riens... la grant biauté... la bele damoisele... la bele damoisele... une des plus beles damoiseles del monde.* Nada disso permaneceu em *N.* A beleza da jovem tem, de fato, a função de tornar ainda mais heróica a recusa de Lancelote: o que é muito importante na trama da *MA,* enquanto é irrelevante em *N,* onde impera a jovem morta de *mal d'amore,* com sua desesperada mensagem póstuma.

Este exemplo de análise, favorecido pela simplicidade dos meios estilísticos e estruturais utilizados pelos dois autores, sugere algumas deduções e generalizações. Entretanto, tivemos uma demonstração eloquente da diversidade entre as leis estruturais que regem o romance e a novela: até o pouco sofisticado compilador de *N* mostra ter tido consciência disso. Por sua vez, essas leis estruturais estão atualizadas em relação a premissas de gosto e finalidade literários, assim que um conteúdo substancialmente idêntico sofre transformações decisivas. Deve-se levar isso em grande conta ao se estudar as relações de um texto com as fontes: o grau de fidelidade daquele no que diz respeito a estas se acha profundamente condicionado por esta ordem de forças.

Deduções de validade mais ampla, acredito, já haviam brotado da análise. As ações vieram a se identificar com os esquemas portadores do raconto. Mas: 1) as ações foram formuladas em termos máximos (simplificá-las ulteriormente teria sido fácil, mas implicaria na eliminação de diferenças de esquema caracterizantes: os elementos diferenciais são a base de toda análise, linguística ou crítica); 2) daí resultou a existência de ações implícitas, cuja eventual explicitação incide sobre o estatuto narrativo; 3) assim apareceu a nítida diferença de resultados alcançáveis por um conteúdo substancialmente semelhante, por meio de uma sucessão diferente das ações (efeitos de surpresa valorizados ou eliminados; efeitos de expectativa estimulados ou neutralizados).

Também resultou evidente, parece-me, a relevância "mensurável" de elementos definíveis, à primeira vista, como conotativos. O tema da beleza é um elemento importante no episódio da MA, em relação com a fidelidade adamantina de Lancelote. N, atento somente ao amor infeliz da donzela, eliminou-o, tornando ao contrário, de acidentais que eram, funcionais, as alusões (conotativas na MA) sobre a riqueza dos adornos e das vestes.

Por fim apareceu a complexidade do sistema dos atores: é aqui, talvez, que as diferenças entre episódio e novela se mostram mais decisivas. Parece-me claro que os atores não são individuáveis em uma simples indagação pessoal: seu *status* resulta de um paradigma de relações e de sua eventual mutação ao longo do tempo da narração. Assim, ao passo que no tempo breve de N eles entram num esquema simples e estático, no episódio da MA sentem os contragolpes de suas precedentes vicissitudes e, em particular, de suas precedentes relações de força.

O "modelo" que se nos impõe, mesmo com base em dados bastante simples, como os apresentados em nosso exemplo, mostra portanto que não basta reconstruir a interação entre o sistema dos atores, o das ações narrativas e o das constantes estilísticas, mas que um papel fundamental é sem dúvida desenvolvido com precisão pelo tempo, não enquanto duração mas enquanto lugar de mutações no próprio sistema das interações. Cada mudança sobrevinda é relacionada, ou contraposta, tanto pelas personagens quanto pelos fruidores da obra, com a memória das fases precedentes: memória que se torna condição irrenunciável à compreensibilidade global da diegese.

3. ESTRUTURAS E REGISTROS NA *FIAMMETTA*

1. Certo, uma obra como a *Fiammetta*[1], longo monólogo de uma mulher abandonada que reevoca a época de seu amor e percorre todo o teclado da tristeza, inclusive o desespero, pareceria estar apta para uma crítica "sintonizada", participante. Mas os resultados de semelhante tipo de crítica têm sido negativos[2]. O lamento de Fiammetta compõe, com sua armação retórica, um bloco

---

1. A melhor edição é a de Franca Ageno: G. Boccaccio, *L'Elegia di Madonna Fiammetta*, Paris, 1954, com posfácio de A. Schiaffini, *Autobiografia Poetica e Stile del Boccaccio dal "Filocolo" alla "Fiammetta"*. O texto (com a divisão em parágrafos) está reproduzido in G. Boccaccio, *Opere*, aos cuidados de C. Segre. Comentário de Maria Segre Consigli e Antonia Benvenuti, Milão, 1966, pp. 943-1080, de onde cito, dada a raridade da edição, Ageno. O comentário de Maria Segre Consigli é, até hoje, o mais completo para as fontes clássicas.

compacto; buscar nele a genuína efusão dos sentimentos seria anacrônico e também restritivo, para um escritor que apostou todas suas cartas na literariedade.

Procuraremos aqui, ao contrário, traspassando mais vezes o texto segundo vários "programas" descritivos, esclarecer algumas de suas estruturas portadoras e deduzir a funcionalidade dos procedimentos literários, para depois concluir com sugestões que permitam recompor as partes antes decompostas e pô-las em ação para uma "leitura" global e melhor sensibilizada[3].

2. É remontando à despedida (*commiato*) (IX), com as recomendações que Fiammetta faz ao livro para que ele se dirija a quem possa simpatizar com suas vicissitudes, que se descobre a eficácia de uma das invenções estruturantes da *Fiammetta*: o discurso pseudo-autobiográfico. A insistência de Boccaccio em inserir suas obras numa autobiografia readaptada e continuamente recuperada com precisão dizia respeito anteriormente sobretudo aos prólogos, com dedicatória à amante, ora desdenhosa ora bondosa, ou alusões internas, estranhas ao contexto: havia, enfim, de um lado, Boccaccio com sua vicissitude pessoal (não importa em que medida fictícia); de outro, os temas de suas obras, aproximados por afinidade a esta vicissitude. Com a *Fiammetta* temos duas grandes novidades: o discurso em primeira pessoa, e numa primeira pessoa que não é o autor.

Fiammetta, é verdade, é o *senhal* da amada napolitana de Boccaccio; e Panfilo é o nome sob o qual ele próprio, outras vezes, se esconde. A ficção autobiográfica não é, portanto, abandonada, mas revirada e retomada de modo mais ambiguamente alusivo. A reviravolta

---

2. Seguem proveitosamente os desenvolvimentos da crítica, os artigos de D. Rastelli, La Modernità della *Fiammetta*, *Convivium*, r. n.º 1, 1947, pp. 703-715; Le "fonti" autobiografiche nell' *Elegia di Madonna Fiammetta*, *Humanitas*, III, 1948, pp. 790-802. Veja-se também, do mesmo autor, Boccaccio Rétore nel "Prologo" della "Fiammetta", *Saggi di Umanismo Cristiano*, II, 1947, pp. 10-18; L'"Elegia di Fiammetta", Il mito mondano e la caratterizzazione psicologica della protagonista, *Studia Ghisleriana*, série II, 1, 1950, pp. 151-73; Spunti Lirici e Narrativi, Motivi Stilistici nella *Fiammetta* di G. Boccaccio, *Lettere Italiane*, III, 1951, pp. 83-98.

3. O problema teórico, aqui esboçado, tem um tratamento adequado no Cap. 8.

e a identificação com um eu alheio criam um espaço inventivo amplo e livre; permitem que o autor se dirija, a respeito de um tema amoroso, às mulheres (como posteriormente no *Decameron*), no plano de uma solidariedade, de uma confidência permitidas somente a uma personagem feminina como aquela à qual ele dá voz.

Entre os muitos precedentes, sabemos ao qual Boccaccio se liga diretamente, sendo a sua fonte: as *Heróides* de Ovídio[4]. Daí a invenção do monólogo da mulher, que rememora seu amor com melancolia, ou desespero[5]. A escolha do modelo é também a escolha do gênero. As *Heróides* são, a duplo título, elegias: por serem escritas em dísticos elegíacos, por serem de argumento triste. A definição horaciana da elegia insistia exatamente nestes dois pontos: "Versibus imparibus iunctis [o dístico elegíaco] querimonia [o argumento triste] primum / post etiam inclusa est voto sententia compos: / quis tamen exiguo elegos miserit auctor / grammatici certant et adhuc sub iudice lis est" (*Ars poet.* 75-78). Na Idade Média insiste-se, principalmente sobre o segundo ponto, desde Papia ("*Elegi,* versus miserorum") até Uguccione ("Item ab *Eli,* quod est Deus, dicitur quoddam verbum grecum *eleyson,* idest miserere... Et ab *eleyson, elegus, -a, -um,* idest miser, *-a, -um.* Unde versus facti de miseria dicuntur *elegi.* Unde *elegia, -e,* idest miseria, et hinc *elegiacus, -a, -um,* idest miser"), desde Giovanni de Gênova ("*Elegus, -ga, -gum,* idest miser, misera, miserum. Et dicitur ab *eleyson,* quod est miserere. Unde versus facti de misera dicuntur *elegi.* Unde *elegia, -gie,* idest miseria") até Giovanni de Garlandia, que acrescenta a nota erótica ("[Carmen] elegiacum, idest miserabile carmen quod continet et recitat dolores amantium", *Poetria,* p. 926), como já Everardo de Béthune, *Graecismus*

---

4. Cf. V. Crescini, *Contributo agli Studi sul Boccaccio con Documenti inediti,* Turim, 1887, pp. 149-64, e os artigos citados mais adiante, na nota 21. Lembro que são muitas as vulgarizações francesas e italianas das *Heróides*; uma, a atribuída a Filippo Ceffi, talvez anterior à *Fiammetta.* Cf. E. Bellorini, *Note sulle Traduzioni Italiane delle "Eroidi" d'Ovidio Anteriori al Rinascimento,* Turim, 1900.

5. Por isso os outros modelos, aos quais Fiammetta se adapta, devem ser mantidos num segundo plano: também Dido, de quem enfatizam os traços presentes em Fiammetta, W. Pabst, *Venus als Heilige und Furie in Boccaccios Fiammetta-Dichtung,* Krefeld, 1958 e B. Koenig, *Die Begegnung im Tempel,* Hamburgo, 1960.

X, 245 ("Castigat satira, sed elegia cantat amores") e VIII, 129 ("Est *eleis* miserans, elegia comprobat illud").

Dante, que também repete a definição de Papia: "Per elegiam stilum intelligimus miserorum" (*De vulg. El.* II, IV, 5), e que parece aludir a uma qualificação temática quando, ao falar dos bolonheses Guido Ghisilieri e Fabruzzo, afirma que "si ad sensum subtiliter intrare velimus, non sine quodam elegie umbraculo hec tragedia processisse videbitur" (*De vulg. El.* II, XII, 6), insere porém a elegia (juntamente com a tragédia e a comédia) na gama dos níveis estilísticos, atribuindo-lhe o mais baixo: "Si autem [canenda videntur] elegiace, solum humile [vulgare] oportet nos sumere" (*De vulg. El.* II, IV, 6). Uma definição tonal, mas de modo algum pacífica[6], totalmente afastada da *Fiammetta*.

É verdade que o próprio Boccaccio parece aceitá-la, quando no capítulo IX escreve:

E se forse alcuna donna delle tue parole rozzamente composte si meraviglia, di' che quelle ne mandi via, però che li parlari ornati richieggiono gli animi chiari e li tempi sereni e tranquilli. E però piuttosto dirai che prenda ammirazione come a quel poco che narri disordinato, bastò lo 'ntelletto e la mano...[7].

Mas que as ambições estilísticas do autor fossem tudo, menos modestas, o exprime a solenidade da invocação

(... priego, se alcuna deità è nel cielo la cui santa mente per me sia da pietà tocca, che la dolente memoria aiuti, e sostenga la tremante mano alla presente opera, e così le faccia possenti, che quali nella mente io ho sentite e sento l'angoscie, cotali l'una profferi le parole, l'altra, piú a tale oficio volonterosa che forte, le scriva)

---

6. Cf. P. Rajna, in *Studi Danteschi*, IV, 1921, p. 33. Dante não carece todavia de predecessores, como indica P. V. Mengaldo, L'elegia "Umile", *Giornale Storico della Letteratura Italiana*, CXLIII, 1966, pp. 177-98, enriquecendo também o elenco das definições medievais de *elegia*. Para uma explicação verossímil do trecho dantesco, as suposições de F. Quadlbauer, *Die antike Theorie der* genera diciendi *im lateinischen Mittelalter*, Viena, 1962, pp. 150-57, devem ser comparadas e integradas com o que escreve Mengaldo.

7. Veja-se, todavia, as atenuações dadas a esta frase (de "valor proeminentemente psicológico") por M. Marti, na Introdução a G. Boccaccio, *Opere minori in volgare*, I, Milão, 1969, p. 41, onde se encontram outras observações notáveis.

e os preventivos de eternidade da conclusão ("Vivi adunque: nullo ti può di questo privare; ed essemplo etterno a' felici e a' miseri dimora dell'angoscie della tua donna"). Nem deve ser transcurada a nobreza da protagonista e de suas interlocutoras ("o nobili donne, ne' cuori delle quali amore piú che nel mio forse felicemente dimora"), dado que um outro axioma da retórica medieval é a relação de caráter necessário entre o nível das personagens e o do estilo. Enfim, é a própria prosa da *Fiammetta* que fecha, com drástica autoridade, a questão; mas desta prosa nos ocuparemos adiante, mais longamente.

Na verdade Boccaccio conhecia muito bem exemplos de elegias latinas em estilo nada "humilde": bastará citar a última, a escrita, em Florença mesmo, por Arrigo da Settimello (1193), a *Elegia de diversitate Fortunae* (ou, num manuscrito, *Elegia sive miseria*: ainda a definição medieval da elegia), que chega a tocar o paroxismo maneirístico na elaboração da língua e do estilo: que é, ou pelo menos queria ser, sublime. E ao gênero literário se liga desde o título (*Elegia di Madonna Fiammetta*), enquanto no título ecoa a definição horaciana no Prólogo: "Con lagrimevole stilo seguirò come io posso"[8].

Aqui convém precisar com que valor e em quais bases Boccaccio usa o termo *elegia*, justamente porque se conhece a atenção (ainda que não teorizada) que presta aos gêneros literários[9]. A seu respeito, aliás, todas as suas obras têm uma função inaugurativa ou instaurativa: do poema épico em oitavas ("...tu, o libro, primo a lor [as Musas] cantare / di Marte fai gli affanni sostenuti, / nel volgar lazio più mai / non veduti", *Teseida* XII, 84) ao romance alegórico pastoral em prosa e tercetos, a *Commedia delle ninfe fiorentine*, da "metamorfose" bucólica, o *Ninfale fiesolano*, às novelas com molduras, o *Decameron*: além do fato ainda mais importante de que o próprio cantar em oitavas, qualquer que seja seu conteúdo, é provavelmente invenção dele[10]. No fundo, esta

---

8. Mas a frase completa ("a' casi infelici, onde io con ragione piango, con lagrimevole stilo seguirò come io posso") parece também fazer alusão às *Heróides* XV, 7; "Flendus amor meus est; elegia flebile carmen".
9. Cf. V. Branca, *Boccaccio Medievale*, Florença, 1970³, p. 88.
10. Veja-se C. Dionisotti, Appunti su Antichi Testi, *Italia Medioevale e Umanistica*, VII, 1964, pp. 77-131; quanto aos modelos franceses da oitava, veja-se A. Roncaglia, Per la Storia dell'Ottava Rima, *Cultura Neolatina*, XXV, 1965, pp. 5-14.

posição de revolucionário dissimulado caracteriza toda a atividade, não só formal, de Boccaccio: o *Decameron* é tão medieval pela evidência das fontes e dos temas e das alusões culturais, quanto pré-renascentista na petulância laica, naturalística e antropocêntrica de sua atiude para com a vida.

Temos portanto: a obra qualificada como *elegia*, e o modelo ovidiano, as elegias das *Heróides*. O uso da prosa é uma ponte, não um obstáculo, entre essas duas constatações. Páginas inteiras da *Fiammetta* são traduzidas de Ovídio; e sabemos que as *Heróides* foram prediletas dos vulgarizadores de profissão, antes e depois de Boccaccio. Toda a história das vulgarizações nos indica que, até a época de Boccaccio, somente a prosa era utilizada para se traduzir, da prosa e da poesia latina. Ao escrever, pois, uma grande "heróide" em língua vernácula, o uso da prosa se oferecia como o mais apropriado. E também o mais oportuno, se se pensar que somente a prosa podia adaptar-se aos rodeios da retórica clássica, à sua oratória pontilhosa de interrogações e exclamações, ao se desenrolar adjetivos e substantivos, segundo a ênfase mais do que às regras, e às minuciosas perífrases. A obra mais característica do aprendizado latinizante de Boccaccio, o *Filocolo*, foi composta, justamente, em prosa. Acrescente-se, *ad abundantiam*, que o modelo mais ambicioso do Boccaccio *rhétoriqueur* são as *Metamorfoses* de Apuleio, e que também Dante, sugerindo paradigmas para a suprema construção do estilo, une, a Virgílio, Ovídio, Estácio e Lucano, os autores de "altíssimas prosas", Lívio, Plínio, Frontino, Orosio (*De vulg. El.* II, VI, 7).

3. Mas uma vez definida a *Fiammetta* como elegia, e mais exatamente como "heróide"[11], é necessário notar os outros elementos constitutivos do novo gênero literário do qual a obra teria permanecido, na Itália, o único exemplar. A assunção da forma prosaica, a dilatação das

---

11. "A *Fiammetta*, substancialmente, entra no gênero das *Heróides*", Crescini, *Contributo agli Studi sul Boccaccio con Documenti inediti*, cit., p. 156.

12. Cf. N. Sapegno, *Storia Letteraria del Trecento*, Milão-Nápoles, 1963 (La letteratura italiana. Storia e Testi), p. 306, que nota também as referências a Tristão e Isolda, e à leitura de "franceschi romanzi" por parte de Fiammetta (VIII, 7).

medidas, autorizam Boccaccio a uma divisão em capítulos (ausentes nas *Heróides*) que, mesmo pelas didascálias conteudísticas, dá ao texto um aspecto de romance [12]: de acordo com o argumento, são vicissitudes que se desenvolvem com uma narratividade livre a evadir-se da concentração invocante das *Heróides*. Ademais, Boccaccio abandona a simulação epistolar das *Heróides*, substituindo o circuito comunicativo amante-amado por um circuito de cumplicidade afetiva e de participação entre Fiammetta e as destinatárias do "picciolo libretto" (breve libreto): um circuito em que é apenas disfarçado o elemento didascálico, freqüente nos escritores medievais como justificação dos conteúdos eróticos ("io non vi conforto tanto a questo affanno perché voi piú di me divegniate pietose, quanto perché piú la nequizia di colui per cui ciò m'avviene conoscendo divegniate piú caute in non commettervi ad ogni giovine" V, I). Didática é, eventualmente, a *Fiammetta*, em sentido descritivo, pela pormenorizada fenomenologia do amor que propõe[13], e em sentido humanístico, pela soma de referências clássicas que elabora, e pelo novo modelo que ela própria vem a constituir.

A relação entre Fiammetta e as destinatárias de suas mágoas sugere, enfim, o recurso ao procedimento do *commiato* ou da despedida. Que é por certo de extração lírica, mas, creio, com ambições mais recônditas. Outro modelo da *Fiammetta* é, já se sabe, a *Vita Nuova*. Aqui Dante cria para si um auditório ideal de mulheres "che sono gentili, e che non sono pure femmine", aquelas para as quais ele se dirige com a canção *Donne ch'avete intelletto d'amore*. Como estas são escolhidas por serem as únicas dignas de ouvir a louvação de Beatriz, assim as nobres e apaixonadas mulheres a quem Fiammetta envia o livro, são as que melhor irão participar de suas penas.

E os apelos à compreensão e à compaixão das outras mulheres formam o conectivo entre as várias partes

---

13. Cf. S. Battaglia, Il Significato della *Fiammetta* (1944), in *La Coscienza Letteraria del Medioevo*, Nápoles, 1965, pp. 659-68, a p. 661: "A *Elegia* de Boccaccio não é somente um canto de amor e de separação, mas uma indagação exata do momento passional, conduzida com trépida paciência, antes com obstinada e caprichosa minúcia. Ele a concebeu com o rigor do tratado, com a exaustiva curiosidade de tipo enciclopédico e casuístico, que faz pensar, ainda, nos métodos da mentalidade medieval e escolástica: mas animada e libertada por uma urgência contemporânea, que assegura seu valor moderno".

da *Fiammetta*. Da invocação proemial, que serve justamente para iniciar o primeiro capítulo, até o começo de vários capítulos, excluído o VII e, naturalmente, a despedida dirigida ao livro (IX):

> Mentre che io, o carissime donne, in cosí lieta e graziosa vita, sí come di sopra è descrita, menava i giorni miei, poco alle cose future pensando, la nemica Fortuna a me di nascosto temperava li suoi veleni ecc. (II, I).

> Quale voi avete di sopra udito, o donne, cotale, dipartito il mio Panfilo, rimasi... (III, I).

> Cosí, o pietose donne, sollecita, come udito avete, non solamente al molto disiderato e con fatica aspettato termine pervenni, ma ancora di molti dí il passai... (IV, I).

> Lievi sono state infino a qui le mie lagrime, o pietose donne, e i miei sospiri piacevoli a rispetto di quelli, i quali la dolente penna, piú pigra a scrivere che il cuore a sentire, s'apparecchia di dimostrarvi. (V, I).

> Quale voi avete potuto comprendere, pietosissime donne, per le cose davanti dette, è stata nelle battaglie d'amore la vita mia, e ancora assai piggiore... (VI, I).

> Sono adunque, o pietosissime donne, rimasa in cotale vita, qual voi potete nelle cose udite presumere... (VIII, I).

estes reclamos se ligam em cadeia, com evidentes sinais de recapitulação ("sí come di sopra è descritta, quale voi avete di sopra udito, come udito avete, infino a qui, per le cose avanti dette" etc.).

Este conectivo não une somente, de modo horizontal, os capítulos, mas forma também, verticalmente, uma espécie de grade na qual se sistematizam os vários segmentos prosaicos (narrativos, meditativos, deprecativos etc.) dos primeiros cinco capítulos. Eis uma amostra, extraída exclusivamente do capítulo I:

> Questi adunque, o pietosissime donne, fu colui il quale il mio cuore con folle estimazione fra tanti nobili, belli e valorosi giovani [...] elesse per signore della mia vita (8).

> Deh, pietose donne, chi crederà possibile in un punto uno cuore cosí alterarsi (9).

> Deh, donne pietose, se Amore felicemente adempia i vostri disii, che doveva io, e che potea rispondere a tante e tali parole, e di tale dea, se non: "Sia come ti piace"? (18).

O pietosissime donne, che non insegna Amore a' suoi suggetti, e a che non li fa egli abili a imparare? (23).

Se io, o donne, non erro imaginando, egli non fu piccola la fermezza degli animi nostri... (24).

Ma in prima che io a ciò pervenga, quanto piú supplicemente posso la vostra pietà invoco... (24).

... sí come voi medesime, le quali forse forza cercate a ciò che piú vi sarebbe a grado, sapete che sogliono le donne amate fare (25).

Nota-se aí, de imediato, a diversidade do tom: no primeiro caso (ligações horizontais) as mulheres são acima de tudo ouvintes atentas, no segundo (ligações verticais) são confidentes cujas experiências e aspirações podem ser invocadas em testemunho ou em benevolente julgamento. Esses dois tipos de ligações seguem uma regra precisa: as verticais implicam as horizontais, e não o oposto: nos capítulos VI e VIII temos o exórdio às leitoras, e no VIII também a conclusão, sem diálogo interno, ao passo que nos capítulos I-V há tanto o diálogo de exórdio (ou eventualmente de conclusão) quanto o interno. Para uma possível explicação, cf. 10.

4. Tentemos agora enfrentar a obra a partir de seu exterior. Nove capítulos, precedidos de um prólogo. A fórmula 1 + 9 nos lembra de pronto o *Decameron*, com os seus grupos de dez novelas, sendo nove de tema determinado e uma de tema livre; e para a de número 9, entre as mais carregadas de símbolos e de sacralidade, basta remeter a uma das fontes da *Fiammetta*, a *Vita Nuova*. Aos aspectos numéricos de suas divisões, Boccaccio é extremamente atento: vemo-lo desde os 12 livros da *Teseida* (cujo arquétipo é a *Eneida*), até os 50 cantos da *Amorosa Visione*, às 100 novelas (10 x 10) do *Decameron*[14], que pareiam com os cantos da *Commedia*. Mas para o esquema da *Fiammetta* ser-nos-á de particular utilidade a comparação com o *Filostrato* — que a antecede de poucos anos.

---

14. Para os valores numéricos no *Decameron*, veja-se G. Billanovich, *Restauri Boccacceschi*, Roma, 1945, pp. 156-57.

O *Filostrato* é igualmente dividido em nove partes, de comprimento desigual, precedidas de um proêmio. Também no *Filostrato* a parte IX tem função de despedida ("... nella quale l'autore parla all'opera sua e imponli a cui e con cui deggia andare e quello deggia fare, e fine", *Filostrato*; cf. "Nel quale madonna Fiammetta parla al libro suo, imponendogli in che abito, e quando e a cui egli debba andare, e da cui guardarsi; e la fine", *Fiammetta*)[15], também nela, como no capítulo IX da *Fiammetta*, ressoam os ecos da balada do exílio de Cavalcanti. A parte IX do *Filostrato*, o capítulo IX da *Fiammetta* têm, em suma, a função de uma despedida: mais original em *Fiammetta*, que abandonou o ritmo e as convenções lingüísticas da poesia.

Os nove capítulos da *Fiammetta* são de comprimento muito variável (como se vê no diagrama abaixo): exatamente no meio se encontra o capítulo mais longo, o V. A soma das páginas que o precede (45, mais 2 do prólogo) é quase igual à das páginas que o seguem (50). E exatamente no centro do capítulo — portanto, também do livro — encontra-se a súplica à Fortuna, que é, segundo uma difusa concepção cara a Boccaccio, o *deus ex machina* dos acontecimentos ("la nemica Fortuna a me di nascoso temperava li suoi veleni", II, 1;

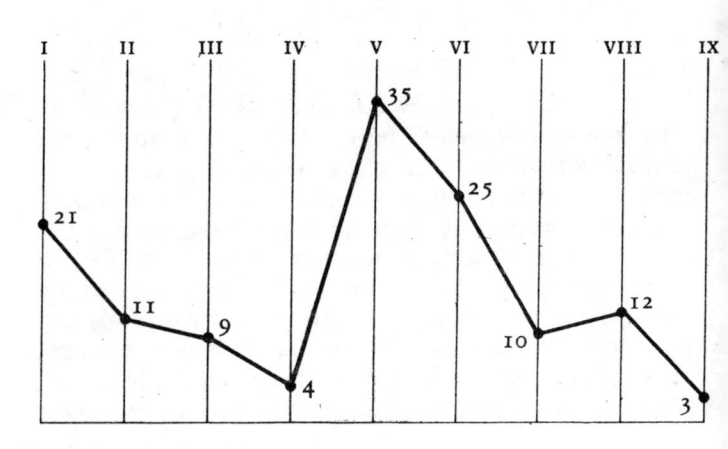

I	II	III	IV	V	VI	VII	VIII	IX
21	11	9	4	35	25	10	12	3

15. No *Filocolo*, ao contrário, a despedida é inserida no livro V, e na *Teseida* no livro X.

"quando la Fortuna, non contenta de' danni miei, mi volle mostrare ch'ancora piú amari veleni aveva che darmi" VI, 2; "Ma mentre che in questa disposizione mi tenevano dispettosa gl'iddii, la Fortuna ingannevole [...] non contenta de' dati mali, apparecchiandomi peggio, con falsa letizia indietro trasse le cose avverse e il suo corruccio" VII, 1), e que vem, de fato, indicada como tal na conclusão do capítulo VIII: "Ecco adunque, o donne, che per gli antichi inganni della Fortuna io sono misera" etc., 18.

Outro elemento característico do capítulo V é uma espécie de prólogo-transição: que é posto para discriminar entre a parte anterior da elegia (os capítulos I-IV) e a que segue (V-VIII, visto que IX é somente uma despedida):

> Lievi sono state infino a qui le mie lagrime, o pietose donne, e i miei sospiri piacevoli a rispetto di quelli, i quali la dolente penna, piú pigra a scrivere che il cuore a sentire, s'aparecchia di dimostrarvi [...]. Adunque fermate gli animi, né vi spaventino sí le mie promesse, che, le cose passate parendovi gravi, voi non vogliate ancora vedere le seguenti gravissime ecc. (V, I),

um prólogo interno que também tem um precedente no *Filostrato*[16], onde a invocação que inicia a parte III divide a sucessão novenária em 2 + 7 (o 7 é outro número mágico). O capítulo V aparece, em suma, como chave de abóbada da *Fiammetta*; também do ponto de vista conteudístico, como veremos.

Segundo vários críticos (usarei aqui as palavras de De Robertis) a *Fiammetta* "é um romance de amor narrado em primeira pessoa, um romance completamente interior, lentíssimo. Dir-se-ia, e outra coisa não é, a variação de um único tema, bordado, às vezes, de formas lábeis, quase um falar da alma": coisa, afora a alma, substancialmente verdadeira. Contudo, o texto não é nem uniforme nem estático (prossegue De Robertis: "... e por vezes enriquecendo-se de contrastes, curiosamente ligados, propositadamente procurados"[17]: a alternância dos tons e dos modos de narrar, o variado emprego dos diálogos e dos monólogos, o uso de diferentes "tempos", enriquecem o longo discurso de

---

16. Diferente do que nos clássicos: a *Eneida* tem um (12 livros) no início do livro VII (vv. 37-45).
17. G. De Robertis, *Studi*, Florença, 1944, p. 52.

Fiammetta de preciosas nervuras. Procurarei esboçar uma análise que leve em conta estas diferenciações internas: individuar somente as funções narrativas, à maneira proppiana, significaria reduzir o livro a poucas proposições elementares.

5. A *Fiammetta* é de qualquer maneira uma narração: o primeiro procedimento a notar é a combinação do "tempo" mais elementar para o narrado, o progressivo, com outros tipos de "tempos", em relação, obviamente, com os tempos em sentido próprio, os tempos verbais. Pode-se aventurar a seguinte tabela:

	tempo narrativo	tempo verbal
I	progressivo	perfeito
II	progressivo	perfeito
III	mental	imperfeito
IV	mental	imperfeito
V	progressivo x mental	perfeito x imperfeito
VI	progressivo	perfeito
VII	progressivo	perfeito
VIII	apresentativo	presente
(IX	desiderativo	imperativo)

Os capítulos VIII e IX são quase ou de todo desenganchados da narração, que termina no capítulo VII. O capítulo VIII é um desfile de personagens literárias, predominantemente clássicas, cujas dores Fiammetta relembra, concluindo as breves séries de exclamações e considerações que lhe são inspiradas por cada uma, com a afirmação de que as suas dores são superiores a todas as outras. Esse desfile usa módulos apresentativos bastante uniformes ("con meco penso" 2; "mi si para (davanti)" 3, 6, 9, 12; "considero, veggio" 3; "mi viene la pietà di"; "viemmi poi inannzi" 5; "ricordami" 7; "aggiugne ancora il mio pensiero" 8; "con costei accompagno la doglia" 8; "appresso vegnente nella mia mente" 10; "m'apparisce" 11; "m'occorrono" 13; "mi vengono innanzi" 14; "vengonmi ancora nella mente" 15; "mostranmisi" 16; "mi si fanno sentire" 17), que servem justamente para alinhar as não poucas figuras diante da protagonista que se defronta com elas. A memória extrai progressivamente os nomes do repertório erudito de Fiammetta (de Boccaccio), pronunciando-os com um presente que é o do saque atualizador.

O capítulo IX, além disso, em sua natureza de despedida, é completamente alheio à narração pseudo-autobiográfica: Fiammetta se dirige agora ao livro, dizendo-lhe a quem deva apresentar-se e o que deve dizer. Daí a série de imperativos, que entre outras coisas introduzem a segunda pessoa num livro necessariamente dominado pela primeira: depois de ter entretido tão longamente seus atos e palavras e pensamentos próprios, agora Fiammetta se ocupa com os atos e as palavras de seu livro: instituindo em mensagem, orientada para destinatários precisos, sua introvertida confissão-apologia.

Mais significativa, também no excurso menor, é a alternância de tempo nos primeiros sete capítulos. A passagem do tempo progressivo dos primeiros dois para o mental dos outros dois é conseqüência de um dado conteudístico determinante: toda a vicissitude de Panfilo e Fiammetta queima-se nos dois primeiros capítulos; nos outros fica em cena somente Fiammetta, com suas atitudes mutantes conforme as notícias, verdadeiras ou falsas, de Panfilo, e com suas fantastiquices[18]. Presentes ambos os amantes, os fatos são narrados em sua sucessão real, desde o princípio da paixão até ao abandono. Uma narração à qual se condiz o tempo perfeito num aspecto evidentemente singular. Ao contrário, nos dois capítulos seguintes (III, IV) não acontece nada. Fiammetta, confiante nas promessas de Panfilo, passa em solidão seu tempo de espera. Seu único interlocutor é o céu-tempo, com seus infalíveis movimentos à medida do dia. É Fiammetta a aguçar argumentos a favor e contra Panfilo, num extenuante processo interior ("a me opponendo, e rispondendo, e solvendo" III, 5; "quasi tutti i preteriti pensieri del dí mi venivano nella mente, e mal mio grado

---

18. Escreve muito bem Billanovic, *Restauri Boccacceschi* cit., p. 11: "A atração enérgica da *Elegia di madonna Fiammetta*, particularmente da primeira parte, onde o diário é de uma paixão insistentíssima, porém mais comprimida, está, antes de mais nada, no isolamento da protagonista: sugestionada e doente, na tristeza de conhecer o morbo e de especular seu contínuo progresso. Na alucinação Fiammetta vive de solidão". Cf. Battaglia, *Il significato della Fiammetta*, cit., p. 664: "A *Elegia di madonna Fiammetta* é o livro da meditação nostálgica: os efeitos e os pensamentos de amor estão todos mergulhados neste clima de solidão reevocadora. Aqui está o tom lírico da *Elegia:* o amor revivido na separação e no afastamento, como um sentimento que se encontra ao reves por meio de imagens reflexas".

con molti piú argomenti e pro e contra mi si faceano ripetere" III, 12). Nessa conclusão meditativa não só não há ordem de sucessão, mas há uma possibilidade infinita de repetição: de onde o prevalecer de um tempo, o imperfeito, cujo aspecto iterativo é reforçado também pelos advérbios: "io alcuna volta diceva" III, 5; "Oh quante volte già mi ricorda che..." III, 7; "e cosí molte volte gran parte del dí trapassava con poca noia" III, 8; "Egli mi pareva alcuna volta ... Altre, mi pareva" III, 12; "mi sospingevano sovente i pensieri ad imaginare" IV, 2; "alcuna volta pensava" IV, 2 etc.

Com os capítulos V, VI, VII o movimento recomeça, pelo menos no sentido de que as notícias relativas a Panfilo produzem reações em Fiammetta: na ordem dos pensamentos mas também na ordem da ação (tentativa de suicídio no capítulo VI). Retornamos, portanto, ao eixo do tempo, segundo uma sucessão de fatos assim sintetizável: notícia do casamento de Panfilo; desmentido e notícia de seu novo amor; tentativa de suicídio por parte de Fiammetta; notícia da próxima chegada de Panfilo; Panfilo chega, mas se trata de um homônimo. Fatos, pois, de limitado relevo, como sublinha também a negação que amiúde os seguem (casamento ~ não-casamento; chegada ~ chegada malograda): mas própria de uma matéria como esta a ser produzida, especialmente com a enervante alternância de esperanças e de desilusões, as tempestades interiores que são tema prevalente da elegia.

Retornamos assim a um tempo progressivo e ao uso dos perfeitos: sobretudo nos capítulos VI e VII. O capítulo V apresenta, ao contrário, uma alternância de tempos narrativos e de tempos mentais, natural nas variedades conteudísticas e de tons do capítulo, mas da qual se pode aduzir uma motivação precipuamente técnica. Aqui de fato o marido, a quem a mulher forneceu plausíveis mas falsos motivos para seu próprio deperecimento, leva-a a freqüentar os lugares de deleite e de distração que já haviam servido de fundo a seus amores com Panfilo: reavivam-se desse modo, na memória de Fiammetta (e são descritos pela primeira vez ao leitor), outros momentos da felicidade passada. Isto implica um sobrepor-se de tempos: o passado evocado e o presente infeliz, onde o presente segue a consecução efetiva, enquanto o passado aparece em insertos sujeitos apenas às leis da volúvel memória.

6. Para poder penetrar nas articulações do raconto será oportuno fazer um recenseamento das personagens e de suas funções: elas se distribuem nos capítulos de modo já, por si próprio, sintomático.

   I. Fiammetta, Panfilo, Ama, Vênus.
   II. Fiammetta, Panfilo.
   III. Fiammetta.
   IV. Fiammetta.
   V. Fiammetta, Marido, Mercador.
   VI. Fiammetta, Marido, Ama, Servidor, Tisifone.
   VII. Fiammetta, Ama.
   VIII. Fiammetta.

Personagens realmente ativas são somente Fiammetta e Panfilo. A Ama é apenas um adjuvante psicológico, no sentido de que primeiro procura dissuadir Fiammetta do amor ilícito, depois, de várias maneiras, procura confortá-la e deter sua fúria autodestrutiva. No capítulo VII a Ama tem, ao contrário, função de mensageira (antes anuncia a próxima chegada de Panfilo, depois obtém e dá as provas de que a notícia era falsa). Mensageiros são, também, o Mercador (V) e o Servidor (VI), por quem Fiammetta é informada do pressuposto casamento de Panfilo, e em seguida de seu novo amor. O Marido é, como a Ama, um adjuvante psicológico, com a diferença, primeiro, que ignora os motivos do desespero de Fiammetta, segundo, que pode influir principalmente sobre suas ações (iniciativa para as distrações de Fiammetta entre Baia e Nápoles). Por fim, temos duas aparições divinas nos momentos mais decisivos para Fiammetta: Vênus, que dispersa todos seus escrúpulos celebrando a inexorabilidade do amor (I, 17), e Tisifone, que dá o último empurrão para o suicídio (VI, 20), naturalmente fracassado[19].

19. A oposição Vênus ~ Tisifone pode se tornar identidade, se admitirmos uma suspeita expressa pela própria Fiammetta — com o juízo tardio — sobre a aparição de Vênus: "Ohimè misera! che io non dubito che, le cose seguite mirando, non Venere costei che m'apparve, ma Tesifone fosse piuttosto", etc., I, 21. Aceitam e desenvolvem a suspeita Pabst, *Venus als Heilige und Furie* cit., e Koenig, *Die Begegnung im Tempel* cit. A meu ver, a exclamação de Fiammetta reentra na série de recriminações sobre tudo que favoreceu o desenvolvimento de seu amor: "o *infernal furia* o inimica fortuna", I, 8; "[Amore] da *infernale furia* sospinto" I, 15 (fala a Ama, consciência de Fiammetta), etc., e portanto não autoriza a formalizar o discurso sobre a identidade Vênus-Tisifone.

As contas batem com facilidade: os capítulos em que apenas Fiammeta se move (III, IV, VIII) são também aqueles em que o tempo tem desenvolvimentos exclusivamente mentais, de memória pessoal ou cultural (cf. 5) fechando as duas partes do raconto (I-IV e V-VIII; lembre-se que V tem um novo prólogo), eles representam os ecos interiores de um drama vivido antes passionalmente. Ao contrário, Panfilo e o Marido, também eles em posição simétrica (I-II e V-VI), dão decididos impulsos ao andamento da ação: o primeiro, enquanto elemento constitutivo do amor, o segundo porque com suas intervenções afetuosas atormenta as feridas da consorte já desencorajada, e estimula seus tardios remorsos.

7. A farta utilização dos textos clássicos, dos quais são traduzidos trechos extensos, mesmo que desenvolvidos de modo autônomo ou vicioso, foi determinante para o sistema dos níveis estilísticos. Uma obra onde a Ama perora, dissuadindo do amor, com frases da *Fedra* de Sêneca[20], e na qual para os efeitos opostos argumenta a própria Vênus, sempre plagiando *Fedra*; em que as mais inflamadas recriminações da mulher abandonada são as da segunda "Heróide", e seu desejo de dormir é expresso com um *mélange* de *Metamorfoses* e de *Hercules furens*[21], arrasta necessariamente para o alto todos os níveis estilísticos usados. Um enobrecimento global, ao qual deve ser com certeza reportado o quase completo

---

20. Sobre as derivações das tragédias de Sêneca, cf. Crescini, *Contributo agli studi sul Boccaccio con Documenti inediti* cit., pp. 160-62; A. S. Cook, "Boccaccio, *Fiammetta*, Chap. I, and Seneca, *Hippolytus*, Act I", *The American Journal of Philology*, XXVIII, 1907, pp. 200-4; V. Crescini, Il primo atto della *Phaedra* di Seneca nel primo Capitolo della *Fiammetta* del Boccaccio, *Atti del R. Ist. Ven. di Scienze, Lettere ed Arti*, LXX, 1920-21, n.º 2, pp. 455-66; M. Serafini, Le tragedie di Seneca nella *Fiammetta* di Giovanni Boccaccio, *Giornale Storico della Letteratura Italiana*, CXXVI, 1948, pp. 95-105.

21. Cf. A. Seroni, In margine a um commento. Sulle fonti del sonetto "Al Sonno" di Giovanni della Casa, *Studi di Filologia Italiana*, VII, 1944, pp. 173-81; A. Roncaglia, Sulle fonti del sonetto "Al Sonno" di Giovanni della Casa, *Giornale Storico della Letteratura Italiana*, CXXV, 1947, pp. 42-54. Além disso, C. C. Coulter, Statius, "Silvae", V, 4, and Fiammetta's Prayer to Sleep, *The American Journal of Philology*, LXXX, 1959, pp. 390-95.

travestimento clássico da geografia e do costume do século
XIV: a igreja é um "sacro tempio" I, 4, a função religiosa é "il solenne oficio debito a quel giorno" I, 4, os senhores de Nápoles são "gli onorevoli prencipi del nostro
Ausonico Regno" V, 27 e a Toscana é "Etruria", VII, 2.

Não há com que admirar-se: observações semelhantes podem ser feitas em abundância sobre as primeiras vulgarizações. E seria também fácil aduzir, desde o século
XIII até o Humanismo, outros exemplos (raramente, porém, são sistemáticos) de ocultação da religião cristã: aqui
Fiammetta se dirige em suas invocações a Vênus, a Júpiter, a Tisifone e às outras Fúrias, mas nunca — ou quase
nunca — ao Deus cristão (sendo que "Iddio" de V, 32 ou o
"grandíssimo rettore" de V, 35, poderia muito bem ser Júpiter). Defrontamos, porém, com um fato institucional[22],
que se reflete também nas estruturas. O mundo clássico
apresentado pelos textos literários é para o Boccaccio da
Fiammetta, e portanto para Fiammetta, um firmamento
de arquétipos. Se Fiammetta, ao dirigir-se à igreja no
fulgor da elegância e da beleza, sente-se "simile alle dèe
vedute da Paris nella valle d'Ida" (I, 4), e é depois
observada pelos fiéis exatamente "non altramente che se
Venere o Minerva... fossero in quello luogo... nuovamente discese" (I, 5), podemos pensar em elementos exornativos. Mas quando é Panfilo a encontrar-se entre cavaleiros "de' quali per autorità alcuno Scevola simigliava,
e alcuno altro... si saria detto il censorino Catone, o
l'Uticense", e daí por diante, outros que se pareciam com
"il Magno Pompeo" ou "Scipione Africano o Cincinnato"
(V, 28), e em seguida o próprio Panfilo compara os príncipes em torneio "allo arcadio Partenopeo" ou "al piacevolo Ascanio" ou "a Deifebo... a Ganimede" (V, 28),
percebe-se que o travestimento clássico é a saída que funde

22. Como testemunho, note-se como no *Filocolo*, mesmo
que de estilo arquiclassicizante, o namoro na igreja, descrito
de modo análogo à *Fiammetta*, enobrece com perífrases, sem
ocultar as alusões cristãs: "io, della presente opera componitore,
mi ritrovai in un grazioso e bel tempio in Partenope, nominato
da colui che per deificare sostenne che fosse fatto di lui sacrificio sopra la grata [= São Lorenzo]; e quivi con canto pieno
di dolce melodia ascoltava l'uficio che in tale giorno si canta,
celebrato da' sacerdoti successori di colui che prima la corda
cinse umilmente essaltando la povertate e quella seguendo
[= São Francisco]", I, 1.

melhor um impulso contínuo para a aproximação e o confronto[23].

Desta maneira se caracteriza, e se valoriza em sua importância, o arco que vai desde o discurso de Vênus que, no capítulo I, 17, expõe, à já apaixonada Fiammetta, a fim de quebrar todo resíduo de resistência, um belo elenco de deuses, semideuses e heróis já subjugados por Amor, no desfile de personagens, ainda mitológicas e literárias, vítimas principalmente de desventuras amorosas, que se descortina em todo o capítulo VIII, através de vários pontos intermédios, como a comparação que é feita por Fiammetta entre seus sofrimentos e os de Ticio, de Tântalo, de Issione, das Danaidas (VI, 14), ou ao contrário, o feixe de mulheres e de semideusas traídas que a Ama oferece para consolar a desesperada senhora (VI, 15). Quem encontrasse, prosaicamente, uma desproporção entre a vicissitude, bastante banal, de Fiammetta, e as fábulas clássicas às quais esse fato é comparado, perceberia (com a condição de abster-se de avaliações) um dado constitutivo da obra: que desenvolve uma minuciosa e refinada análise psicológica, com parâmetros de proveniência literária clássica. É preciso entrar no jogo de Boccaccio (que não exclui um toque de ironia): as comparações, oficialmente, não são feitas pelo autor, mas pela personagem que diz eu, e todo exagero pode ser colocado no dossiê de seu (douto) desespero[24].

Os níveis estilísticos são, pois, todos aspirantes ao nível elevado. Inoportuno, portanto, o pesar pela escassez de cenas de delicada naturalidade, que no entanto não faltam na Fiammetta (por exemplo, aquela em que um mercador, enquanto mostra e vende jóias às nobres napolitanas, dá notícias de Panfilo a uma jovem tão rápida no perguntar e tão francamente perturbada pelas respostas, a ponto de dar a entender a Fiammetta, que disfarça suas emoções, que seu amado não lhe tinha sido fiel nem em Nápoles). Deve-se antes observar que o diálogo ágil e vivaz é limitado ao máximo, isto é, àqueles pontos onde pode dar um novo impulso à narração: particularmente o

---

23. Boas observações são feitas, a esse propósito, por F. Flora, *Storia della Letteratura Italiana*, Milão, 1959[11], I, p. 308.

24. Leia-se, para confirmação, esta declaração de Fiammetta: "in libri diversi ricercando l'altrui miserie e quelle alle mie conformando, quasi accompagnata sentendomi, con meno noia il tempo passava", III, 11.

início dos capítulos V e VI. De outro modo, as réplicas são harmoniosamente torneadas e acabadas, ou então se trata de pequenas perorações que se revezam em microtorneios oratórios[25]. Pode-se, ao contrário, acrescentar que estes *efeitos* verbais, nos quais se alternam as figuras de pensamento e as de palavra, encontram a formulação mais congenial onde não há um destinatário, isto é, nos monólogos. Neste último caso não mais se verifica uma prevalência das funções emotiva e poética sobre as referencial e conativa, mas sim o incontrastado domínio das duas primeiras.

Grande parte da *Fiammetta*, que por sua vez é uma mensagem para as leitoras, e portanto uma grande peroração, está entremeada de diálogos e monólogos, que às vezes podem conter ainda outros diálogos, portanto de 3.º grau (tal é o discurso da Ama no início do capítulo VII). Mas depois de ter aludido aos tipos estilísticos que aí prevalecem, é necessário completar o panorama com uma alusão aos outros, especialmente os atinentes à narração. Eles podem ser classificados em relação aos seus modelos, em língua vulgar desta vez. Um, é a *Vita Nuova*, que com seu tom estático, quase de visão, não podia deixar de ser considerado de estilo elevadíssimo. Muitas das situações da *Vita Nuova*[26] entram na densa solução prosaica da *Fiammetta*, desde o namoro na igreja (I, 6), versão profana e mundana de *Vita Nuova* II, 3-6 e V, até a cena das mulheres piedosas ao lado do leito de Fiammetta desmaiada (VI, 3), a ser comparada com *Vita Nuova* XXIII, 11-14; ou até módulos expositivos como a série de *mi pareva* para indicar os momentos de um sonho (III, 12 e *Vita Nuova* XXIII, 5-10)[27]. Pelo contrário, a *Vita Nuova*

---

25. Com pontas que vão mesmo além dos frágeis muros entre os quais se abriga o amor cortês em sua versão no estilo de Boccaccio, burguesa e ao mesmo tempo naturalística. Por duas vezes a Ama sugere a opinião de que as denguices amorosas estejam ligadas aos vícios dos ricos (I, 15), ao ócio que somente eles podem se permitir (VI, 15) — motivo que encontrar-se-á novamente no Proêmio do *Decameron*, 10-12 —; e que é repetida pela própria Fiammetta, mesmo que tomando a idéia de Lucano, em V, 30.

26. O primeiro confronto está em R. Renier, *La Vita Nuova e la Fiammetta*, Turim, 1879, p. 274 (os contatos com a *Vita Nuova* são também mais extensos na cena semelhante do namoro na igreja do *Filocolo* I, 1). Outra comparação está no comentário de N. Zingarelli para uma seleção de *Le Opere* de G. Boccaccio, Nápoles, 1913.

27. Sobre este módulo estilístico na *Vita Nuova* cf. A. Schiaffini, *Tradizione e Poesia nella Prosa d'arte Italiana dalla Lati-*

está presente em toda a estrutura da *Fiammetta*, não somente porque ela também narra o início e o desenvolvimento de um amor — embora diferente, mas pela extensão que já têm, aí, os elementos imaginativos, os monólogos, os sonhos, as aparições e, até as tensões imaginárias entre o protagonista e as várias personificações (Amor, etc.).

Mas se a *Vita Nuova* é um modelo sobretudo para os acontecimentos interiores, para as descrições de paisagens e de vida cortês, Boccaccio recorre à sua própria experiência de poeta lírico. As partes do capítulo V que poderiam constituir um roteiro para os prazeres da Campânia medieval estão carregadas de auto-reminiscências[28]. Um exemplo é suficiente:

> Egli avveniva spesse volte che, essendo, sí come la stagione richiedeva, il tempo caldissimo, molte altre donne e io, acciò che piú agevolmente quello trapassassimo, sopra velocissima barca, armata di molti remi, solcando le marine onde, cantando e sonando, li rimoti scogli, e le caverne ne' monti dalla natura medesima fatte, essendo esse e per ombra e per li venti recentissime, cercavamo [...]
> Niuno lito, niuno scoglio, niuna grotta da me non cercata vi rimaneva, né ancora alcuna brigata (V, 26).

> Sulla poppa sedea d'una barchetta,
> che 'l mar segando presta era tirata,
> la donna mia con altre accompagnata,
> cantando or una or altra canzonetta.
> Or questo lito ed or quest'isoletta,
> ed ora questa ed or quella brigata
> di donne visitando, ero mirata
> qual discesa dal cielo una angioletta... (Rime VI).

Poder-se-ia prosseguir, indicando por exemplo refrões da *Commedia*[29] ou do *Filocolo*[30]: mas o que importa aqui

---

nità Medievale al Boccaccio, Roma, 1969² (1.ª ed. 1934), pp. 101-4; B. Terracini, *Pagine e Appunti di linguistica storica*, Florença, 1957, p. 265, que o considera um trecho de molde bíblico; *Id., Analisi Stilistica. Teoria, Storia, Problemi*, Milão, 1966, p. 219.

28. Freqüentemente encontrados a partir do comentário às *Rime* de V. Branca, Pádua, 1958.

29. O sonho de I, 1 apresenta traços da Matelda dantesca (*Purg.* XXVIII), notados por H. Hauvette, *Boccace*, Paris, 1914, p. 145, nota 1. Mas palavras, imagens e estilemas dantescos iriam ser assinalados sistematicamente, como faz, para o capítulo III por ele citado, N. Zingarelli, *Le Opere* de G. Boccaccio, cit.

30. Notáveis as filigranas petrarquianas, sobre as quais veja-se por enquanto C. Muscetta, "Giovanni Boccaccio e i Novel-

é somente mostrar os vários elementos estilísticos que aparecem amalgamados a uma prosa substancial e ostensivamente clássica.

8. Estamos no reino da palavra e da argumentação: enquanto uma apuração das funções narrativas resultaria em algo delusório, podem ter maior peso as modalidades do discurso e seu uso (sua função, pois trata-se, também neste caso, de funções). Partirei, desta forma, de um recenseamento dos modos do discurso, para verificar em seguida como estes interagem nos capítulos da *Fiammetta*, sobre cuja caracterização nítida não mais se podem ter dúvidas.

A exigüidade do elemento narrativo em *Fiammetta* possui um motivo genético e reflexos estruturais: o motivo é ter como matriz as lamentações em primeira pessoa que são as *Heróides*, os reflexos estão na abundância de diálogos e de monólogos, cuja gama é um tanto ampla. O diálogo comunicativo é, como vimos, reduzido ao mínimo: bem mais difundido é o diálogo persuasivo, em que cada um dos interlocutores desenvolve suas argumentações balanceando de vários modos os elementos racionais e os retóricos. Também o monólogo tem diferentes aspectos: há o monólogo pronunciado efetivamente e o monólogo interior; por fim, há a apóstrofe-oração. Dada a perspectiva rigorosamente fiammettocêntrica, os monólogos são todos de Fiammetta, e nos diálogos ela é sempre a interlocutora (ou pelo menos está presente).

Também com base na presença de diálogos, monólogos e apóstrofes, os capítulos da *Fiammetta* são bem caracterizados:

I.	diálogos
II.	diálogos
III.	monólogos
IV.	monólogos
V.	diálogos monólogos apóstrofes
VI.	diálogos monólogos apóstrofes
VII.	diálogos monólogos apóstrofes
VIII.	—

lieri", in E. Cecchi e N. Sapegno, *Storia della Letteratura Italiana*, II, Milão, 1965, pp. 315-558, às pp. 356-57. Entre as fontes médio-latinas, G. Velli assinala, in *Studi sul Boccaccio*, IV, 1967, p. 254, nota 2, o *De planctu Naturae* de Alano de Lilla.

Nos primeiros dois capítulos, narrativos, a protagonista, que em seus contatos com o próximo (Panfilo, a Ama) usa naturalmente como veículo o diálogo, não se detém para monologar; suas reflexões são, antes, englobadas no discurso dirigido às leitoras. A natureza prevalentemente meditativa e introvertida dos capítulos III-IV tem, ao invés, como signo, a abundância dos monólogos: pelo contrário, os capítulos se dividem paritariamente entre exposição e monólogos; só consigo mesma, Fiammetta não dialoga mais. Nos capítulos V-VII se alternam, no interior da exposição, diálogos, monólogos e apóstrofes. Enfim, o capítulo VIII é completamente destituído seja de diálogos, seja de monólogos e apóstrofes; a protagonista, findas as esperanças e até os sobressaltos humorais, relata às leitoras suas doutas excursões, que a confirmam, cerebralmente, na orgulhosa incomensurabilidade de sua desventura. Mais uma vez os capítulos finais dos dois grupos (III-IV e VIII) parecem ser bem diferenciados daqueles iniciais; mas há também a maior clareza de modos do discurso dos capítulos V-VII (mormente, e veremos isso logo mais, do capítulo central e principal, o V).

A afinidade entre monólogo e apóstrofe (quem fala de si para si, pode também imaginar estar interpelando um interlocutor ausente) é mostrada de modo patente pelo fato de que as apóstrofes — afora uma tímida aparição (III, 10) — somente se encontram em capítulos que contêm monólogos; também, de modo mais sutil, pelo imediato *relais* que se institui entre umas e outros. Nos capítulos III e IV, Panfilo é introduzido nos monólogos sempre por meio da 3.ª pessoa ("Or come potrebbe Panfilo... ricevere nel cuore... un altro amore?" III, 6; "Ora al mio Panfilo rincresce l'essere a me lontano" III, 14); nos capítulos V-VII as apóstrofes aos deuses ou as várias hipóstases[31] se alternam com apóstrofes para o ausente Panfilo ("O Panfilo, ora la cagione della tua dimora conosco..." V, 5; "Deh, perchè, o Panfilo, mi dolgo io del tuo essere lontano...?" V, 6) ou até para a longínqua e desconhecida rival florentina. O monólogo tem, enfim, nos capítulos III-IV, um caráter mediativo e

---

31. A apóstrofe é um procedimento de *amplificatio* mais apreciados na Idade Média; cf., por exemplo, a *Poetria Nova* de Geoffroi de Vinsauf (264-460), in E. Faral, *Les Arts Poétiques*

reflexivo, ao passo que nos capítulos V-VII se torna mais extrovertido e polêmico, em relação a uma polarização para a apóstrofe a que se pode fazer corresponder, mesmo que seja com peças de apoio mais limitadas, a polarização para o sonho nos primeiros capítulos. Contudo é um fato que os únicos sonhos de Fiammetta se encontram nos capítulos I e III: um (I, 3) é um sonho premonitório, com função limitante da consumação do amor, semelhante à do discurso da ama; o outro (III, 12) é um sonho — recorrente — consolador, produto das últimas ilusões da apaixonada. Mais adiante, Fiammetta não sonha mais: vontade, receios e raiva se queimam todos na vigília.

9. Especificamos, incidindo no conjunto do contexto em várias profundidades e com diversas angulações, uma série de estruturas, cada uma delas providas de simetrias próprias. Mas o resultado geral do texto (também no caso puramente teórico de uma análise de *todas* as estruturas) não é dado pela soma das estruturas caracterizadas, e nem pela sua combinação, mas antes por uma interação, que só pode se realizar e ser percebida dentro de um espaço temporal: aquela sucessão de palavras, frases, seqüências, capítulos (dos quais consiste o texto em seu aspecto de produto lingüístico) que se transformam de simples signos gráficos (espaciais) em signos significantes através de uma leitura que se desenvolve (e que não pode se desenvolver senão) no tempo. Esta inter-relação valoriza as várias simetrias, instituindo entre elas relações de concomitância ou de oposição ou de complementaridade etc., mediante as quais um número bastante reduzido de procedimentos realiza uma série muito ampla de configurações.

Comecemos a ver, mesmo com o teclado muito reduzido a que estamos limitados nesta decomposição da *Fiammetta*, alguns exemplos das combinações de estruturas evidenciáveis extratemporalmente, ou melhor, no tempo convencional das aproximações analíticas. Os capítulos III-IV, com alternância de exposição e monólogos, e com tempo narrativo mental, se opõem aos capítulos I-II, com alternância de exposição e diálogos e com tempo progressivo; os capítulos V-VII, de tempo prevalentemente progressivo, são, portanto, paralelos aos capítulos I-II, e o capítulo VIII o é aos capítulos III-IV, mas em V-VII a exposição contém diálogos, monólogos e apóstrofes, e o capítulo VIII não contém monólogos, a menos que não o consideremos, no conjunto, como um único monólogo. Os capítulos III-IV e VIII se correspondem ainda apenas pela presença de Fiammetta.

Entre os capítulos I-II e V-VI há um claro paralelismo: os dois pares de capítulos desenvolvem um clímax dramático, que conclui no primeiro par com a partida de Panfilo, no outro com a tentativa de suicídio de Fimmetta; o incremento de dramaticidade corresponde a medidas mais reduzidas (11 páginas do II contra 21 do I; 25 páginas do VI contra 35 do V). Os capítulos III-IV e VII-VIII constituem, ao invés, um anticlímax: mas os primeiros com andamento estilístico homogêneo, os últimos de modo nitidamente diferenciado: como se o perdurar de um forte movimento sentimental em VII devesse ser balanceado em VIII pelo andamento enumerativo e erudito.

Por outro lado, entre os capítulos I-II e V-VI há também um paralelismo quiásmico: aos pares Fiammetta-Panfilo e Fiammetta-Marido (II e V) acrescentam-se contemporaneamente a Ama e uma aparição mitológica (Vênus, Tisifone) em I e VI, sempre com relação antagonística entre a Ama e a deusa, que encarna o instinto dominante em cada ocasião no coração de Fiammetta: primeiro, o erótico, em seguida o da morte. O claro paralelismo entre a presença de Panfilo (I-II) e a do Marido (V-VI) se encaixa depois num desenho mais complexo, visto que nos capítulos V-VI Panfilo está de algum modo presente na ação através das notícias trazidas pelos mensageiros (o Mercador do V, o Servidor do VI) e o capítulo VII, onde o Marido já não age mais, abre-se e fecha-se com outras notícias sobre Panfilo, trazidas porém pela Ama na condição de, conjuntamente, mensageira e adjuvante.

10. Deslocando agora um pouco mais para o alto o ponto de vista, teremos a possibilidade de segmentar o texto de *Fiammetta* sem resíduos. A obra é, em seu conjunto, um discurso da "personagem que diz eu" às suas leitoras-confidentes. O discurso tem um andamento prevalentemente expositivo, mas está intercalado com frases alocutivas — dirigidas diretamente às leitoras — com função de grade distributiva e tonal: as frases alocutivas,

de fato, ou ligam entre si os capítulos, ou assinalam as passagens e as emergências da vicissitude, quase pedindo compreensão e ajuda (cf. 3). O segundo elemento do par alocução/exposição ramifica-se em outro par: narração/discursos inseridos na narração, os quais por sua vez podem ser diálogos, apóstrofes e monólogos (como ilustrado aqui em 8). Os vários tipos estilísticos, e as conotações que eles eventualmente tomam de seus modelos (cf. 7), são destinados a realizar as partes do discurso conjunto que acabamos de arrolar, dando vida à tonalidade (cativante ou apologética nas alocuções, descritiva ou dramática ou elegíaca nas narrações, eloqüente ou raciocinante ou patética nos discursos inseridos no narrado, e assim por diante — o espectro é passível de muitas subdivisões) que, uma vez atualizadas, podemos chamar de registros.

A acepção aqui proposta para o termo *registro* permite aplicar as observações nos níveis estilísticos e nas tonalidades da prosa a exatas articulações frásticas, dá caracteres de funcionalidade a notações que poderiam permanecer demasiadamente analíticas ou impressionistas. Os registros de fato se caracterizam em seu jogo de alternâncias e contraposições, consecuções e implicações; seu conjunto constitui uma grande partitura de modalidades expressivas. O conjunto todo das estruturas é predisposto, na *Fiammetta*, por esse jogo de registros. Numa vicissitude logo despojada de acontecimentos, e perseguida, ao contrário, no plano das meditações e das variações de humor da personagem que diz eu, é este jogo, habilíssimo, que institui uma nova ordem de movimentos, um diagrama denso de estremecimentos comedidos (diagrama projetado claramente pelo autor, que faz Fiammetta prometer às leitoras:

davanti agli occhi vostri appariranno le misere lagrime, gl'impetuosi sospiri, le dolenti voci e li tempestosi pensieri, li quali, con istimolo continuo molestandomi, insieme il cibo, il sonno, i lieti tempi e l'amata bellezza hanno da me total via (Prol.).

Entre a desilusão de quem não encontra suficientes aventuras na *Fiammetta*, e a ilusória admiração pelo "primeiro romance psicológico moderno" (Koerting), talvez aproximável à *Recherche* proustiana (Battaglia), está a realidade desta sábia alternância de registros, cor-

123

relato estilístico — não representação — de uma vicissitude sentimental tópica e da gama de estados de alma que podem matizá-la.

Uma primeira alternância de registros é constitutiva de quase toda a obra: trata-se da densa interseção das alocuções às leitoras (cf. 3) — que já parte de uma zona além dos acontecimentos, zona de reflexão, de comentário, de recriminações e de autodefesa — e da exposição, na qual as leitoras não são levadas em consideração, e, portanto interpeladas, como cúmplices ou juízes, mas são consideradas como destinatárias de notícias. Uma alternância a distâncias mais ou menos breves, mas inexorável: ela tem início a partir do primeiro parágrafo do primeiro capítulo, onde as notícias sobre o nobre nascimento, sobre a refinada educação, sobre a beleza e os primeiros sucessos mundanos da protagonista são internamente percorridas por exclamações e considerações sustentadas sobre o registro de quem alcançou o estuário da infelicidade.

A função do registro alocutivo no que diz respeito ao restante da exposição vem também acentuada, em contraste, por sua súbita interrupção com o capítulo VI (no qual há somente a alocução inicial) e com o VII (no qual falta esta também). Nota-se logo que os capítulos mais ricos em alocuções — presentes, todavia, em todos os primeiros cinco capítulos — são o I e o V, nos quais a protagonista é dilacerada por forças contrastantes (a resistência e o abandono ao amor, o desalento e a *rêverie* esbatida com restos de esperanças) ao passo que nos capítulos VI e VII Fiammetta revive sem resíduos os sentimentos dos quais fala, abandonando-se ao demônio da autodestruição ou aderindo à parábola de uma suprema ilusão. O crivo de frases alocutivas, usadas para assinalar as passagens entre as várias atitudes mentais e para fixar o conforto da compreensão e da justificação nos momentos críticos do amor, evidencia portanto uma possibilidade de desdobramento entre narradora e protagonista, paralela à persistência de dúvidas ou contrastes na própria protagonista; a estas dúvidas e contrastes se substituem, nos últimos capítulos (registrada a traição de Panfilo), atitudes definitivas e sem oscilações: o desespero que convida ao suicídio, a última esperança frustrada, o desencantado fechamento entre os símbolos. A narradora identifica-se com a protagonista, sem afastamento da lembrança.

É preciso acrescentar que a interrupção do registro alocutivo coincide exatamente com o início de um tema que, enunciado no final do capítulo VI, reaparece no final do VII e no início do VIII, onde conflui com o registro alocutivo, ali retomado: o projeto de uma viagem, que permitirá a Fiammetta rever Panfilo. Poder-se-ia deduzir disso que, até o capítulo VI, a narradora olha para o passado e para seus valores morais e afetivos, ao passo que a partir do VI começa a projetar-se para um futuro problemático. Mas as duas atitudes não têm o mesmo peso: se até o capítulo VI Fiammetta mistura fatos e reflexões sobre os fatos, nos capítulos VI e VII são os próprios fatos, os pensamentos e as palavras evocados, que dominam totalmente seu discurso: as raras alusões a uma futura viagem, não são outra coisa senão auto-sugestões consoladoras.

O alternar-se do registro das alocuções com os da exposição implica um caráter que integra (para os propósitos da constituição do romance/elegia) o procedimento da "personagem que diz eu": e isto é o reiterado prenúncio da conclusão infeliz (que desvaloriza programaticamente a consistência fatual das vicissitudes para vantagem do relatório de atitudes e de estados de alma). Daí, em escala maior, uma outra alternância de registros, sobre o qual se apóia todo o capítulo I: se o conflito interior da mulher, exteriorizado e coagulado nas duas grandes perorações da Ama (contra o Amor) e de Vênus (sobre a inelutabilidade do Amor), guinda-se ao nível do estilo elevado por nobreza de tom e sublimidade de comparações histórico-mitológicas, o registro da tragédia é insinuado e tornado dominante pelos signos sobrenaturais infaustos (visão aberta 2; sinal... manifesto 4): o sonho premonitório, a flor da guirlanda detida pela cortina do leito. Portanto, por um lado a dramaticidade de um dilema de solução que não se pode deter, por outro, a precursora consciência do falimento.

Depende do nível sobre o qual foi erguida esta construção a golpes e contragolpes (tão longínqua da narração extensa e detalhada, do abandono ao tempo e aos deleites daquele Amor que todavia domina: veja-se a descrição, antes a preterição, que anuvia, parágrafo 25, a passagem do namoro à total satisfação) o fato de que não sejam reportados diálogos dos dois amantes entre si a não ser no momento dos últimos encontros, isto é, no capítulo II. Aqui o discurso Fiammetta-leitoras é apenas um contraponto, além de ser um comentário discreto às prolongadas réplicas de um *débat* Fiammetta-Panfilo, no qual as justificações de Panfilo para sua partida, as súplicas de Fiammetta para que ele não a abandone, são desenvolvidas em verdadeiras arengas demonstrativo-persuasivas, que não tiram mais força (como as perorações da Ama e de Vênus no capítulo I) da nobreza das referências (e das fontes) clássicas, mas do valor intrínseco das argumentações. Portanto, dois registros: um vem, apaixonado mas lúcido, da discussão entre os amantes e outro, mais despreocupado e melancólico, do discurso para as leitoras.

Os capítulos III-IV, análogos entre si, já foram definidos em seu andamento meditativo (cf. 5). Fiammetta está a sós com seus pensamentos: de onde o uso incontrastado de monólogos interiores. Reevocando agora, no ato da narração, esses longos dias, ela institui, como suas únicas interlocutoras, as destinatárias do livro: com as quais, e quase amparada por sua infalível solidariedade, torna a percorrer, em todas as gradações, os sentimentos de tantos dias de espera. Aqui, onde falta substância de fatos, é mais evidente a natureza de monólogo da obra: um monólogo que contém (segundo registro, diferente daquele das perorações do capítulo I e das alocuções do capítulo II) os monólogos interiores de Fiammetta, suas conjeturas sobre a vida de Panfilo e as justificações por seu atraso. Os sonhos, eles também em contraste (felizes e angustiosos), são um prolongamento fantástico do cismar solitário (III, 12).

A entoação mais elegíaca que dramática dos capítulos III-IV, à qual corresponde a redução do desvio entre registros e, portanto, sua convergência, sofre um abalo com o capítulo V. Fiammetta está entre dois fogos: a espera por Panfilo já é quase sem esperanças, depois da notícia de seu casamento (a exacerbação transforma os monólogos interiores em apóstrofes, ao próprio Panfilo, aos deuses invocados como testemunhas e como protetores); e o marido inoportunamente compassivo procura deter a decadência física e moral da mulher incitando-a a diversões e passeios que provocam, ao contrário, a dolorosa comparação entre a despreocupação de outrem e a própria infelicidade, ou à comparação entre os momentos de júbilo desfrutados nos mesmos lugares, e a atual desolação.

Fora o diálogo inicial com o mercador, veloz e cheio de notações sutis (um tipo de função narrativo-evocativa que irá também iniciar os sucessivos capítulos VI e VII), o capítulo realiza as maiores novidades na linha do discurso para as leitoras, no qual o registro cativante-apologético se transpõe para uma nota descritivo-elegíaca (as recreações nas praias e sobre o mar de Baia, as cenas de caça, as danças, os torneios, as bodas) para depois retrogradar, através das memórias da felicidade desabrochada em outros tempos e em outra disposição, através da irracional espera do reaparecimento de Panfilo, evocado pelos sons e pela beleza, a uma atitude psicológica diversa: a rememoração nostálgica. A vida dos dois amantes no tempo da paixão correspondida nos é descrita somente agora, conforme intermitências da lembrança solicitada, além da paisagem e da solidão entre as alegres companhias. São os momentos mais líricos do romance (e, exatamente, aqueles em que reaparece, respeitável, o Boccaccio das rimas). Mas o discurso para as leitoras, ao passo que por vezes se desenvolve nesta evocação concomitante de um passado próximo e de um pretérito remoto ("quelli tempi con questi altri misurando" 23) engloba além disso, segundo uma técnica já descrita, os monólogos de Fiammetta, que desta vez são — quase sempre na forma, muitas vezes na substância — apóstrofes: eles representam os registros da eloqüência, entremeados àqueles da reminiscência lírica. Também esses registros efetuam variações calculadas: ao grupo das apóstrofes a Panfilo e das auto-apóstrofes ou dos monólogos (3-12), primeiro se mesclam, em seguida substituem completamente apóstrofes e invocações a deuses, abstrações e épocas passadas (os "iddii" 4, Vênus 11, o Sono 13, a Fortuna 25, a Idade de Ouro 30, Deus 32, a Beleza 34, Deus 35), com uma parábola que vai desde o pedido de vingança da primeira até à prece para ter Panfilo ainda consigo, da última. Estas invocações alternam o desejo de ainda participar, positivamente, da vida (invocação a Vênus, à Fortuna, a Deus) com uma aspiração para a em face da maior ligação, mesmo que dialética, dos outros de Ouro, à Beleza); as fontes clássicas destas últimas, frente à maior ligação, mesmo que dialética, dos outros acontecimentos, determinam as nítidas diferenças de timbre.

Mas no capítulo VI não há mais espaço para abandonos nostálgicos ou para evasões no passado ou no esquecimento; também o diálogo com as leitoras está praticamente interrompido. A realidade (Panfilo tem outra amante, não é verdade que se tenha casado) chega, geralmente, por intermédio de um rápido diálogo. E a realidade impele a um percurso muito mais retilíneo, e concomitantemente precipita, atos e palavras. Antes, cerca de duas páginas narrativas, um desmaio, e um retorno aos sentidos, por um registro que estiliza morbidamente a atonia e o desalento. A seguir, a primeira longa apóstrofe, para Panfilo e para os deuses, já se realiza de uma distância não transponível; naquele espaço se coloca, mediante o diálogo com o consorte pateticamente afetuoso (o "caro marito", como é sempre denominado), um sentimento antes inadvertido, o remorso, expresso num agitado monólogo; mas também explode o ciúme pela rival desconhecida, apostrofada em ausência e oferecida à dilaceração das Fúrias invocadas. Externamente, portanto, a vicissitude parece fechada, e fechada à rebite pela Ama, que procura levá-la a um plano de resignação meditativa; no ânimo de Fiammetta este fechamento vem coincidir com a morte, e ela escolhe aquele tipo de morte que implica uma decisão, um ato, um termo definitivo que não se pode deter.

O deslize para o suicídio é preparado pelos contrastes verbais, diretos ou indiretos, entre a aceitação sugerida e a recusa impotente da sorte; porém, mais ainda, pelo adensar-se de alusões aos poderes e às penas infernais, nas palavras de Fiammetta, até que Tisifone, antes encaminhada contra a rival, aparece para dar o último empurrão rumo ao abismo, assim como Vênus dera em direção da paixão. O registro pacatamente raciocinante da Ama exaspera no sentido das notas mais altas, da ira e da raiva, o registro das apóstrofes de Fiammetta, que imprevistamente se abrandam num melancólico adeus à casa, ao marido, aos parentes, antes do suicídio. O ímpeto autodestrutivo, o obstáculo, o debater-se entre as servas enfim chegadas para acudi-la e salvá-la, são representados com segura mímesis sintática. Depois, também a força para reagir vem a faltar ("Niuna ira è sí focosa che per passamento di tempo freddissima non divenga" 22), e o capítulo se encerra com tonalidades amortecidas.

Também mais rápido, e muito mais simples, é o andamento do capítulo VII, que segue uma clara parábola, desde a esperança ressurgida até a esperança desaparecida para sempre; a exposição é rápida: somente narração e discursos. E, como no capítulo I, a infausta saída é logo preanunciada: "la Fortuna ingannevole... con falsa letizia indietro trasse le cose avverse e il suo corruccio, acciò che, piú movendosi di lontano... piú m'offendesse" I. Simetricamente, no início e no final, encontram-se os dois ágeis diálogos com a Ama, incentivo de ilusão o primeiro, sigilo sobre a infelicidade o outro; no meio, a narração da breve espera feliz, com os monólogos e as apóstrofes aos deuses que se revelaram benévolos: não a Panfilo, quase que por um pressentido alheamento.

A monotonia do capítulo VIII é tão pertinazmente ostentada que só pode ser atribuída a uma vontade precisa. A espera de uma viagem futura, de um último encontro com Panfilo, serve a Fiammetta somente para justificar a sobrevivência a tantos propósitos de morte; ao autor, para acolchoar as tonalidades concitadas nos últimos capítulos. De resto, é um tema presente unicamente nas alocuções inicial e final, que levam a termo o discurso de que o livro é constituído. O que domina o capítulo VIII é o sentido de uma suspensão *ad infinitum* ("Sono adunque o pietosissime donne, *rimasa* in cotale vita, qual voi potete nelle cose udite presumere...; in cotale guisa come udirete *il tempo* maninconosa *trapasso*" I); o movimento de exclamações e interrogações que conclui toda comparação com os grandes desditosos da literatura (e o capítulo não passa de uma resenha de personagens, cada uma comparada à desventurada protagonista) tem uma fraqueza que se assemelha ao desalento. Fiammetta parece vaguear por uma fria galeria de estátuas: as personagens às quais, na intensidade do drama, pedira palavras, atitudes, exemplos, voltaram a ser mármores poeirentos e mudos.

4. FUNÇÕES, OPOSIÇÕES E SIMETRIAS NO SÉTIMO DIA DO *DECAMERON*

0. O Sétimo Dia do *Decameron*[1] é sem dúvida o mais compacto, seja em sentido conjuntivo, seja separativo: as novelas que estão aí reunidas, menos a X, de argumento livre consoante uma licença que o autor se reserva dentro de cada Dia, desenvolvem, todas elas, um mesmo tema (do qual não se afasta a novela VI, que dá desse tema somente uma variante mais complexa); tema que, por outro lado, na exata acepção aqui desenvolvida, não mais reaparece no *Decameron*. Trata-se de um tema bastante difundido no folclore mundial (e não só no folclore, bem entendido): isto é, aquele do triângulo amoroso, do tipo Ma-Mu-A (marido — mulher — amante da mulher) e com um desenvolvimento fixo: a mulher, por meio de uma burla contra o marido, consegue realizar,

1. Cito a edição de V. Branca, Florença 1965[5].

mascarar e, em geral, continuar sua traição. Não é por nada que a narração tem como ambiente o Vale das Mulheres.

Este Dia parece, portanto, ter sido feito de propósito para uma análise de tipo formalístico-semiológico. Sua homogeneidade estrutural não é inferior àquela que se pode encontrar num grupo oportunamente escolhido de contos populares ou de fábulas; com maior homogeneidade decorrente da unicidade de autor e portanto, também, da concepção de vida de onde as novelas tomam referência e dos símbolos com os quais é expressa. O fato de ter à disposição obras "assinadas" (e com que assinatura) convida a experimentar tipos de esquematização ou de formalização tais que restringem o maior número de "valores" encerrados num texto. Em outras palavras, não mais se trata de extrapolar de um texto literário as funções ou representações simbólicas deduzidas de análises de textos com escasso quociente estilístico (fábulas, contos policiais ou de aventuras etc.), mas de caracterizar no próprio texto essas funções: quiçá com a miragem, veremos o quão remota, de tocar algumas vezes propriedades particulares de sua natureza literária.

Por exemplo. Discutiu-se se as funções de uma narração podem absorver em si as personagens (os actantes)[2]; procurou-se distinguir entre os momentos basilares da ação e os eventuais impulsos colaterais (mas secundários?). Veremos que, pelo menos aqui, não se pode prescindir das qualidades, diria até de estado civil das personagens; e que a importância material das forças em atuação é do mesmo peso de moventes mais sutis e capilarmente difusos. Nas análises que se seguem procura-se, enfim, mostrar o alto número e a complexidade de relações dos elementos em jogo: sacrificar alguns deles em vantagem da maior simplicidade de representação simbólica significa queimar a consistência e a pluridimensionalidade do texto sobre o altar da teoria: um sacrifício que, no campo da crítica literária, não é producente.

2. Segundo a terminologia de A.-J. Greimas, *Du sens*, Paris, 1970, pp. 253 e *passim*, *actantes* seriam as personagens enquanto unidades semânticas da armação do raconto, *atores* as personagens enquanto unidades lexicalizadas. Minha análise é desenvolvida em nível de *atores*, dado que o papel respectivo de Ma, Mu e A identifica-se com sua posição jurídica (ou antijurídica!), necessariamente lexicalizada.

Antecipando desde já os elementos do estudo aqui apresentado, direi que o quadro geral fornecido pelas funções, que sucedendo-se segundo sua lógica também constituem momentos da ação, será de vez em vez preenchido com esquemas e representações gráficas que indicam quer as relações entre as personagens, quer as relações entre polaridade (oposições) ou complementaridade que significam (expressas com signos) a concreção do mundo narrado ou abstrações (idéias-força) caracterizáveis na ação das personagens ou no modo como percebem (por vontade do autor) os fatos. Procurar-se-á não descuidar dos signos dos moventes, conceitos e palavras que constituem, mais que um *leitmotiv*, os vetores da narração[3]. Esses dão uma contraprova no plano da linguagem aos esquemas ressaltados no plano do conteúdo; na mesma ordem de idéias, mas de modo também mais comprometedor, esforçar-nos-emos para captar os correlatos estilísticos dos mecanismos narrativos, de modo a fornecer, se possível, a confirmação do próprio autor ao esboço de análise, tentada sobre o conjunto do texto.

1.1. Seguirei uma ordem de esquematização decrescente. E tirarei os primeiros elementos descritivos do

---

3. Motivações e vetores (ou, se assim se preferir, causas e meios da burla) se identificam na novela II. Nesta novela, bem caracterizada em sentido sociológico, a pobreza que impele a mulher para os braços do namorado é também a que permite a traição ("con ciò fosse cosa che il marito di lei si levasse ogni mattina per tempo per andare a lavorare o a trovar lavorio, che il giovane... uscito lui, egli in casa di lei se n'entrasse", 9) e seduz o marido para a venda do pote onde se esconde o amante, transformado de repente em comprador escrupuloso (vetores: "andare a lavorare o a trovar lavorio", 9; "tu non vuogli oggi far nulla", 14; "non fo il dí e la notte altro che filare", 14; "tu dovresti essere a lavorare", 15; "tu dei essere a lavorare", 18; "andai per lavorare", 20 etc.). Note-se — mesmo na moção dos afetos, a causa da traição é meio para a burla — que, mesmo se a mulher enfatiza (14-18) as misérias e as lidas de sua vida para encobrir sua culpa com o remorso do marido, trata-se com certeza de misérias e de lidas reais. Procedimento que diferencia notavelmente a novela de sua fonte (Apuleio, *Metam.* IX, 5), onde a mulher é "postrema lascivia famigerabilis", e suas recriminações sobre as lidas domésticas não merecem ser levadas em consideração.

próprio Boccaccio, o qual nos leva para bastante perto de uma *analyse du récit* de tipo moderno. Eis o tema do Dia, como é exposto por Boccaccio:

[neste dia] si ragiona delle beffe, le quali, o per amore o per salvamento di loro, le donne hanno già a' lor mariti, senza essersene avveduti o no.

São evidenciados sobretudo três elementos: a burla, a distinção "o per amore o per salvamento", a distinção "senza essersene avveduti [os maridos] o no".

1.2. Na burla não há apenas a autodefesa, mas também a humilhação do marido, vencido pela inteligência ou pela malícia da mulher[4]. E Boccaccio é cuidadoso ao precisar se se trata de improvisadas saídas engenhosas, sob o impulso da necessidade ("da subito consiglio aiutata", III 27; "la donna, alla quale Amore aveva già aguzzato co' suoi consigli l'ingegno", IV 16), ou de uma superioridade, por assim dizer, constitucional (é a oposição entre "con la sua sagacità", VIII 50, frase da mulher, e "scioccamente", VIII 4, expressão do marido). Mas, no conjunto, enquanto a inteligência da mulher é demonstrada mais freqüentemente pelos fatos que enuncia, o que se sublinha é a falta de inteligência do marido ("il bescio santio", III 29; "quella bestia", IV 13; "sciocca opinione", IV 17 etc.), salientada comparativamente pela própria mulher em V 52-53: "tu non se' savio... quanto tu se' piú sciocco e piú bestiale, cotanto ne diviene la gloria mia minore... tu se' cieco di quegli [os olhos] della mente". E, na verdade, as burlas são, aqui, represália, quase sempre aprovada pelos narradores de fábulas e pelos autores, contra atitudes contrárias ao ideal humano de Boccaccio: o ciúme (IV, V, VIII), a carolice (I, III). É sintomático que, onde falta esta justificação, a burla é menos elaborada (II), ao contrário, ao impulso negativo (ciúme, carolice) substitui um impulso positivo por parte da mulher, o amor (VI, VII, IX; e note-se que nesta série o marido é sempre olhado com um certo respeito, com simpatia até, em VI, e que

---

4. Sobre a burla, veja-se agora A. Fontes-Baratto, Le thème de la "beffa" dans le *Décameron*, in *Formes et significations de la "beffa" dans la littérature italienne de la Renaissance*, org. por A. Rochon, Paris, 1972, pp. 11-44.

em IX Boccaccio narra a burla com explícitas reservas morais). Eis, pois, uma primeira oposição: aquela entre moventes negativos (ciúme e carolice do marido) e moventes positivos (o apaixonar-se da mulher). A oposição também tem uma relevância ideológica: os maridos carolas e ciumentos são sempre, em diversas medidas, ricos; um, até, com veleidades aristocráticas de *parvenu* satisfeitas ao se casar com uma nobre (VIII: "ingentilire per moglie", 4). Os amantes que se lhes contrapõem são expressão de um ideal em que entram a juventude e a galanteria, a beleza e a vivacidade erótica. O amante é sempre *jovem* (I 6; II 8; III 4; IV 6; V 11; VI 5; VIII 5; IX 6; em VII sua juventude é resultado dos dados "anagráficos"), muitas vezes *belo* (I 6; V 11; IX 6) e/ou *elegante*, isto é, galante (II 8; III 4; IX 6) ou *amável* (V 11; VI 5); às vezes, com qualidades melhor especificadas: *pronto ao riso* (I 28; percebe-se isto no modo alegre como recebe o encontro malogrado), elegante e poeta (III 7), *destro em qualquer coisa que tivesse vontade de fazer* (IX 6). Em alguns casos o jovem é gratificado pela mulher depois de um longo amor paciente (VIII 5), que é antes um apaixonar-se pela fama, de tipo trovadoresco, em VII 5[5]. Quase sempre são estas qualidades humanas e pessoais que o tornam preferível a um marido mais rico ou mais nobre, mas ciumento ou carola ou prepotente; uma vez, ao invés, sua inferioridade de casta é sublinhada propositadamente (VI 5). Não é por nada que Ludovico, sétima novela, que "assai di be' costumi e di buone aveva apprese" nada menos que na corte do Rei de França, se disfarça em humilde servidor e ganha os favores da dama com seus suspiros, ou com o *donaire* no deixar-se vencer no jogo de xadrez (13), ou declarando-se — ainda conforme as normas trovadorescas — já satisfeito em poder amar, embora não correspondido (20). Somente na novela II o amante aparece como sendo de origem superior à do marido; como se torna necessário em uma vicissitude onde a traição da mulher é uma desforra contra a pobreza e a insipidez que brota delas (cf. acima, nota 3). A oposição jovem/velho é

---

5. Nesta novela, o contraste entre a entonação "cortês" do início e a crueldade da burla cria uma ruptura também estilística, muito bem notada por V. Branca, *Boccaccio medievale*, Florença, 1970[3], pp. 127-32.

explicitada como impulso causal somente na nona novela IX[6].

1.3. A distinção "per amore o per salvamento" institui uma outra discriminação, baseada na motivação não mais da traição, porém da burla. O fato é que, como veremos, em alguns casos, a traição é consumada posteriormente, e graças à burla (V, VII, IX): então a burla, executada "per amore", é uma passagem indispensável para a traição. Nos outros casos a burla serve para salvar a mulher surpreendida pelo marido: deve-se entender *salvar* no sentido mais amplo, que pode compreender a reputação e até o prosseguimento da intriga amorosa. A distinção agrupa nitidamente as novelas de inspiração (porém sempre de modo aproximado) cortês, em oposição àquelas onde o amor é entendido somente em sentido naturalístico. Trata-se, em substância, dos tipos A e B, de 2.2.

1.4. A última distinção proposta por Boccaccio é a entre as burlas realizadas "senza essersene avveduti [os maridos] o no". Aqui seria oportuno substituir a tripartição pela bipartição proposta. Porque se numa parte das novelas a burla consegue ocultar ao marido a traição (I, II, III, V, VI), e se em outra o marido se resigna a fechar os olhos a uma traição que descobriu sem qualquer possibilidade de dúvidas (IV, VIII), outras há em que se opera um procedimento muito mais refinado: a traição é planejada ou executada propositadamente na presença do marido, mas em condições tais a convencê-lo que essa traição não subsiste (VII, IX). À medida que me proponho retomar (4.2) a análise destas novelas na

---

6. Trata-se de inovações felizes de Boccaccio no que diz respeito à sua fonte, a *Comedia Lidiae* de Matteo de Vendôme (in E. du Méril, *Poésies inédites du Moyen Âge*, Paris, 1854, pp. 350-73), numa tentativa de justificar pelo menos parcialmente o comportamento da mulher. Também é original o apelo da serva-alcoviteira Lusca ao antagonismo de classe a fim de abafar os escrúpulos de Pirro ("Speri tu, se tu avessi o bella moglie o madre o figliuola o sorella che a Nicostrato piacesse, ch'egli andasse la lealtà ritrovando che tu serbar vuoi a lui della sua donna?... Trattiamo adunque loro e le lor cose come essi noi e le nostre trattano", 24-26).

perspectiva da oposição Verdadeiro/Falso, limito-me por enquanto a observar a configuração destas distinções em relação às outras. Vê-se, de fato, que o segundo grupo da tripartição (IV, VIII) pertence à série em que o movente da traição é o ciúme: fingir ignorar um ultraje do qual tem conhecimento constitui, para o marido, uma espécie de talião[7]. O terceiro grupo (VII, IX) pertence à distinção "per amore" e não "per salvamento": tanta crueldade de caráter intelectual só é possível a quem, premeditadamente, "joga em seu próprio campo", no tempo e no lugar por ele escolhido. Baste-nos ouvir a Senhora Beatrice (VII), quando diz ao amante que, da burla feroz tramada contra o marido, "ne seguirà meraviglioso diletto e piacere" (39).

O tipo intermediário (IV, VIII) constitui uma espécie de grau zero, em relação aos outros dois, nos quais ou a verdade é escondida, ou é exibida e, depois, é demonstrada como falsa. Quanto aos dois tipos extremos, eles se caracterizam também segundo nítidas oposições. Quando o engano se realiza "senza essersene avveduti", o autor frisa de modo evidentemente irônico e cômico, a reafirmação da relação marido-mulher: isto é, a mulher, no ato de enganar, enfatiza seus vínculos com o marido, justamente para que ele abrande ou anule suas suspeitas. Assim a burla descrita na novela I caracteriza-se por realces do tipo: "io non avrei mai avuto ardire d'andare *sola* a provarla [a oração]; ma *ora che tu ci se'*, io vo' che noi andiamo ad incantarla [o fantasma]" (24); ou então "se ne vennero *amenduni* pianamente all'uscio" (25), de modo que até na fórmula improvisada para exorcismar "o fantasma", suplica-se-lhe para "non far male né a me *né a Gianni mio*" (27). E na novela II, marido e mulher fazem eco um ao outro com frases[8] como: "Fate sicuramente meco, ché *io son suo marito*" (28), "*Mio marito* il netterà tutto [o pote]" (30); na III, diz a mulher ao marido que chegou de surpresa: "Tu ci bisognavi per dir certe orazioni" (31); na novela V, há todo um dis-

---

7. Um talião estilisticamente elevado (cf. U. Bosco, *Il Decameron. Saggio*, Rieti, 1929, p. 183) é aquele pelo qual na sétima novela, ao marido traído, que acreditava estar batendo na mulher (e, pelo contrário, tratava-se da criada) "dicendole la maggior villania che mai a cattiva femina si dicesse", 19, os cunhados dirão depois "la maggior villania che mai a niun cattivo uom si dicesse", 49.

8. Ausentes na fonte direta, as *Metam.* de Apuleio.

137

curso que a mulher dirige ao marido para lhe demonstrar que é ele próprio seu presumido amante (52-58); por fim, em VI, chega-se à aliança da mulher e do marido em defesa do amante, apresentado como vítima de uma injusta violência.

Nas novelas de tipo "ilusionístico", mais complexas e elaboradas também do ponto de vista psicológico, há outro procedimento expositivo interessante, o que se poderia chamar de "publicização" do trio: marido, mulher e amante são apresentados juntos, de modo que o adultério se desenvolve para além do absurdo. Na VII novela, tão logo Anichino entra na alcova dos cônjuges, a mulher com uma mão segura Anichino, enquanto com a outra aperta a mão do marido (29). Na IX novela, a mulher vai ao lugar onde irá encenar a burla tendo "dall'un de' lati" o marido, "dall'altro" o homem que está para se tornar seu amante (58); e no fim: "il misero marito schernito con lei insieme e col suo amante nel palagio se ne tornarono" (80)[9].

2.1. Tais são a formalização proposta pelo autor e as primeiras deduções, integrações e retificações que se lhe pode propor. Passando para uma formalização centralizada nas fases do raconto, não se pode prescindir daquela simetria ternária que é provavelmente uma espécie de universal da narração, como foi várias vezes notado, por Aristóteles:

> Um todo é o que tem princípio, meio e fim. Princípio é o que não tem em si necessidade alguma de se encontrar após outra coisa, mas é natural que uma outra coisa se encontre ou esteja para se encontrar depois dele. Fim, ao contrário, é o que por sua própria natureza vem a se encontrar após uma outra coisa, ou como sendo sua conseqüência necessária ou que, simplesmente, a siga na ordem normal (e verossímil) dos fatos; e depois dele não há outra coisa. Meio é o que se encontra após uma outra coisa, e outra coisa está após ele (*Poética* 1450b)[10],

até Bremond, com sua seqüência elementar de possíveis narrativos:

---

9. Somente o primeiro desses detalhes se encontra em Matteo de Vendôme: é significativa a repetição de Boccaccio.
10. In G. Della Volpe, *Poetica del Cinquecento*, Bari, 1954, p. 80.

1. Virtualidade; 2. Atualização; 3. Alvo alcançado[11].

ou então:

1. Melhoria a obter-se; 2. Processo de melhoria; 3. Melhoria obtida[12].

com a variante:

1. Obstáculo a eliminar; 2. Processo de eliminação; 3. Obstáculo eliminado[13].

2.2. Aplicando e integrando os esquemas de Bremond, nossas novelas podem ser reportadas a dois tipos fundamentais. Um primeiro tipo (A), o mais elaborado do ponto de vista narrativo, porém o mais linear, pode ser indicado com a sigla:

A(paixonar-se) — B(urla) T(raição) — T+(raição realizada);

que coincide com a série virtualidade-atualização-alvo alcançado; deve-se especificar somente que a atualização é operada através de uma traição encenada de maneira tal a tranqüilizar o marido, e portanto de modo a eliminar desde o início o obstáculo para a continuação da traição. Este esquema ternário, pois que B se identifica com T, é o das novelas V, VII, IX.

Nas outras novelas (tipo B), a linha virtualidade-alvo alcançado, vem a colidir somente em conseqüência de um incidente com a linha obstáculo a eliminar-obstáculo eliminado: isto é, a traição poderia se desenvolver tranqüilamente se não houvesse a D(escoberta), ou a ameaça de descoberta por parte do marido, que torna necessária a B(urla). Finalmente, o esquema torna-se:

1. Virtualidade; 2. Atualização (a. Obstáculo a eliminar; b. Obstáculo eliminado); 3. Alvo alcançado.

Deve-se ainda advertir que a traição já está consumada, nestas novelas, na primeira fase, que se diferencia da última por uma passagem no grau de segurança e de repetibilidade. Mais que de virtualidade, trata-se, enfim, de

---

11. C. Bremond, "I Possibili Narrativi", in VVAA, *L'Analisi del Racconto* (= *Communications*, 8), Milão, 1969, pp. 97-122, à página 100.

12. *Ibid.*, p. 104.
13. *Ibid.*, p. 106.

uma atualização incipiente e aleatória. O esquema é, pois:

$$T - D - B - T^+$$

e vale para as novelas I, II, III, IV, VI, VIII. O esquema, quaternário, seria redutível a uma série ternária se se considerassem D e B como dois momentos da atualização. Mas na verdade, D e B são nitidamente distintos e diferenciados, também por evidentes necessidades de *suspense*: quanto mais grave e iminente o perigo, tanto maiores a surpresa e o divertimento pelos engenhosos expedientes da mulher. É, ao inverso, o momento T^+ que — com a conseqüência de tornar ternária a série — é omitido (novelas II, III, VI) ou reduzido a uma ou poucas frases apressadas ("e poi dell'altre volte, ritrovandosi con la donna, molto di questa incantazione rise con essolei", I, 30; "Anichino e la donna ebbero assai agio di quello per avventura che avuto non avrebbono, a far di quello che loro era diletto e piacere", VII, 46). O fato é que T^+, além de tornar-se possível pelo feliz êxito de B, não é o que interessa para as finalidades da narrativa: que deve ter seu apogeu, com vivacidade e movimento, na própria burla.

2.3. Interessante a comparação entre os dois esquemas-base, $A.BT.T^+$ e $T.D.B.T^+$. Antes de mais nada, a presença de A oferece as explicações "psicológicas" da traição, e permite um excurso entre A e T^+ maior do que aquele que subsiste entre T e T^+: dois dados que correspondem de maneira significativa ao caráter cortês (mais destacado em VII, IX, mas não ausente em V, dada a assonância inicial com uma série de notações ambientais que vai desde *Píramo e Tisbe* até os *Deus amanz* de Maria de França). Nas outras novelas essas premissas são substituídas por uma simples e veloz indicação dos motivos do adultério. Portanto A e T são dois momentos, um sentimental e outro carnal, de uma situação substancialmente uniforme onde se vai de T para T^+. Logicamente, T^+, facultativo no esquema $T.D.B.(T^+)$, é obrigatório no tipo $A.BT.T^+$: lá, o alvo já foi alcançado, de alguma forma, no primeiro instante; aqui, há uma verdadeira e própria virtualidade (A), que requer como conclusão a conquista do alvo (T⁺). Em oposição, BT são, no tipo A, amalgamadas uma na outra: a burla consiste justamente em apresentar uma traição de tal maneira que se possa negá-la. Note-se como a fusão BT, diferenciando entre traição encenada e negada e traição efetiva (T⁺), insiste na dupla relação da burla em direção do fantástico e em direção do real, nestas novelas "ilusionísticas".

3.1. Uma vez caracterizadas as fases, os momentos, da ação, pode-se seguir detalhadamente seu desenvolvimento se levarmos em conta a distribuição, dentro de cada uma delas, dos elementos de alguns pares opositivos fundamentais. Deter-me-ei, por enquanto, em três deles: porta aberta/porta fechada; fora/dentro; alto/baixo. São oposições de caráter fatual, não abstrativo: referem-se à morada conjugal, com sua porta fechada em defesa da fidelidade da mulher, ou para denunciar sua ausência pecaminosa, ou para esconder o adultério que está se desenrolando em seu interior etc., aberta a fim de permitir a saída furtiva da mulher ou a entrada do amante etc. (de modo que os extremos da oposição ficam determinados por aqueles de outra oposição complementar: fora/dentro, referidos de vez em quando à mulher, ao marido ou ao amante); e com as janelas pelas quais quem está dentro interpela quem está fora, e com as escadas que ligam as duas barreiras seguintes: da porta de casa e da porta do quarto. São oposições de natureza, de certo modo, cênica: entre casa, praça e casas vizinhas se desenrolam os movimentos das personagens, e se difundem suas vozes.

Oposições fatuais, dizia; mas que funcionam somente quando seus elementos assumam precisamente, com seu calculado alternar-se, um valor opositivo. Pode-se, portanto, descurar, para efeitos de análise, as esparsas alusões às freqüentes portas abertas ou fechadas, sendo o fato natural, dado o que acabamos de observar, em todas essas novelas: II 11: o marido encontra "l'uscio serrato dentro", e exclama, agradecendo a Deus: "Vedi come ella [a esposa Peronella] tosto serrò l'uscio dentro, come io ci uscii, acciò che alcuna persona entrar non ci potesse che noia le desse"; III 24: "il compar tornò e [...] fu all'uscio della camera, e picchiò e chiamò la

141

donna"; VI 8: "picchiò alla porta"; "andasse ad aprire" (11); "serratisi dentro" (13); "io mi portai in su l'uscio della camera, e volendo egli entrar dentro, il ritenni" (21); VII 27: "lasciò l'uscio della camera aperto"; "l'uscio riserrato dentro" (28); "l'uscio di quella [alcova] dentro serrò" (37); VIII 7: "di dover far venire Ruberto... all'uscio della casa sua e d'andargli ad aprire"; "giunto all'uscio e non aprendolo soavemente" (14); "la serrò di fuori" (21).

Deve-se precisar, em contraposição, que o caráter objetivo destas oposições não exclui — antes, implica — uma metáfora erótica, como demonstra, de maneira evidente, e até grosseira, a novela II. Nela a união da mulher com o amante ocorre enquanto o marido se encontra dentro do pote, e o texto sublinha que a boca do pote é mantida fechada pela própria mulher ("a lei accostatosi, che tutta chiusa teneva la bocca del doglio... ad effetto recò il giovinil desiderio", 34).

3.2. Vamos, pois, às novelas onde são melhor integrados os momentos da ação com esses pares opositivos. Eis uma representação, segundo as fases TBD, da novela IV:

mulher fora/marido dentro   mulher fora/marido dentro
  (baixo)   (alto)   (baixo)   (alto)
   porta aberta   porta fechada

mulher dentro/marido fora
  (alto)   (baixo)
  porta fechada

Como se sabe, nesta novela o marido é embebedado pela mulher, que assim o neutraliza; depois ele finge estar embriagado mesmo não estando, para desmascarar a mulher, de quem tem motivos para suspeita; sai para denunciar a traição que descobriu, mas a mulher inverte a situação de modo a parecer inocente, e poder acusar o marido de passar as noites nas tabernas. Dentro dos momentos-base, alternam-se as localizações opositivas fora/dentro: primeiro, a mulher está fora e o marido dentro (movimentos um e dois), depois, o marido está fora e a mulher dentro. Quanto à oposição aberto/fechado, durante a traição a porta está aberta, indício do pecado;

com a descoberta da traição, a porta fechada denuncia e fixa o adultério, instituindo uma barreira entre a mulher, pecadora, que está fora, e o marido, que está dentro. No terceiro momento a porta, ainda fechada, denuncia o pecado (inexistente) do marido, que a mulher tornará público. Cabe notar que aqui aparece também a oposição baixo/alto: quase sempre quem está dentro fala, do alto da janela, para quem está fora e se encontra portanto ao nível do solo. Quem se encontra no alto, *aparece* como inocente (quer seja ou não), ao passo que quem se encontra embaixo *aparece* como culpado.

Passo à novela VIII, analisando-a sempre nos momentos TDB:

mulher dentro/marido dentro   mulher dentro
  (alto)   (alto)   (alto)
    amante fora   marido fora/amante fora
     (baixo)   (baixo)   (baixo)

2) mulher dentro (alto) marido fora (baixo).
2) mulher dentro (alto) marido fora (baixo).

Como se vê, a mulher fica sempre dentro de casa e no alto (no quarto ou nas escadas), o amante — cuja intervenção é somente virtual — está sempre fora, rapidamente em fuga. O marido, ao contrário, continua a passar de dentro para fora e do alto para baixo, em sua fúria de golpear, materialmente, seja o amante, seja a mulher. É justamente o dinamismo nascido desta ira cega que permite a burla: de fato, enquanto o marido está fora para praticar violência contra o amante, a mulher, dentro, prepara o meio de escape da violência da qual se sabe ameaçada (substituindo, a si mesma, na alcova matrimonial, pela criada). A burla compreende, portanto, duas fases: primeiro, o marido está no alto, e crê estar espancando a mulher, depois, está fora e embaixo, à procura dos familiares da esposa, perante quem vai acusá-la. E será mesmo "in capo della scala", 23, isto é, em posição dominante, que os irmãos e a mãe, além do pobre marido, achá-la-ão, e terão todas as provas, disfarçadas, de sua inocência. Mais uma vez, quem está no alto, *aparece* como inocente, quem está embaixo, como culpado.

Os três momentos da novela V são A, BT e T⁺; neles a situação vem configurar-se sucessivamente nos seguintes termos:

mulher dentro
marido fora

porta fechada/abertura (fresta) aberta

mulher dentro
marido fora

porta fechada/passagem pelo telhado

mulher dentro
marido fora
porta aberta.

A novela fundamenta suas passagens em distâncias bastante aproximadas e graduadas. Trata-se de uma novela com marido ciumento: a reclusão da mulher é portanto rigorosa e constante (vetores: "guardia", 8, 16; "non osava farsi ad alcuna finestra", 9; "a finestra far non si potea", 11; "rinchiusa", 18, etc.): ela permanece sempre *dentro*. Mas a mulher consegue encontrar *dentro*, isto é, na morada vizinha, o que não pode procurar *fora*; a "janela" à qual não pode se debruçar encontra uma variante *ética*[14] na "abertura" (ou "fresta") através da qual atrai a atenção do jovem vizinho (11, 13, 14, 16). Esta variante *ética* insere-se entre as fases que conjugam a passagem *êmica* de porta fechada (por ciúmes) para porta aberta (para o término do ciúme e para, enfim, a fácil traição). A porta fechada do primeiro momento está já em oposição secundária com a fresta aberta; em seguida o está (segundo momento) com a passagem pelo telhado, graças à qual a traição é consumada pela primeira vez ("truova modo che su per lo tetto tu venghi stanotte di qua", 40); finalmente, é próprio da porta estar aberta no terceiro momento. A oposição dentro/fora tem também vários graus em suas referências ao marido e à mulher: no primeiro e no terceiro momentos, a ausência do marido independe da vontade da mulher, mesmo se isto lhe oferece ocasiões preciosas; no segundo momento é a mulher, ao contrário, que provoca a oposição dentro/fora, induzindo o marido a ficar fora, de guarda, à espera do amante padre — que não existe — ao passo que o amante verdadeiro entra pelo telhado e se encontra, dentro, com a mulher.

14. Recíproco, aqui, da lingüística, os termos *ético* e *êmico*, tirados de *(fon)ético* e *(fon)êmico*, para representar qualquer oposição deste tipo.

3.3. Na novela VI os momentos da ação (TDB) configuram-se, acima de tudo, com base na oposição dentro/fora, mas segundo uma casuística que é complicada pelos golpes de cena em conseqüência da presença de dois amantes, em vez de um. O paralelismo dos dois amantes é sublinhado por Boccaccio com a inicial idêntica e a terminação diminutiva ou carinhosa de seus nomes (Leo*netto*, Lamber*tuccio*). Porém, para o primeiro, a mulher é sujeito ("s'innamorò d'un giovane... assai piacevole e costumato, come che di gran nazione non fosse", 5), para o segundo, objeto de amor, aceito por oportunidade ("di lei un cavalier... s'innamorò forte... essendo possente uomo"[6]). Enfim, chamando Leonetto de A_1 e Lambertuccio de A_2, as relações afetivas podem ser assim representadas (a ponta da flecha indica quem é objeto de amor):

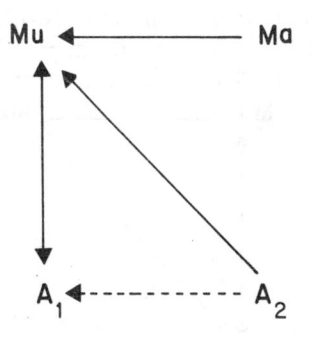

```
Mu ◄─────── Ma
 ▲↕        ╱
 │        ╱
 ▼       ╱
A₁ ◄---------- A₂
```

As fases da novela seguem o degenerar de uma situação ótima (Mu e A_1 dentro, Ma e A_2 fora), visto que primeiro A_2 é substituído, ao menos fisicamente — como indica a linha tracejada, com valor dinâmico — por A_1 (Mu e A_2 dentro, A_1 escondido, Ma fora):

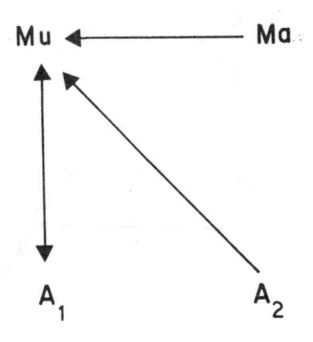

```
Mu ◄─────── Ma
 ▲↕        ╱
 │        ╱
 ▼       ╱
A₁       A₂
```

e depois é o Ma a substituir A_2, forçando a Mulher a inventar um estratagema engenhoso (Mu e Ma dentro, A_1 escondido, Ma fora):

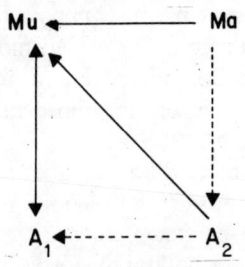

```
Mu ◄─────────── Ma
 ▲ ▲             │
 │  ╲            │
 │   ╲           │
 │    ╲          ▼
 ▼     ╲
 $A_1$ ◄┄┄┄┄┄┄┄ $A_2$
```

O estratagema consiste na valorização da rivalidade, potencial, entre A_2 e A_1, levando-a do plano erótico ao sócio-caracteriológico: a arrogância com a qual o poderoso Lambertuccio se impôs à mulher (6) e a natureza tímida do modesto Leonetto (11-25) se tornam simulação que justifica a presença de ambos em casa (16-17) e que, despertando a generosidade senhoril do marido, cria uma fugaz aliança Mu-Ma em defesa de A_1, assim:

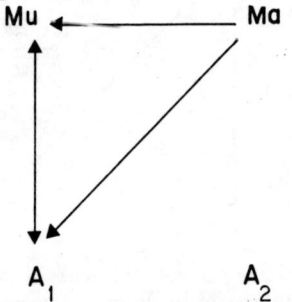

```
Mu ◄─────────── Ma
 │               ╲
 │                ╲
 │                 ╲
 ▼                  ▼
 $A_1$              $A_2$
```

O fato de que depois as relações opositivas entre Leonetto e Lambertuccio se neutralizem, dando existência à seguinte figura:

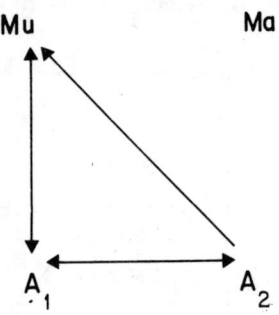

```
    Mu              Ma
   ▲ ▲
   │  ╲
   │   ╲
   ▼    ╲
  $A_1$ ◄────► $A_2$
```

146

é notícia anedótica, interessante somente como signo de uma exploração a fundo das possibilidades geométricas do esquema, por parte do escritor.

4.1. Em um último nível de formalização podem ser indicadas empiricamente as relações entre as personagens e certas situações ou atitudes básicas sintetizáveis conceptualmente: relações que se configuram em simetrias opositivas, ou em seu referir-se a diversos actantes, ou conforme o mesmo actante seja visto por um ou outro componente do triângulo adulterino.

Na novela I, a contraposição entre Ma e A pode ser sintetizada nestes dois triângulos, que apresentam na mesma posição elementos contrapositivos:

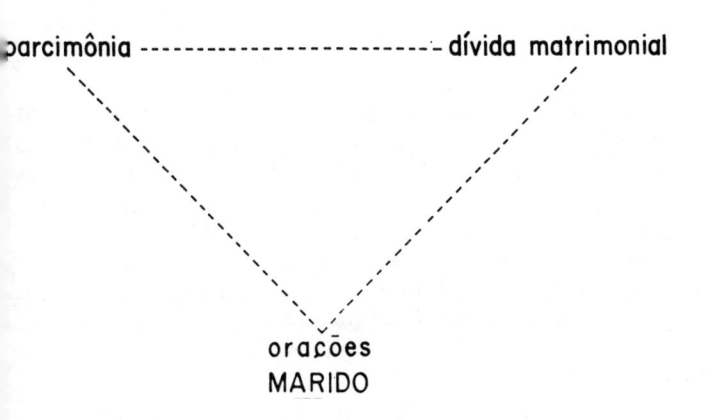

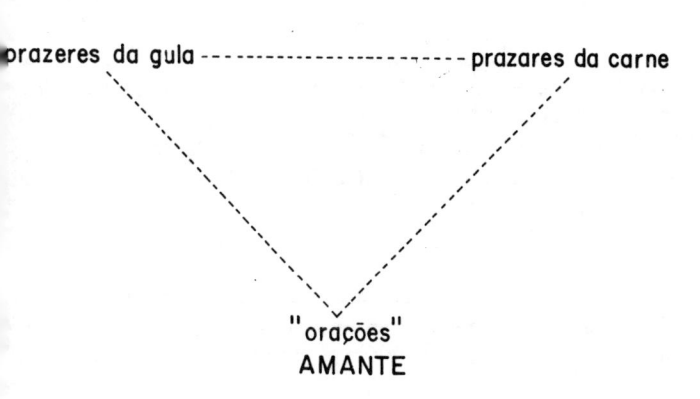

```
parcimônia ----------------------- dívida matrimonial
          \                       /
           \                     /
            \                   /
             \                 /
              \               /
               \             /
                \           /
                 \         /
                  \       /
                   \     /
                    \   /
                     \ /
                   orações
                   MARIDO


prazeres da gula ----------------- prazares da carne
          \                       /
           \                     /
            \                   /
             \                 /
              \               /
               \             /
                \           /
                 \         /
                  \       /
                   \     /
                    \   /
                     \ /
                  "orações"
                   AMANTE
```

A constituição do triângulo é sugerida pelo próprio Boccaccio, que une seus elementos numa só frase: "a grande agio e con molto piacere *cenò* e albergò con la donna; ed ella, *standogli in braccio,* la notte gl'insegnò da sei delle *laude* di suo marito", 9. Eis os prazeres da gula (*cenò*), os da carne (*standogli in braccio*) e o uso metafórico, obsceno, de termos relativos à prece (*laude*). Partindo dessa frase, podem-se individuar perfeitamente os vetores das oposições indicadas nos dois triângulos. É fundamental a oposição entre orações em sentido próprio e em sentido metafórico: ocasião e impulso à traição é de fato, na novela, a carolice do marido.

As orações são em sentido próprio quando se referem ao marido ("[os frades] gli insegnarono di buone orazioni e davangli il paternostro in volgare", etc. 5); são também ligadas ao leito matrimonial, visto como lugar absolutamente não voluptuoso, sacramental ("io dissi dianzi il Te lucis ante e la 'ntemerata e tante altre buone orazioni quando al letto ci andammo" 15; "segnai il letto da ogni canto", 20 etc.). Acabamos de ver, ao contrário, o que são as *"laude"* para os dois amantes; chega-se antes à acolhida de expressões obscenas na "oração" da mulher contra o fantasma: "a coda ritta ci venisti, a coda ritta te n'andrai", 27; este uso ricocheteia, jocosamente, para a narradora Emilia, que promete, narrando a novela: "potrete una santa e buona orazione e molto a ciò valevole apparare", 3, sendo tal uso retomado ainda por Dioneo, em X 10, 2.

A relação opositiva entre parcimônia e prazeres da gula resulta dos parágrafos 12-13, onde os "grossi capponi", as "molte uova fresche" e o "buon fiasco di vino" preparados para Federigo contrastam com o "poco di carne salata" cozida para o marido Gianni, que chega inopinadamente. Porém, mais interessante que tudo é a correlação entre os prazeres da gula e os prazeres da carne, porque isso nos leva ao centro do edonismo como ideal de vida em Boccaccio. A correlação é sublinhada por um curioso exercício comutativo: a novela é provida de duas conclusões, à escolha: ora, na primeira Federigo perde a noite de amor, mas se consola ceiando "a grande agio", 30, com os capões e o vinho que a amiga deixou para ele; na segunda, ao contrário, "andatosene, senza albergo e senza era la notte rimaso", 32.

Passando à novela III, pode-se indicar com dois

triângulos de forma diferente assumida pelo amante, Rinaldo, com relação à mulher e a seu marido:

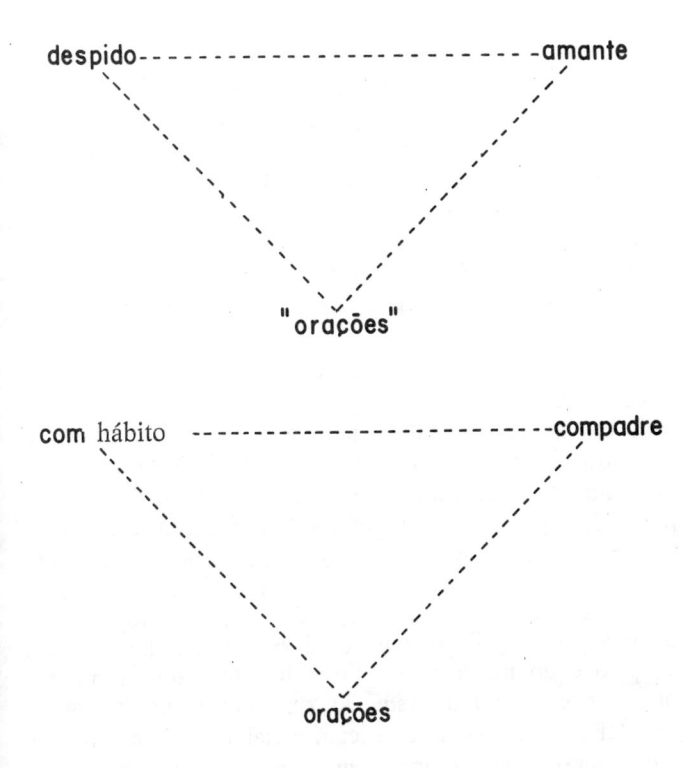

```
despido----------------------------amante
      \                           /
       \                         /
        \                       /
         \                     /
          \                   /
           \                 /
            \               /
             \             /
              \           /
               \         /
                \       /
                 \     /
                  \   /
                 "orações"


com hábito  -----------------------compadre
      \                           /
       \                         /
        \                       /
         \                     /
          \                   /
           \                 /
            \               /
             \             /
              \           /
               \         /
                \       /
                 \     /
                  \   /
                  orações
```

Rinaldo torna-se compadre dos cônjuges justamente para poder se aproximar com mais facilidade da mulher por quem está apaixonado; após muitas dispersões, vestiu também o hábito monástico. No segundo esquema temos a configuração de Rinaldo com respeito ao marido: traz o hábito (que neste caso faz o monje), é compadre, e profere orações na casa que freqüenta não muito honestamente. No primeiro, vemo-lo em suas relações com a mulher: sublinha-se sempre seu despir-se do hábito ("qualora io avrò", diz ele no momento de seduzi-la, "questa cappa fuor di dosso... io vi parrò uno uomo fatto come gli altri, e non frate", 15), a relação é de amante, e enfim as orações são usadas, também aqui, como metáfora obscena. Eis os pontos nodais (vetores) no próprio texto. Compadre/amante: "voi siete mio compare", diz a mulher nos primeiros momentos de resistência (16); quando então

149

aceita, cede "nonostante il comparatico", antes, se entrega a Rinaldo "sotto la converta del comparatico" (22); enfim, o compadrio assume sua função de cobertura durante a burla: "frate Rinaldo nostro compare ci venne", 28, mesmo simbolicamente (o afilhado é tomado às pressas entre os braços, 30). Com hábito/despido: "era frate Rinaldo spogliato, cioè senza cappa e senza scapolare, in tonicella", 26; "se io fossi pur vestito, qualche modo [de justificar-se] ci avrebbe", 26; depois da hábil contemporização da mulher, "erasi rivestito a bello agio e avevasi recato il fanciullo in braccio", 35. Já se vê como o hábito e o compadrio se ligam durante a burla: o frade, novamente vestido, toma o afilhado nos braços. Vinculam-se-lhe também as orações, que ele esperava pronunciar após a chegada do marido (cf. 1.4); mas aqui, com um achado genial, a passagem do próprio para o figurado concretiza-se mediante um desdobramento entre Frei Rinaldo e seu confrade[15]. É o confrade que sobe "nel palco di sopra" com a criadinha "ad insegnarle il paternostro", 23 (sentido metafórico), ao passo que ele se fecha no quarto com a amante; é ao confrade que se atribui a reza das orações taumatúrgicas, 31 (sentido próprio); de onde segue o diálogo cômico, devido à bipolaridade do próprio e do metafórico: "Frate Rinaldo, quelle quattro orazioni che m'imponeste, io l'ho dette tutte", 39.. "Fratel mio, tu hai buona lena, e hai fatto bene. Io per me, quando mio compar venne, non n'aveva dette che due", 40.

Um tipo diferente de relação pode ser salientado nas novelas VII e IX. Elas apresentam dois traços iniciais determinantes: 1) a narrativa começa antes que a mulher haja traído o marido (cf. 2.3); 2) o futuro amante é servidor do marido, de modo que aceitando o amor da mulher, falta com seus deveres para com o amo. As duas novelas narram, pois, a passagem da Fi(delidade) para a T(raição) seja por parte da mulher, seja por parte do (futuro) amante:

---

15. De resto todos os discursos do frade e do compadre, como nota G. Petronio no seu comentário ao *Decameron*, Turim, 1950, vol. II, p. 67, estão cheios de unção religiosa, "a fim de aproveitar e de escarnecer a religiosidade do beato".

```
            Mulher
              Fi
              |
              |
Amante Fi ----+------→ T
              |      ↙
              |    ↙
              ↓  ↙
              T
```

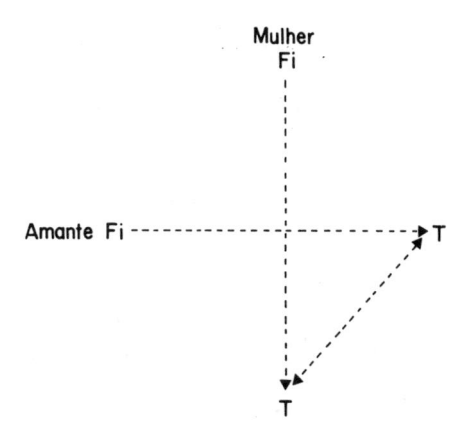

O elemento caracterizante, embora comum às duas novelas, é que a passagem Fi - - - - - - - - - T é realizada depois que a mulher o faz entrever, ou ver, ao marido, em condições tais que possa negar o fato e portanto torná-lo inacreditável. Ao contrário, as novelas se diferenciam no sentido que em VII é somente o futuro amante que é mostrado como sendo traidor para depois resultar ainda mais fiel, ao passo que em IX a mulher, juntamente com o futuro amante, já convertem em ato a traição que terão meio de negar. Em suma, para o marido de VII as coisas se apresentam assim:

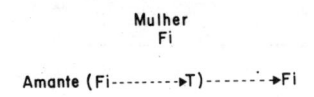

```
              Mulher
                Fi

Amante (Fi--------→T)-------→Fi
```

ao passo que, para o de IX, se colocam nos seguintes termos:

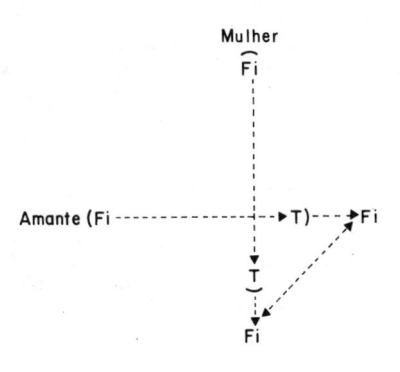

```
              Mulher
               ⌢
               Fi
               |
               |
Amante (Fi-----+------→T)---→Fi
               |    ↙
               ↓  ↙
               T
               (
               Fi
```

4.2. Nas duas últimas novelas a mulher consegue inverter a realidade aos olhos do marido: ou com um hábil alinhamento de suspeitas, indícios e provas favoráveis (VII), ou recorrendo sem mais nem menos a um suposto encantamento (IX). A perspectiva é em suma determinada pela oposição V(erdadeiro)/F(also), à qual já aludimos (cf. 1.4)[16]. Também conforme esta perspectiva, as novelas do sétimo dia podem ser submetidas a operações de abstração graduais com respeito às situações específicas expostas nas novelas. Em geral, poder-se-ia dizer que o costumeiro triângulo amoroso fica ocultado na visão. falsa. do marido. ao passo que é realizado na outra, verdadeira, da mulher:

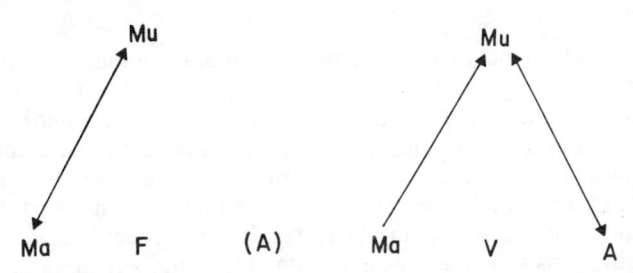

```
        Mu                          Mu
        ↑                          ↗ ↖
        │                         ╱   ╲
        │                        ╱     ╲
        ↓                       ╱       ╲
    Ma     F       (A)       Ma    V     A
```

E falando de "visão" se percebe de súbito a diferença entre as oposições estudadas precedentemente, que pertencem à fatualidade (dentro/fora; aberto/fechado etc.), ou consistem em atitudes, sempre reais, dos atores em suas relações recíprocas, num certo sentido portanto em campos de força (fidelidade/traição), e esta oposição, que *transforma os mesmos fatos* conforme estes sejam percebidos por um ou outro dentre os atores, ou também por personagens secundárias. Esta oposição funciona, portanto, como um comutador, mudando as luzes e sua angulação de acordo com quem olhe a cena.

Nas novelas VII e IX que acabamos de examinar, o comutador V/F é usado com a mais consumada perícia. O marido de fato é introduzido no campo desta oposição, mas de maneira tal que o que ele chega a ver (V) lhe pareça

---

16. G. Getto, *Vitta di forme e forme di vita nel Decameron*, Turim, 1966², pp. 165 e ss., fala de "permuta de ilusão e de realidade". Ele se ocupa, com finas observações, das novelas IV e VIII, advertindo com precisão, p. 175, que no dia referido a permuta se refere, de acordo com as novelas, somente aos vizinhos ou ao marido, e com várias gradações.

impossível (F) e que, por conseqüência, venha a considerar F o que é efetuado na realidade, V^{17}. Isto é, reportando-nos aos últimos esquemas, o marido é induzido a levar ao pólo F a passagem (Fi - - - - →T) e por conseqüência a situar no pólo V uma passagem - - - - → Fi, que se baseia somente na primeira polarização. Por isso que, ao contrário (Fi - - - - → T) pertence a V, - - - - → Fi pertence a F.

A introdução do marido na polaridade V/F é sublinhada por Boccaccio com o uso freqüente de verbos relativos à experiência visiva e cognitiva: "acciò che questa cosa non mi bisognasse *con* troppe *pruove mostrare* e per farlati *toccare e vedere*", VII 34; "La fedeltà del tuo famiglio *cognoscere*", 35; "io il convengo *vedere*", 36; "per certo tu di' il *vero*", 45; "Ben vo' *vedere* se questo pero è incantato", IX 69; "Nicostrato, al qual *vero* parea ciò che dicea l'uno e l'altro", 76; estruturalmente, com cerradas alternâncias (novela IX) dentro da oposição *vedere*, 61, 64, 65, 66, 67, 68, 69 / *sognare, farneticare, smemorare, trasvedere,* 60, 61, 62, 63, 66, 67, 73. Mas o afloramento estilisticamente mais resolvido deste enredo é constituído pelas frases em que verdadeiro e falso, afirmação e negação, experiência e opinião, se sucedem contradizendo-se reciprocamente: "io mi *credeva* che fosse ciò che tu *di*'. . . ma me ha egli *sgannata*", VII 33; "Porro *veramente* io *credo* che tu *sogni*", IX 62; "potrebbe egli esser *vero* che gli *paresse ver* ciò ch'e' *dice*?", 64; "Io *veggio* e *so* che voi *falsamente* avete *veduto*", 71; "egli vi fosse *paruto* che io facessi quello che io *so certissimamente* che io non *pensai,* non che io facessi mai", 73.

A novela V já foi examinada na sucessão de suas fases e em relação às oposições aberto/fechado; fora/dentro (cf. 3.2). A segunda oposição é fundamental, tratando-se de um marido ciumento que mantém a esposa reclusa em casa. É próprio desta oposição que a mulher

---

17. Na novela IX que, já vista, se constitui na prática (já na fonte) na fusão de dois racontos, o primeiro, preliminar (as três provas fornecidas pela mulher ao futuro amante, em prejuízo do marido) serve para predispor o marido a esta confusão de F e V. Note-se em particular a terceira prova, na qual são acuradamente preparados os indícios que irão convencer o marido de que tem um dente cariado. E note-se como, para evitar qualquer suspeita, a mulher se diz e se mostra adoentada no dia em que, à sombra da árvore *encantada,* se abandona aos abraços de Pirro.

insira, em vantagem própria, a V/F. Ao passo que, como foi visto, ela consegue encontrar, *dentro,* o que o marido receia que ela encontre *fora,* ela arruma *fora* (na igreja) a maneira de se encontrar *dentro* de casa, com o amante, induzindo o marido a ficar *fora,* de vigia. Mas sua falsa confissão ao marido disfarçado de padre tem uma finalidade precípua: confundir o marido na polaridade V/F, de modo a curá-lo de seu ciúme (e garantir um tranqüilo andamento ao adultério). Não muito diversamente das novelas VII e IX, mas permanecendo num plano puramente enunciativo, a mulher confessa uma traição, mas em termos tais que possa, posteriormente, negar sua existência. Antes, isto é, declara o falso; em seguida, substitui a este falso, como verdade, um segundo falso, assim:

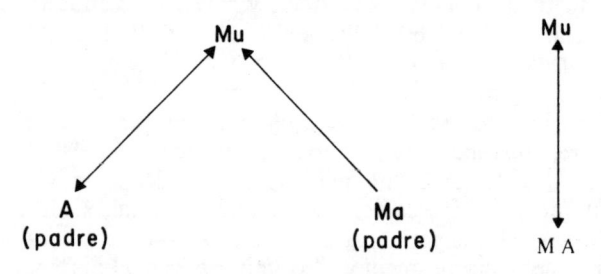

```
         Mu                    Mu
        ↗ ↖                    ↕
       ↙   ↘
      A      Ma
   (padre) (padre)             M A
```

À esquerda temos o costumeiro triângulo amoroso (cf. 1.4): aquele que a mulher se prepara para realizar. Mas tornando-o notório ao marido na vestimenta de padre, e qualificando o amante como sendo padre, ela se prepara para "revelar" a verdade — isto é, a segunda simulação — identificando Ma e A por meio da comum qualificação ("Io ti dissi che io amava un prete: e non eri tu, il quale io a gran torto amo, fatto prete?", 55).

Aqui, portanto, a burla se baseia numa espécie de reflexividade (Ma desdobrado em Ma + A) que, ainda uma vez, tem claras aberturas estilísticas. O ciúme do marido se deve ao fato de que *"come* egli molto *l'amava* e molto bella la teneva... *cosí* estimava che ogn'uom *l'amasse* e che ella a tutti paresse bella a ancora che ella s'ingegnasse *cosí* di piacere *altrui come a lui"* (7); a mulher exclama: "Credi tu, marito mio, che io sia *cieca degli occhi* della testa, *come* tu se' *sieco di quegli* della mente?" (53); e por fim se diz que o marido *"quando* la gelosia gli bisognava del tutto se la spoglió, *cosí come, quando* bisogno non gli era, se l'aveva vestita" (59).

Nas novelas IV e VIII temos também um ilusionismo baseado na troca V/F; mas no sentido que o marido, mesmo estando perfeitamente a par de V (isto é, a realidade da traição), é obrigado a considerar V como F pela situação e especialmente pelos comparsas (parentes ou vizinhos) habilmente transformados em cúmplices pela mulher, além de defensores. Em suma, a mulher executa sua ação falsificadora (V - - - - → F) sobre seus próprios defensores potenciais, e graças a seu apoio, obriga o marido a aceitá-la, sendo que este está a par da verdade (mesmo que, em IV, haja um momento em que ele se deixa convencer pelos discursos astuciosos da mulher, a ponto de sair para tirá-la do poço onde acredita que tenha caído, e se em VIII ele é de tal maneira abalado pelas embrulhadas de que foi vítima, que vacila em sua própria opinião: "rimase come uno smemorato, seco stesso non sappiendo se quello che fatto avea era stato vero o s'egli aveva sognato", 50). Cabe notar que a falsificação efetuada pela mulher é bidirecional: ela nega sua culpa, real, substituindo-a por uma culpa, fictícia, do marido, com uma inversão bem sintetizada em IV, 26, por Ghita: "Egli [o marido] dice appunto che io ho fatto ciò, che io credo che egli abbia fatto egli"[18]: em IV, Tofano é acusado de passar as noites nas tabernas (24)[19]; em IX a mesma acusação é feita a Arriguccio, somada à de que ele se consola com "cattive femmine" (42). Nenhum castigo melhor para o ciúme, do que saber estar sendo traído, e não poder reagir (cf. 1.4). Quanto à mediação dos comparsas, esta integra e aperfeiçoa a referida punição. É um detalhe que, uma vez mais, nos leva ao âmago dos ideais de Boccaccio: o ciumento que procura testemunhas de sua vergonha agrava a concepção possessiva (e não, ao contrário, eletiva e livre) do casamento com uma espécie de registro notarial de sua falência, vindo também a

---

18. Cf. as observações de Getto, *Vita di forme e forme di vita nel Decameron* cit., p. 173.
19. Vale a pena salientar que a fonte direta da novela, o *exemplum* XIV da *Disciplina clericalis* (ed. A. Hilka e W. Söderhjelm, Heildelberg, 1911), não apresenta esta acusação, mas a de "meretrices adire". Lembre-se que a mulher, seja no *exemplum*, tinha por costume neutralizar o marido embriagando-o: Boccaccio, pois, aperfeiçoou a técnica da inversão fazendo com que a mulher transforme em culpa do marido o que era um expediente dela para consumar em paz a própria culpa, o adultério.

faltar aos ditames da discrição e do saber viver[20]. O recurso, ameaçado em IV 12 e efetuado em VIII 24-25, além dos parentes da mulher, envolve na traição todo o clã familiar, que naturalmente, posto pela mulher numa perspectiva F, se alinha a seu lado, ameaçando vingança. Com nítidas mudanças sociais em VIII, onde o marido, que pretendeu "ingentilire per moglie", ouve a mãe da mulher, nobre, lançar-lhe ao rosto a lembrança de suas origens plebéias e a *mésalliance*, 45-48; a falta dessas mudanças em IV explica por que os vizinhos exercem, com maior simplicidade cênica, a função reservada aos parentes em IX; os parentes chegam somente num segundo tempo[21].

Trata-se de uma pauta ideológica bastante evidente. Eis em IV as ameaças do marido ("tu non ci tornerai [em casa] infino a tanto che io di questa cosa, in presenza de' parenti tuoi e de' vicini, te n'avrò fatto quello onore che ti si conviene", 12) e os claros comentários de Boccaccio ("quella bestia era pur disposto a volere che tutti gli aretini sapessero la loro vergogna, laddove niun la sapeva", 13; "Tofano bestia, d'altra parte, diceva [aos vizinhos] come il fatto era stato, e minacciava forte", 25), assim como a maneira de anunciar o "rinsavimento" do marido (que à mulher "diè licenza che ogni suo piacer facesse, ma sí saviamente, che egli non se ne avvedesse" 30). E eis em VIII ameaças quase idênticas, também na formulação ("io andrò per li tuoi fratelli, e dirò loro le tue buone opere; e appresso che essi vengan per te e faccianne quello che essi credono che loro onor sia e meninte; ché per certo in questa casa non starai tu mai piú", 21) e a calculada sabedoria de tudo quanto a mulher diz ao marido na presença dos familiares ("perché fai tu tener me rea femina con tua gran vergogna, dove io non sono?", 34).

A oposição V/F é ao contrário realizada de maneira mais simples nas outras quatro novelas. Nestas, a mulher contenta-se em justificar, à chegada do marido, a presença do amante, apresentando-o em outra, verossímil, vestimenta: de comprador do pote (II), de compadre que veio tratar do afilhado (III), de pessoa que se refugiou na

---

20. Cf. a nota de Petronio, ao *Decameron* cit., p. 70.
21. Também esta é uma inovação de Boccaccio. Na fonte faltam os vizinhos, e são os "parentes" que tomam a defesa da mulher.

casa a fim de esquivar-se de um perseguidor (VI; aqui o perseguidor é, na verdade, o segundo amante) ou então ela aplica sua ação falsificadora não à pessoa, mas às palavras: assim em I, onde o aviso de perigo ao amante é disfarçado pela oração contra o "fantasma"[22].

5. Nossas análises terminam aqui. Fiéis ao programa inicial, voltamos repetidas vezes às mesmas novelas, conforme essas reincidissem numa ou noutra possibilidade de formalização. Será fácil, para o leitor, dispor em coluna sob o número de cada novela, os esquemas ou as interpretações dedicados a cada uma; e é naquele momento que os mecanismos trazidos à luz pôr-se-ão novamente em movimento. As funções basilares do raconto, reportáveis em nosso caso a dois únicos tipos de agrupamentos (tipo A e tipo B), encontrarão seus moventes na constelação formada pelas três personagens principais, conforme seu caráter ou sua posição social; a passagem de uma à outra função (vista como fase do raconto) terá o seu resultado determinado pelo impacto entre sistemas correlativos peculiares das personagens em concorrência e eventualmente caracterizado por movimentos dentro das oposições tatuais; o apogeu da parábola cômica irá coincidir com o uso sempre sapiente e variado das comutações; os vetores e os correlatos estilísticos, enfim, abrirão uma ligação entre o campo da abstração e o da concretude verbal, indicando a especulação entre o plano da expressão e o da substância.

O ajuste entre os vários tipos de análise pode ter também outra utilidade. Porque, se muitas vezes, estas análises chegam a engrenar-se com perfeição, outras vezes elas evidenciam melhor as suturas entre temas de origem heterogênea; e, portanto, tais que não se implicam necessariamente um ao outro. Isto aparece por exemplo na novela V (cf. 3.2, e 4.2), e na novela IX (cf. acima, p. 152, nota 17). Nestes casos intervém com caráter mais ou menos resolutivo — e é necessário sublinhá-lo — a perícia do escritor, que consegue motivar o que poderia parecer gratuito: assim na novela V a confissão menti-

---

22. Estamos em suma na categoria semântica do "travestimento"; cf. T. Todorov, *Grammaire du Décameron*, Haia-Paris, 1969, pp. 35-36). [Trad. bras.: *Gramática do Decameron*, São Paulo, Perspectiva, 1982, Debates 145].

rosa serve (como se viu) para embotar a suspeição do marido e, ao mesmo tempo, para neutralizá-lo e possibilitar o primeiro encontro amoroso; na novela IX a parte inicial encaminha o marido à não-discriminação entre o falso e o verdadeiro[23]. Esta confluência de temas, em nosso caso, é confirmada pelas fontes; mas análises como as que foram aqui esboçadas poderiam outras vezes favorecer, justamente, a especificação de fontes contaminadas pelo autor ou por seus modelos.

Não me parece inútil, por fim, reacentuar como estas operações de abstração, longe de ofuscar a individualidade narrativa do escritor, permitem precisá-la também a respeito das fontes que parecem ter sido seguidas com bastante fidelidade. Basta-me remeter a tudo quanto foi assinalado acima, às pp. 131, nota 3; 136, nota 6; 135, nota 8; 136, nota 9; 154, nota 19; 155, nota 21; mas reservei para agora uma alusão à novela VI. Os esquemas traçados em 3.3 encontram seu significado na relação inversa entre posição social e predileção amorosa em A_1 e A_2; as passagens entre as fases do raconto são encaminhadas pela mulher para uma repetição ardilosamente calculada de comportamentos próprios das duas personagens: o medo indefeso (mesmo se o amante se chama Leonetto!) e a arrogância. Pois bem, nas fontes já estudadas[24] da novela, A_1 é o escudeiro de A_2, único e verdadeiro amante em plano estável; A_1, enviado como mensageiro de A_2, recebe os favores da mulher graças apenas a um abandono imprevisto. Falta pois a oposição entre amor escolhido e amor imposto, e falta a funcionalização, no momento da burla, da arrogância de A_2, nas fontes somente instrumentais. O mecanismo é análogo, mas as molas são completamente diversas: a esquematização enfatiza a renovação do tema por parte de Boccaccio.

Esta recondução à unidade analisada, inicialmente fracionada, pode ser vista como uma verificação experi-

23. Além do mais, na lógica das personagens (também para Matteo de Vendôme), a burla é apresentada como "argumento principal" da facilidade da traição. Lídia, aceitando fornecer a Pirro as três provas pedidas, "gli mandò dicendo che quello che egli aveva addimandato pienamente fornirebbe, e tosto; e oltre a ciò, per ciò che egli cosí savio reputava Nicostrato, disse che in presenza di lui con Pirro si sollazzerebbe e a Nicostrato farebbe credere che ciò non fosse vero", 31.

24. Cf. L. Di Francia, Alcune novelle del *Decameron* illustrate nelle fonti, *Giornale Storico della Letteratura Italiana*, XLIV, 1904, às pp. 80-94.

mental do "sistema dos sistemas" concebido pelos formalistas. Com efeito, deste modo se reaproximam e se reinserem, depois que os isolamos com escopo expositivo, sistemas de natureza diversa, que em seu conjunto constituem, por sua vez, um sistema, a obra literária. O que eu creio se deva rejeitar é a concepção de uma admirável harmonia preestabelecida entre os sistemas, digamos assim, de primeiro grau; a concepção de uma homogeneidade absoluta, que o crítico traz à luz, palpitando de alegria, *e* concluindo com um c.q.d. A harmonia pode também não estar presente, e sobre esta ausência tem sido para nós, e o é em geral, útil e instrutivo deter-se. Outras vezes a harmonia é propositadamente evitada, e é exatamente do contraste e do choque entre os sistemas que o artista tira seus efeitos. Não é este o caso de Boccaccio, ou pelo menos, o caso de nossas novelas, mas fica aqui, à espera de desenvolvimentos, esta alusão sugerida pelo método de trabalho apenas experimentado por nós.

5. COMICIDADE ESTRUTURAL NA NOVELA DE ALATIEL

1. Quem quisesse representar a história da crítica como uma corrida exaltante e desalentadora dentro de um tortuoso labirinto, poderia usar, entre infinitos exemplos, os estudos sobre a novela de Alatiel (*Decameron*, II-VII)[1]. Tomemos a protagonista: se para Hauvette ela é

---

[1] Sem pretensões bibliográficas completas, espero ter conseguido coletar uma gama bastante ampla de interpretações e apreciações sobre a novela de Alatiel. Citarei somente com o nome do autor as intervenções aqui arroladas: G. Almansi, *Lettura della novella di Alatiel*, Paragone, XXII, 1971, n. 252, pp. 26-40, depois in *L'estetica dell'osceno*, Turim, 1974, pp. 143-60; M. Baratto, *Realtà e stile nel Decameron*, Vicenza, 1970, pp. 96-101; U. Bosco, *Il "Decameron"*, Saggio, Rieti, 1929, pp. 95-97; F. Flora, *Storia della letteratura italiana*, I, Milão, 1959[11],

"l'image pitoyable de la fragilité féminine, représentée par une âme droite et pure, soucieuse de sa réputation, altérée de bonheur paisible et de fidélité conjugale, mais qui, tout en pleurant, s'abandonne à ses conquérants, parce que, au fond, elle aime l'amour", para Bosco é, ao contrário, uma personagem farsesca: "Alatiel, [que] chora ou imediatamente se consola, encara propósitos de honestidade ou os renega, se diverte com o jogo amoroso, ou inventa mentiras para enganar e ludibriar o crédulo pai, é, na melhor das hipóteses, criatura farsesca". Para Getto, Alatiel, "em sua forçada falta de colóquio e em seu periódico e alternado chorar e consolar-se de maneira totalmente fisiológica, vive como um alegre brinquedo nas mãos da fortuna e dos homens que progressivamente representam a fortuna"; ao contrário, Baratto diz que, "a personagem, símbolo da fragilidade humana, é também, graças à sua natural sensualidade, símbolo de resistência aos eventos". Mais ainda: para outros "a figura da mulher tem traços de herói: moralmente superior à fortuna inimiga, nunca invicta em seu ânimo" (Petronio) "tem um caráter temperado de forma a suportar com a coragem que será necessária a qualquer duelo que vier a travar com a sorte: preparada para o pior, mas decidida, também, a aproveitar-se do melhor" (Muscetta). Sobre um plano ainda diverso nos leva Almansi: "Alatiel não é 'uma mulher bonita'; é uma personagem sobre-humana, uma personagem mítica, ou, pelo menos, aparentada com um mito...; a incomunicabilidade... é um signo para indicar o isolamento de Alatiel devido à sua sobre-humanidade".

Não é maior o consenso sobre o esquema da novela. Ouçamos Bosco: "Todos estes homens que mecanicamente, com a regularidade de um pêndulo, logo que vêem Alatiel se apaixonam por ela e de súbito tramam possuí-la pela traição ou pelo assassínio, não são homens: mas fantoches fabricados em série, todos iguais, todos eles

p. 325; G. Getto, *Vita di forme e forme di vita nel Decameron*, Turim, 1966², pp. 96, 259-60; C. Grabher, *Giovanni Boccaccio*, Turim, 1941, pp. 147-48; H. Hauvette, *Boccace*, Paris, 1914, pp. 264-65; C. Muscetta, "Giovanni Boccaccio e i novellieri, in E. Cecchi e N. Sapegno, *Storia della letteratura italiana*, II, Milão, 1965, pp. 315-550, às pp. 394-97; G. Petronio, Commento a G. Boccaccio, *Il Decameron*, Turim, 1950, I, p. 242; N. Sapegno, *Il Trecento*, Milão, 1966³, p. 341. Cito o texto do *Decameron* da edição de V. Branca, Florença, 1960².

feitos de estopa, mesmo que as vicissitudes das quais são protagonistas variem um pouco (porém, demasiadamente pouco) umas das outras. A atenção não pode ser mantida desperta pelo tom que aqui é assumido por Boccaccio, de escrivão que lê em voz impassível a longa lista dos crimes de um réu". De modo análogo, Grabher considera a novela de Alatiel entre as "em que a Fortuna tem um papel preponderante", e em geral "há mais imaginação do que fantasia, antes mecânica combinação de casos — por vezes até uniformes demais — do que artística transfiguração da realidade". Antes, "outros impulsos que mesmo aqui [em nossa novela] se esboçavam, estão dominados pela mecânica sucessão e repetição de elementos casuais". E mesmo segundo Petronio "a maior parte das numerosas aventuras pelas quais passa Alatiel se sucedem sem relevo, com uma pontualidade mecânica e desbotada". É completamente diferente a apreciação de Getto, segundo a qual a nossa é "a novela mais ariostesca, por aquele seu sentido aberto e vivo, por aquele vasto espaço do Mediterrâneo onde se situa, e por aquele ritmo jocoso e folgazão de aventura pelo qual é acossada, uma aventura confiada à sorte caprichosa mais que à calculada iniciativa humana"; ou naquela de Baratto: "Não são tanto os dados e as personagens que contam, quanto o seu coordenar-se na trama de uma vida, seu aglomerar-se no ritmo paratático do raconto... É um ritmo de repetição, a veloz sucessão das relações, que atrai o narrador".

Mas qual é o sentido (ou a moral) da novela? Segundo Hauvette, ela "traduit avec une rare puissance la domination tyrannique de l'amour sur la vie humaine; c'est la tragédie de la beauté qui, pour être trop désirée, devient le jouet des passions les plus sauvages" (não diversamente, para Petronio "a novela é toda percorrida por um motivo sério ou absolutamente trágico, que Boccaccio já esclarece no proêmio ('quanto sventuratamente fosse bella') e sobre o que insiste mais adiante: 'la sua sventurata bellezza')". Almansi, ao contrário, com relação a sua interpretação da protagonista, afirma que "as mortes que se semeiam na desastrosa carreira erótica de Alatiel, não são mortes meramente dramáticas, ou compassíveis, mas mortes sacras, mortes pela fé". Para Muscetta, o nosso é "um raconto de educação alegremente paradoxal"; ao contrário, segundo Getto, "nesta novela será fácil discernir o anelo pela caprichosa variação da fortuna e pela contínua adaptabilidade a isso por parte da mulher (que, com efeito, ainda é motivo da temática única e inconfundível do saber viver, cara à fantasia de Boccaccio)"; para Baratto o significado da novela é "o irresistível impulso das forças da natureza que trazem a sabedoria, que constituem uma fonte de sorridente otimismo, contra o pessimismo originado pela pressão dos casos aventurosos".

Quanto às apreciações sintéticas, vai-se desde a verdadeira e própria crítica violenta de Bosco ("... o desejo e a preocupação de exceder-se são tão intensos, que nesta novela nem se chega a sentir aquela alegria do relato pelo relato, que torna agradáveis outras aventuras. É um tom, dizíamos, impassível, cinzento, sem ressonâncias, do qual emerge de vez em quando algo de vivo: a cena, simplesmente de terror, do louco que arrasta o corpo de Ciuriaci, ou a outra, transpirante de malícia, de Alatiel e do mercador que o pequeno leito convida a 'bolinar'. Cenas vivas, mas sua própria coexistência na mesma novela demonstra a falsidade fundamental desta última, a falta — nela — de um centro fantástico vital") até a etiqueta de "obra-prima" usada sem hesitações por Flora e por Muscetta.

Concluirei o rápido panorama com as definições conjuntas de Sapegno e de Flora; as mais próximas, como veremos, às sugeridas pela nossa análise.

Até a novela de Alatiel (II, VII), que foi julgada monótona, insípida e ambígua, entre o drama e a farsa, é viva, ao contrário, pelo menos para quem não pretenda sutilizar o caráter da heroína, mas queira entregar-se francamente ao moto diverso do raconto, àquele insurgir-se sempre igual e ao mesmo tempo diferente de paixões furiosas em torno do impassível ídolo de beleza: nem dever-se-á procurar, depois, uma situação trágica (como poder-se-ia ter, se Alatiel fosse representada, como não é, quase como uma criatura fatal, investida de um dom terrível, que provoca, à sua volta, o furor dos instintos, a luta violenta, a morte) e nem, somente, um pobre motivo farsesco, mas antes aquela superior ironia de Boccaccio, que é a própria forma de sua humana, mas mesmo e sempre realística, piedade (Sapegno).

Mais do que neste ou naquele sentimento humano, a novela de Alatiel consiste, no próprio sentido da aventura, na sucessão dos casos e em sua fatalidade ingênua. Porque Boccaccio não teve o propósito de fazer de Alatiel uma mulher que tivesse em si, no rosto e na alma, a consciência da beleza que incita os homens à conquista, passando por crimes atrozes; e nem pôs, nos homens, um movimento interior entre os polos do bem e do mal; quis contar os extremos visíveis e patentes de uma aventura porque o próprio caráter da aventura o inspirava em seu puro movimento (Flora).

Nestas páginas tentar-se-á alcançar uma interpretação que se utilize das vantagens oferecidas por uma leitura global do discurso narrativo, com respeito a destaques, por mais felizes que sejam, de detalhes considerados cada vez mais sintomáticos, ou à aceitação, nunca o suficientemente prudente, de afirmações programáticas do próprio autor.

2. O principal procedimento posto em ação na novela já pode ser evidenciado mediante uma análise da rubrica:

Il soldano di Babilonia ne manda una sua figliuola a marito al re del Garbo, la quale per diversi accidenti in spazio di quattro anni *alle mani di nove uomini* perviene in diversi luoghi: ultimamente, restituita al padre *per pulcella*, ne va al re del Garbo, come prima faceva, per moglie.

Se eliminarmos as palavras grifadas, obteremos um esquema típico de romance alexandrino[2]:

promessa de casamento — adversidades retardadoras — realização do casamento.

A narração das adversidades retardadoras implica habitualmente a manutenção, mesmo heróica, da fidelidade moral e física ao futuro cônjuge. A inovação decisiva de Boccaccio[3] com relação ao esquema adotado está no fato de que Alatiel não só defende muito tibiamente sua pudicícia, mas se abandona de bom grado aos braços dos muitos homens que a conquistam, e apesar disso chega às núpcias longamente adiadas como sendo *donzela*.

2. Eis como o descreve B. La(vagnini) na *Enciclopedia Italiana*, vol. XXX, p. 78f: "as vicissitudes de um par de amantes que, separados por infinitas peripécias, causadas ora pela vontade dos homens, ora pelo capricho ou pela perseguição da fortuna, conseguem se manter reciprocamente fiéis, superando as mais ásperas provações, e vêem-se por fim, além de toda esperança, reunidos".
3. Sublinha-o com bastante eficácia V. Chklóvski, *Lettura dell "Decameron"* (1961), Bolonha, 1969, pp. 222-24. A natureza paródica de nossa novela já fora proclamada por Chklóvski in *Una teoria della prosa* (1929), Bari, 1966, pp. 58-59, não obstante, por má ou apressada informação, acreditasse na manutenção da castidade por parte de Alatiel!

Deduzem-se, de imediato, duas conseqüências de tal desenvolvimento da trama: 1) que a série de adversidades vem traçar, em lugar da linha contínua da manutenção da fidelidade, uma linha tracejada pelos sucessivos acasalamentos, conclusão constante das próprias adversidades; 2) que o retorno final ao pai e ao noivo prometido ergue um dossel de alegre trapalhada sobre o casamento que, via de regra, sela a constância e a fidelidade do ou da protagonista.

Estas duas conseqüências situam decididamente a novela no campo cômico. A comicidade do contraste entre vicissitudes trágicas e conclusões eróticas; a comicidade do contraste entre um longo parêntese, sejam quais forem os atenuantes, de dissipações e a apoteose final com o coramento matrimonial; a comicidade do contraste entre a não-voluntariedade e a fruição efetiva dos prazeres. São estas as coordenadas dentro das quais, e somente dentro das quais, a meu ver, se pode tentar uma interpretação da novela.

3. Colocada esta inversão do romance alexandrino, a perda da virgindade não podia permanecer, para Alatiel, como um episódio entre os tantos acontecidos em suas adversidades. A reviravolta devia ser sistematizada, dando a todas as adversidades de Alatiel uma conclusão erótica: cada novo abraço é um incremento de comicidade para a conclusiva restituição de Alatiel *pulcella;* e é sempre mais agradável, quanto mais evidenciado for o mecanismo repetidor[4], com relação ao início dramático ou genuinamente trágico de cada nova seqüência. Característica deste mecanismo repetidor é, portanto, a substancial afinidade das seqüências; mas também a valorização dos efeitos numéricos ("essa che con otto uomini forse diecimilia volte giaciuta era", 121). O mecanismo efetua este simples esquema:

A apodera-se de Alatiel
A torna-se seu amante
(*A* morre por obra de *B*)
B apodera-se de Alatiel
B torna-se seu amante
(*B* morre por obra de *C*)
e assim por diante, para *C*, *D* etc.

4. Chklóvski, *Una teoria della prosa*, cit., p. 95, falaria de enredo em "enfiada'" (mas não faz referências à novela).

As únicas mudanças no esquema concernem à função colocada entre parênteses: *B* de fato não chega a matar *A* na passagem de Alatiel do marinheiro genovês ao Príncipe de Moréia (45) e do Duque de Atenas a Costanzio (73); e *A* morre sem a intervenção de *B* nos casos onde Osbech é substituído por Antíoco (79-80) e de Antíoco pelo mercador cipriota (83-86).

Num tal mecanismo iterativo, o número é indiferente, contanto que seja alto. É curiosa, a este propósito, a divergência entre a rubrica, que fala de nove homens, e o parágrafo 121, que cita somente oito. Ela nasce com certeza do episódio que sucede ao assassinato de Marato (40-41): o marinheiro que ficou com vida após o embate sangrento com o irmão, antes cúmplice, está ferido tão gravemente que não pode gozar da mulher conquistada (42-44). Tão exata é pois a rubrica, que fala de "pervenire alle mani", incluindo o marinheiro, quanto o parágrafo 121, que fala em "giacere con", e portanto o exclui. Compare-se enfim o parágrafo 7, onde se fala em "fare nuove nozze da (= "circa") nove volte".

No sistema de expectativas de um romance de tipo alexandrino, a curiosidade é canalizada em direção de como o/a protagonista saberá sair ileso de cada nova adversidade. Ao contrário, no esquema renovado por Boccaccio, a expectativa é logo orientada (o elemento repetitivo é logo deduzido) para a inevitável conclusão erótica de cada seqüência; a curiosidade pelo êxito pode ser substituída por uma atenção mais descansada, mesmo se desempenhada, para as vicissitudes, que são de fato desenvolvidas em amplitude e variedade de detalhes. Deste modo, Boccaccio funcionalizou narrativas trágicas nos termos da comicidade do conjunto. Porque as vicissitudes dramáticas se sobrepõem, muitas vezes, à estória pessoal de Alatiel (que logo se revela insubmergível), tornando, em seguida, mais cômico (com a distensão que isso implica) sua conclusão final "debaixo dos lençóis" (80).

Portanto, quanto à contradição entre estes reiterados acasalamentos e o anterior compromisso matrimonial, ela é mantida viva e amplificada pela freqüente aproximação, ou até, pelo ingresso das aventuras em área matrimonial: "diliberò... di volerla per moglie", 21; "non a guisa d'amica, ma di sua propria moglie la trattava", 46; "sua moglie la fece, e celebrò le nozze, e con lei si giacque piú mesi lieto", 77; "disse che era sua moglie", 88; ou, mais ironicamente, por expressões como "fare nuove nozze da nove volte", 7; "fecero parentado", 89 (usada somente aqui; cf., apenas, com Branca: "faccendola parente di messer Domenedio", VIII, II, 38).

4. Boccaccio fez corresponder ao esquema iterativo da ação uma espécie de passiva sensualidade por parte da mulher. Uma vez iniciada nos prazeres do amor, ela sofre forçosmente as várias "mudanças de proprietário"; pois se acomoda de bom grado aos prazeres que, de qualquer maneira, lhe são oferecidos por cada nova situação. Passando de ingênua a ingênua fingida, Alatiel continua sendo vítima de sua sorte (ou de sua beleza). O divertimento do leitor está em verificar que a tantas adversidades se misturam especiarias tão saborosas.

Mas o grande achado do novelista é o de ter tornado Alatiel praticamente muda, considerada a diferença de língua entre ela e seus raptores ("sí come a colei alla quale parecchi anni a guisa quasi di sorda e di mutola era convenuta vivere, per lo non aver persona inteso, né essa essere stata intesa da persona", 80). Pode parecer contraditório que ela venha depois a falar, com amplos e bem calibrados discursos, a partir do encontro com Antígono. No entanto isto também entra num plano rigoroso, que pode ser sintetizado da seguinte forma:

(incomunicabilidade + perda da individualidade): contatos carnais = (comunicabilidade + manutenção da individualidade): castidade.

O "mutismo" faz com que para Alatiel, descobertos os segredos do sexo, o acasalamento seja a única forma de linguagem. Jogada de um homem para o outro, Alatiel não pode se exprimir, não pode, sobretudo, invocar compaixão (note-se a insistência no tema da solidão: "strignendola necessità di consiglio, per ciò che quivi tutta sola si vedeva", 16; "sí come a colei che quivi sola senza aiuto o consiglio d'alcun si vedea", 43). Daí o reflexo quase pavloviano que a leva a encontrar no abraço, o conforto que de outra forma não poderia obter ("la donna amaramente e della sua prima sciagura e di questa vicenda *si dolfe* molto; ma Marato, col santo Cresci in man che Iddio ci diè, *la cominciò* per sí fatta maniera *a consolare*" etc., 37; "piú giorni la bella donna *pianse la sua disav-*

ventura, ma pur poi da Constanzio *riconfortata*, come l'altre volte fatto s'avea, s'incominciò a prendere piacere di ciò che la fortuna avanti l'apparecchiava", 75).

Além de privá-la da comunicabilidade, o "mutismo" priva Alatiel também de sua individualidade, generalizando um propósito comedido de reserva formulado por ela mesma no início da aventura: "alle sue femine, che piú che tre rimase non le erano, comandò che ad alcuna persona mai manifestassero chi fossero, salvo se in parte si trovassero dove aiuto manifesto alla lor libertà conoscessero", 24. Pericone pensa "costei dovere essere gran gentil donna", 20; o príncipe de Moréia, "vedendola oltre alla bellezza ornata di costumi reali, non potendo altramenti saper chi ella si fosse, nobile donna dovere essere l'estimò", 46. E o mistério de sua nobreza vem a colocar-se como um constituinte não secundário de seu fascínio (cf. 22, 46).

Mas estes dois dados posicionais, "mutismo" e perda da individualidade, conspiram para a "coisificação"[5] de Alatiel, beleza silenciosa como que caída de outro mundo. Boccaccio insiste oportunamente nesta "coisificação": "convennersi di fare l'acquisto di questo amor comune, quasi amore cosí questo dovesse patire, come la mercatantia o i guadagni fanno", 39; "lei sí come maravigliosa *cosa* guardava", 50; "appena seco poteva credere lei essere *cosa* mortale", 50; "sí bella *cosa* avendo al suo piacere", 51; "mai sí bella *cosa* non aver veduta", 67; "per avere una cosí bella *cosa*", 67 etc. Citarei, para confirmar a relação entre "mutismo" e "coisificação", uma frase da novela de Gentile de Garisendi: "Messere, bella *cosa* è questa vostra, ma ella me ne par mutola", X, IV, 34[6]; ao passo que para a relação entre mutismo (fictício) e atividades eróticas vem logo à lembrança Masetto de Lamporecchio (III, I), com todo seu cortejo de fontes e narrações afins.

Agora é evidente o motivo da nítida bipartição entre Alatiel "muda" e Alatiel falante: a sua "tomada da palavra" é um retorno à sua individualidade real, que além do mais transforma o estado incógnito do qual acabou de sair numa cortina opaca sobre seus, mesmo que invo-

---

5. Cf. com as observações de Muscetta à página 394.
6. O sistema individuado, além do uso do *Decameron*, excluem uma interpretação estilo-novística de *cosa* ("... e par che sia una *cosa* venuta / di cielo in terra a miracol mostrare...").

luntários, deslizes amorosos (Antígono explicita: "Maddona, poi che occulto è stato ne' vostri infortuni chi voi siete, senza fallo piú cara che mai vi renderò al vostro padre, e appresso per moglie al re del Garbo", 101). Não é por acaso, apesar dos últimos dois amantes (Antíoco e o mercador) conhecerem a língua de Alatiel, que nenhuma palavra é atribuída ainda por Boccaccio à mulher (ao passo que Antíoco faz um belo discurso direto, 83-85).

A bipartição explica também a atitude diversa do autor para com a protagonista. Desde o início da prisão em Pericone (8-25) e a partir do encontro com Antíoco (90-120)[7], Alatiel é personagem nobre, sendo encoberta pelo estilo que lhe compete segundo a convenção retórica: decisão autônoma, gestos dignos, discursos sapientes. É ao longo do demorado parêntese de suas aventuras, ao contrário, que Boccaccio toma a liberdade de tratá-la com estilo medíocre, e muitas vezes com a malícia dos duplos sentidos: "non avendo mai davanti saputo con che corno gli uomini cozzano", 39; "col santo Cresci in man che Iddio ci diè", 37; "quasi da iguale appetito tirati, cominciatisi a stuzzicare insieme... insieme fecero parentado", 89. Resolve-se, portanto, no plano estrutural e estilístico, o que os críticos, muitas vezes, apontaram como uma incongruência psicológica.

5. Pode-se agora passar mais facilmente aos segundos elementos da "proporção" individuada no parágrafo anterior, isto é, à oposição entre contatos carnais e castidade. O núcleo da novela é um grande *enclave* entre uma saga matrimonial, com base no esquema apresentado no início deste artigo:

> promessa de casamento — adversidades retardadoras — realização do casamento.

Tal esquema pode ser considerado dentro deste sistema de possibilidades:

castidade { manutenção da castidade ⟶ casamento
contatos carnais

7. Não é por acaso, pois que Alatiel é chamada pelo nome somente nos dois setores iniciais e finais (comas 9 e 95).

onde naturalmente os contatos carnais, além de estarem em contradição com um protagonista ideal, deveriam excluir *ipso facto* a possibilidade do final feliz (casamento). Integrando os dois esquemas, obter-se-á:

{1. castidade
2. promessa de casamento}
{3. manutenção da castidade
4. adversidades retardadoras
5. contatos carnais}
6. casamento

em que a sucessão 1, 2; 3, 4; 6 é a normal na convenção romanesca; ao passo que é evidentemente inaceitável, sempre dentro de tal convenção, a sucessão 1, 2; 4, 5; 6 (6, que implica 3, exclui seu oposto 5). Alatiel se apropria do esquema 1, 2; 3, 4, cujos dois momentos são representados pela sua "orazion picciola" às companheiras de desventura ("sommamente confortandole a conservare la loro castità, affermando sé aver seco proposto che mai di lei se non il suo marito goderebbe", 24) ainda sincera e, em forma de disfarce verbal[8], pela narração sublimada de suas vicissitudes feita no final ao pai e confirmada por Antígono exatamente pelo argumento castidade ("quanto quegli gentili uomini e donne, colli quali venne, dicessero della onesta vita la quale con le religiose donne aveva tenuta e della sua virtú e de' suoi laudevoli costumi", 117; "Voi vi potete vantare d'avere la piú bella figliuola e la piú onesta e la piú valorosa che altro signore che oggi corona porti", 118). Desse modo Alatiel pode atingir a terceira fase, 6.

A oposição manutenção da castidade/contatos carnais é, portanto, neutralizada por Alatiel com seu discurso mentiroso, que culmina na alusão ao culto por ela prestado durante tantos anos de ausência, em terra estranha, a "San Cresci in Valcava, a cui le femine di quel paese voglion molto bene", 109. Esta neutralização é decisiva para a interpretação da novela em seu conjunto: Alatiel torna seu, num contexto estilisticamente elevado, o duplo sentido burlesco de Boccaccio, e com isto endossa a óptica maliciosa com a qual ele observou as vicissitudes dela.

A novela revela-se, portanto, como uma das muitas do *Decameron*, baseadas num logro (categoria mais am-

8. A expressão é de T. Todorov, *Grammaine du Décameron*, Haia-Paris, 1969, p. 36.

pla da burla, pois que inclui a defesa desleal de seu próprio interesse, mas exclui a animosidade para com o noivo prometido). Nestas novelas, o divertimento é produto do uso do comutador Verdadeiro/Falso[9]. Isto é, uma parte das personagens (o Sultão e o Rei do Garbo) acredita que a estória de Alatiel realize o esquema 1, 2; 3, 4 e portanto acha natural que se conclua com a fase 6; ao contrário, o leitor, por trás da protagonista, de Antígono e do escritor, sabe que o esquema efetivo é 1, 2; 4, 5, e é patente que, apesar disso, a novela se conclua com a fase 6. Em outras palavras, o jogo está em instituir, entre 5 e 6, uma relação de inclusão em vez de exclusão.

Este jogo é posto em ação (como é típico de Boccaccio) com a arte da palavra. A astúcia à qual Alatiel não pôde recorrer para defender sua castidade dirige, ao contrário, a palavra dela no sentido de demonstrar justamente que passou quatro anos numa vida santa e incontaminada. Suas palavras — e as do cúmplice Antígono — evocam e impõem uma realidade mais honrada e gratificante do que a fatual, que acaba anulada. Este uso ilusionístico da palavra, mesmo se comum, antes peculiar, na narrativa de Boccaccio, é um elemento funcional do sistema desta novela. Compare-se de fato a "proporção" indicada no § 4 com o esquema caracterizado no presente parágrafo. Se for verdade que

(incomunicabilidade + perda da individualidade) : contatos carnais = (comunicabilidade + manutenção da individualidade) : castidade,

no esquema da página (166) os pontos 1, 2 e 6 pertencem ao segundo membro da proporção; o binômio 4, 5, que pertence, ao contrário, ao primeiro membro da proporção, é transferido para o segundo (transformando-se em 3, 4), mediante permutação dos primeiros elementos: incomunicabilidade ~ comunicabilidade, perda da individualidade ~ manutenção da individualidade. A recuperação à palavra e do estado civil repercutem retroativamente nas adversidades retardadoras, substituindo o elemento paralelo pelo seu oposto (contatos carnais → manutenção da castidade).

9. Alusões mais extensas no Cap. 4, § 4.2, pp. 152-159.

6. A interpretação "trágica" da novela tem uma base bastante fraca no prólogo. O prólogo é sisudo, antes — solene (parece), mas justamente por isso deveria infundir suspeitas: prólogos empenhados, por vezes até no plano teológico (lembrarei I, 1), servem, muitas vezes, a Boccaccio para contrabandear argumentos em algum sentido audazes, desfrutando no entanto, no plano artístico, da comicidade provocada pelo deslizamento de um tom inicialmente elevado ao desabuso do raconto que segue.

Mais significativas, em nosso caso, as graciosas considerações finais:

> Ed essa che con otto uomini forse diecimilia volte giaciuta era, allato a lui si coricò per pulcella, e fecegliele credere che cosí fosse; e reina con lui lietamente poi piú tempo visse. E perciò si disse: "Bocca basciata non perde ventura, anzi rinnuova come fa la luna" (121-22)

seja pelo tipo da moral canalizada através do provérbio, seja pelo sublinhamento do logro para com o rei do Garbo e da felicidade régia desta, embora involuntária, heroína do sexo, seja, acima de tudo, pela enfatização do elemento erótico, efetuada, ainda, com instrumentos numéricos (a impossibilidade da cifra de 10.000 amplexos é uma confirmação da função qualificante, para os fins narrativos, dos próprios abraços).

Não menos sintomáticas são as reações das ouvintes:

> Sospirato fu molto dalle donne per li vari casi della bella donna: ma chi sa che cagione moveva que' sospiti? forse v'eran di quelle che non meno per vaghezza di cosí spesse nozze che per pietà di colei sospiravano (II, VIII, 2),

onde os substantivos contrapostos (*vaghezza... pietà*) e os meios da contraposição (*non meno... che*) representam muito bem as relações ponderais entre os elementos erótico (com comprazida participação dos ouvintes) e o patético (onde a participação não pode ir além da compaixão).

Mas o prólogo é mesmo tão solene como parece? Creio que ele não seja destituído de malícia. A afirmação que

> se dirittamente oprar volessimo, a quello prendere e possedere ci dovremmo disporre che Colui ci donasse, il quale sol ciò che ci fa bisogno conosce e puolci dare (6).

173

invoca, não só formalmente, a metáfora do "Santo Cresci in man che Iddio ci diè" (37); isto, portanto, nos deu "Colui... il quale sol ciò che ci fa bisogno conosce"; nem parece muito eficaz quem, querendo pregar contra a beleza feminna, conte "quanto sventuratamente fosse bella una saracina, alla quale in forse quattro anni avvenne per la sua bellezza di fare nuove nozze da nove volte" (7), onde o advérbio *sventuratamente* não é de outra maneira ilustrado a não ser com "fare nuove nozze da nove volte".

7. A interpretação de uma obra de arte pode ser considerada, pelo menos no estado dos fatos, válida, quanto mais exaustivamente ela permita explicar seus elementos constitutivos. A presente descrição estrutural, como é próprio do método, fundamenta-se numa análise global de suas articulações narrativas e de suas funções. Isto posto, se uma parte das interpretações precedentes deve ser considerada superada (por exemplo aquelas que não entendem o valor rítmico e cômico do esquema repetitivo) há outras que podem ser recuperadas, mesmo que sua ordem de perspectiva seja mudada com relação ao texto.

Quem lembra, por exemplo, a influência da fortuna ou da natureza (e portanto também do sexo) sobre as vicissitudes narradas nesta novela, está se referindo sem dúvida a elementos constitutivos da ideologia boccacciana. É pois fatal a presença destes elementos também em II, VII: exceto que, se nossa interpretação for exata, não é sobre tais elementos que se move o raconto. Outras vezes as observações dos críticos precedentes são sustentáveis contanto que subordinadas ao esquema ora evidenciado. Aludo, por exemplo, aos detalhes trágicos (Getto chega a escrever que o assassinato do príncipe de Moréia constitui uma "cena soberba", que poderia caber muito bem em algum autor elisabetano ou, quiçá, até em Shakespeare)[10]: estes detalhes são incontestáveis, mas com uma função localizada precisamente. Vítimas da tragédia, são personagens que entram sucessivamente em cena, para serem logo levadas embora (cadáveres) sem oferecer ao leitor tempo e motivo para se identificar com eles;

10. Cf. Russo, Il senso del tragico nel "Decamerone", *Filologia e litteratura*, XI, 1965, pp. 29-83, às pp. 55-58.

comparsas, em suma, dos quais logo se perde a lembrança. Única protagonista é Alatiel; e para ela cada drama se resolve com um novo abraço, e relativa troca de amante, ou marido. A conclusão erótico-burlesca que coroa infalivelmente cada uma das seqüências impede o uso do termo "tragédia", qualquer que seja a poética a que queiramos referirmos, e dá razão a Sapegno, quando fala de "superior ironia".

É de valor ainda mais amplo, e indiscutível, a importância do tema "viagem por mar", não só por sua segura pertinência ao esquema do romance alexandrino. Almansi escreve que "o grupo mar/vento na novela de Alatiel, e apenas nessa novela, forma um nó simbólico, ou melhor um emaranhado simbólico, necessariamente insolúvel, não parafraseável, fechado na rede da própria sugestiva alusividade". Não manterei porém o paralelismo "de paixões marinhas e de paixões humanas, de elementos desencadeados e instintos desenfreados, de vôos e de orgasmos": a única tempestade da novela precede a série de acasalamentos e de mortes que forma sua trama; não há pois paralelismo porém, eventualmente antecipação, simbólica[11] (ou antes, por um tipo de hermenêutica menos ambiciosa, expediente narrativo de bom rendimento).

Penso que a insistência de Boccaccio em viagens e fugas por mar dependa de um preciso cálculo artístico: compensar a concentração temporal das vicissitudes com uma dispersão espacial. Procedimento concomitante com todos aqueles que visam conservar Alatiel num precário mas durável equilíbrio entre ingenuidade e cálculo, involuntariedade e condescendência. Cada mudança de cenário geográfico, social e paisagístico, constitui uma ruptura distanciante e quase desmentidora com respeito aos decursos precedentes: tanto é verdade que o retorno final à pátria fará zerar viagens, desventuras e experiências eróticas. Como se os quatro anos não tivessem transcorrido; como se o mar houvesse se fechado sobre eles, além de sobre um longo sulco de milhares de léguas.

---

11. Seria de fato possível ver no episódio do naufrágio uma espécie de prefiguração bastante detalhada: os homens, ativos e ferozes ("quantunque quelli che prima nel pariscalmo eran discesi colle coltella in mano il contraddicessero") em sua desesperada ânsia de salvação, morrem todos ("credendosi la morte fuggire, in quella incapparono"), ao passo que Alatiel se salva tendo permanecido, sem forças no navio, que "velocissimamente" corria ao sabor do vento.

6. ANÁLISE CONCEPTUAL DA I ÉGLOGA DE GARCILASO

0. Um texto como a I égloga de Garcilaso desafia o crítico com sua perfeição[1]. Uma perfeição tão evidentemente substanciada por elementos culturais (o gênero

1. Bibliografia essencial: A. A. Parker, "Theme and Imagery in Garcilaso's First Eclogue", in *Bullettin of Spanish Studies*, XXV, 1948, pp. 222-227; M. Arce, La Égloga I de Garcilaso, *La Torre*, I, 1953, n. 2, pp. 31-68; E. L. Rivers, Las églogas de Garcilaso. Ensayo de una trayectoria espiritual, *Atenea*, CLI, 1963, pp. 54-64; R. Lapesa, *La trayectoria poética de Garcilaso*, Madrid, 1968², pp. 130-47. Para o texto, cito Garcilaso de la Vega, *Obras completas*, ed. de E. L. Rivers, Madrid, 1964. A *editio minor* (*Poesías castellanas completas*, Madrid, 1969) tem a vantagem de numerar as estrofes (usarei números romanos), mas modernizo a grafia. Para a reconstrução filológica do texto deu, pois, sua contribuição A. Blecua, *En el texto de Garcilaso*, Madrid, 1970, pp. 115-47.

bucólico, desde os modelos latinos até as maiores realizações renascentistas; a linguagem petrarquiana em acepção hispânica, com pressentimentos maneirísticos), deve constituir um convite a uma análise comparativa, a uma pesquisa erudita de fontes e de *écarts* das próprias fontes. Estas, de outro modo, utilíssimas buscas, já começadas pelos eruditos do século XVI[2], arriscam produzir, no momento da avaliação crítica, observações isoladas e heterogêneas, apreciações não reportáveis a um desenho unitário. Não menos perigoso, porém, seria prescindir das raízes literárias de Garcilaso, e interpretar sua obra com base em módulos alheios às suas concepções culturais.

É evidente, e desejada, a geometria da I égloga; é também evidente que os dois lamentos que a preenchem em quase sua totalidade estão dispostos lado a lado como em um díptico, no qual se realiza uma série bem calculada de afinidades e dessemelhanças. Os materiais empregados por Garcilaso em toda a égloga, em sua maioria lugares-comuns, se encontram muitas vezes nos lamentos dos dois pastores, mas com funções diversas, por vezes opostas. Isto é, verifica-se que o poeta quinhentista, trabalhando sobre um repertório estilístico, lingüístico e temático rigorosamente fechado, consegue se exprimir com originalidade, ou pronunciando com acentos pessoais o lugar-comum, ou conformando-o sutilmente à função que deve desenvolver numa determinada parte do texto.

Na análise subseqüente, procurei justamente caracterizar, sob as estrofes atribuídas aos dois pastores (que desenvolvem temas tradicionais — o amante abandonado e aquele cuja amante morreu — mediante acumulação de formas e *topoi* não menos canônicos — interrogações retóricas e *adynata*, apóstrofes e *ubi sunt*?, contraposições e personificações), a linha conceptual seguida por Garcilaso com insuperável maestria. É uma linha que se desenvolve entre oposições sêmicas de validade geral, mas de minha parte conservei a disposição que lhes foi conferida no sistema ideológico petrarquiano, porquanto só ele justifica o valor que assumiram em Garcilaso.

O esforço para evidenciar, através dos lexemas, os sememas e o sistema sêmico subjacentes ao discurso de-

---

2. Os comentários de Brocense, de Fernando de Herrera, de Tamayo de Vargas e de Azara foram recolhidos por A. Gallego Morell, *Garcilaso de la Vega y sus comentaristas*, Granada, 1972[2].

senvolvido por Garcilaso na I égloga, poderia naturalmente estender-se às outras obras de Garcilaso ou de poetas contemporâneos. Mas não é isto que se teve em mira. A tese que este capítulo procura desenvolver e demonstrar é que a estrutura da égloga é sustentada por uma combinação de tensões direcionais opostas: o ciclo diurno do sol é, na parte narrativa, o símbolo; na lírica, a metáfora. E é em torno desta metáfora, usada de maneira antinômica pelos dois pastores desditosos, que foram ordenados os pares opositivos de conceitos que dominam o texto. As tensões direcionais, em suma, polarizam o campo sêmico do texto, e desse modo o individualizam.

1.1. A I égloga de Garcilaso se compõe de 30 estrofes, todas elas de esquema A11 B11 C11 B11 A11 C11 c7 d7 d7 E11 E11 F11 e7 F11[3]. A distribuição das estrofes realiza uma geometria rigorosa[4]:

Dedicatória	estrofes I-III (vv. 1-42)
Narração	estrofe IV (vv. 43-56)
Lamento de Salicio	estrofes V-XVI (vv. 57-224)
Narração	estrofe XVII (vv. 225-238)
Lamento de Nemoroso	estrofes XVIII-XXIX (vv. 239-407)
Narração	estrofe XXX (vv. 408-421).

Temos, portanto, três estrofes de dedicatória, três de narração e duas partes líricas de 12 estrofes, isto é, de múltiplos de 3[5].

3. Somente a estrofe XX, com um verso a mais, muda o esquema (A11 B11 C11 B11 A11 C11 c7 d7 E11 E11 F11 G11 f7 G11). Uma outra irregularidade poderia ser atribuída aos antigos editores. O verso 263, setenário na edição de 1549 e na de Rivers, é endecassílabo, como requer o esquema, em outros textos ("más convenible fuera aquesa suerte"): cf. Blecua, *En el texto de Garcilaso* cit., pp. 120-21. Lapesa, *La trayectoria poética de Garcilaso* cit., p. 142 e nota 172, defende a infração.
4. Semelhante àquela da VIII égloga de Virgílio na tradução de Juan de la Encina, que cito de *Cancionero de Juan de la Encina*. Primera Edición, 1946. Publ. em fac-símile pela R. Academia Española, Madrid, 1928, cc. xlii-xlv, e que Garcilaso deve ter tido presente (cf., além disso, notas 12 e 13). A distribuição é esta: Argumento, est. I; Dedicatória, est. II-IV; Narração, est. V; Lamento de Damón, est. VI-XIV; Narração, est. XV; Lamento de Alfesibeo, est. XVI-XXV. As estrofes, todas formadas de otonários, são um mesmo esquema a b c a b c c d e c d e, com refrão nos lamentos (x y y).
5. Cf. com o esquema de Arce, *La égloga primera de Garci-*

1.2. A Dedicatória é bem coordenada com o conteúdo da égloga, através de vários procedimentos: 1. ela inicia com o "argumento" (1-6), de modo que nomeia de imediato os dois pastores, e com termos então recorrentes na Narração ("cantar" 4, cf. "canto" 49; "dulce lamentar... sus quexas" I, 3, cf. "se quexava tan dulce[mente]" 53), ou com imagens que retornarão nos dois lamentos ("cuias ovejas al cantar sabroso | Estavan muy atentas, los amores, | De pacer olvidadas, escuchando", 4-6, cf. "las fieras... dexan el sossegado | Sueño por escuchar mi llanto triste", 203-6). E termina com o convite: "escucha tú el cantar de mis pastores", 42. 2. Mostra ligações internas com o "argumento" ("atentas" 5, cf. "atento", 10). 3. Contém chamadas verbais e temáticas aos lamentos: o tema da caça (17-20), em seguida no lamento de Nemoroso (380, 389-91), a imagem da *yedra* (38), que volta no lamento de Salicio (135-36).

1.3. São mais densos os nexos entre as partes narrativas e os lamentos: 1. O *locus amoenus*, com a *agua clara* que atravessa o "fresco y verde prado" entre a "verdura" (46-48) é descrito, não só pelo poeta, como por Salicio: "Ves aquí un prado lleno de verdura... | ves aquí un agua clara" (216-18, e também: "en esta agua que corre clara y pura", 178), e é invocado como testemunha por Nemoroso: "Corrientes aguas puras... Verde prado de fresca sombra lleno" (239-41). 2. O riacho que atravessa o prado encaminha a metáfora do regato de lágrimas, à qual se refere Salicio no verso final das estrofes de seu lamento ("Salid sin duelo, lágrimas, corriendo", 70, 84, 98, 112 etc.), se desenvolve na estrofe narrativa intermédia (XVII): "soltó de llanto una profunda vena" (227), e retomada por Nemoroso: "Yo hago con mis ojos | Crecer, lloviendo, el fruto miserable" (309). 3. Enfim, é ao murmúrio do riacho que Salicio procura afinar o ritmo de seu canto: "él, con canto acordado | Al rumor que sonava | Del agua que passava, | Se quexava..." (49-52).

Outros elementos conectivos: "el monte", o "altíssimo monte" das estrofes narrativas (46, 228, 417) e o

---

laso cit., pp. 34-35. Belas páginas as de A. Prieto, *Ensayo semiológico de sistemas literarios*, Barcelona, 1972, pp. 171-75, onde se desenvolve a descrição dos dois lamentos como canções "em vida" e "em morte", por um petrarquismo revivido.

"ganado" (ou as "ovejas") citados na Dedicatória (4) e na conclusão (420), mas naturalmente também, e muitas vezes, nos lamentos.

1. 4. A primeira e a última das três estrofes narrativas comensuram a duração dos lamentos ao percurso do sol desde a alvorada até o ocaso. Confronte-se (estrofe IV):

> Saliendo de las ondas encendido,
> rayava de los montes el altura
> el sol... (43-45).

com (estrofe XXX):

> Nunca pusieran fin al triste lloro
> ....
> si mirando las nuves coloradas,
> al tramontar del sol bordadas[6] d'oro,
> no vieran que era ya passado el día (408-13).

Um procedimento que tem precedentes no gênero bucólico[7], mas aqui valorizado metaforicamente. Por ora, basta notar que o ciclo diurno do sol constitui um correlato do tempo poético, ao passo que o murmúrio do riacho (1.3) constitui um correlato do ritmo poético.

2.1. Os lamentos dos pastores, do mesmo comprimento e com o mesmo número de estrofes, são diferenciados do ponto de vista formal. No de Silicio todas as estrofes, menos a última, terminam com o mesmo verso ("Salid sin duelo, lágrimas, corriendo"), com função de refrão; por conseqüência (veja-se o esquema em 1.1), o antepenúltimo verso é de rima fixa -*iendo*. No lamento de Nemoroso, o verso final muda sempre.

Os dois pastores pranteiam a separação de suas amadas. Separação que tem causas diversas: Galatéia abandonou

---

6. A ser corrigido por *orladas* segundo Blecua, *En el texto de Garcilaso*, cit., pp. 132-35.
7. Cf., por exemplo, nas églogas de Virgílio, o ocaso em conclusão da I (82-83), da II (67-68) e da X (77); a VIII, que Garcilaso tem particularmente presente, inicia a narrativa com a descrição da alvorada (14-16). Inovação de Garcilaso com respeito ao modelo, a descrição simétrica de alvorada e de ocaso.

Salicio para unir-se a outro pastor, Elissa morreu. Segue-se daí uma motivação diferente do desejo de morte, expresso pelos dois pastores: Salicio quer abandonar o mundo no qual Galatéia não mais lhe pertence, Nemoroso deseja reunir-se a Elissa no além.

Sintomático é o exame das palavras *muerte, morir* no lamento de Salicio. Elas se referem sempre a Salicio, e estão situadas, com vários procedimentos gramaticais, num futuro próximo. Usadas no significado mais comum, estão muitas vezes em contraposição com *vida* ("Estoy *muriendo*, y aun la *vida* temo" (60); Y tú, desta mi *vida* ya olvidada, | Sin mostrar un pequeño sentimiento | De que por ti Salicio triste *muera*" (85-87); além do mais: "causar la muerte d'un estrecho amigo" (94); "yo estoy muriendo" (96); "mi morir" (202)). A morte iminente do pastor depende da perda de positividade de *vida* e *bivir* uma vez despojada do único valor que tinha para ele, o amor de Galatéia: "aun la *vida* temo; | Témola con razón, pues tú me dexas, | Que *no hay sin ti el bivir para qué sea*" (60-62). Portanto, o cantor se encontra entre dois pólos, vida-morte, e tende para o segundo pela perda de atração por parte do primeiro, ao qual estava ligado através do amor por Galatéia. Assim[8]:

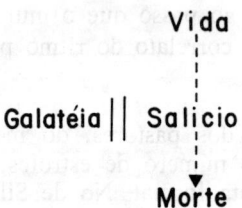

Vida

Galatéia || Salicio

Morte

No lamento de Nemoroso, *muerte*, quando não é hipóstase e antagonista (340, 344), se refere por duas vezes à amante (293, 393). Sua contraposição à *vida* implica o destino diverso dos dois amantes. A *vida*, de fato, é sempre a de Nemoroso, e a ela são ligados atributos de tristeza: "los agudos filos de la muerte [de Elissa]... los cansados años de mi *vida*" 262-264; "a la pessada *vida* y enojosa" 293. A oposição vida-morte é portanto, também, oposição entre dois destinos: Elissa passou ao

---

8. Nos esquemas gráficos do capítulo uso dois únicos signos: a dupla barra vertical (||) para a separação, a flecha para os movimentos. A flecha é tracejada, para movimentos ainda a serem realizados.

segundo pólo, enquanto Nemoroso ainda está, contra sua própria vontade, sobre o primeiro.

Para Nemoroso a vida agora é um peso, uma fadiga; o que lhe dava algum valor veio a faltar, como para Salicio, mas passou para o campo da morte: tanto é verdade que à Elissa, pode-se unir ainda o atributo de "vida mía" (282). Um sistema conceptual expresso, na estrofe XXIII, com as equivalências obscuridade, noite = morte; luz, dia = vida; sol = Elissa. A passagem de Elissa da vida à morte inverte os termos das duas equivalências: luz, dia = morte (graças ao sol-Elissa); vida (sem o sol-Elissa) = obscuridade, noite:

> tal es la tenebrosa
> *noche* de tu partir en que é quedado
> de sombra v de temor atormentado,
> hasta que *muerte* 'l tiempo determine
> que a ver el desseado
> *sol* de tu clara vista m'encamine (318-23).

E é a única vez que *muerte* se refere a Nemoroso, visto que, despojada de toda ressonância lutuosa, ela se torna, mediante transformações verbais, uma apoteose na última estrofe do lamento. O desejo de Nemoroso de se transferir para o pólo da morte pode ser assim sintetizado:

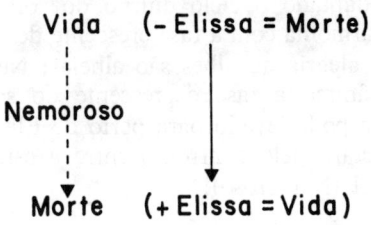

```
Vida    (- Elissa = Morte)
 |
 |
Nemoroso
 |
 ▼
Morte   (+ Elissa = Vida)
```

2.2. Portanto a morte é, para Salicio, a conclusão natural da dor, enquanto que para Nemoroso se matiza de esperança. A situação de Salicio está expressa em "derritiendo M'estoy en llanto eterno" (194-95), ou, melhor ainda, nos versos 132-39, onde imagina estar desfeito em lágrimas:

> No ay coraçón que baste,
> aunque fuesse de piedra,
> viendo mi amada yedra
> de mí arrancada, en otro muro asida,
> y mi parra en otro olmo entretexida,
> que no *s'esté con llanto deshaziendo*
> *hasta acabar la vida:*

de tal modo que é evidentemente para estes versos centrais (fecham a estrofe VI) que convergem todos os refrões "Salid sin duelo, lágrimas, corriendo": cada lágrima representa um pouco de vida que se vai. A morte é uma saída inerte, uma forma de consunção.

O estado de Nemoroso é ainda passível de descrições e variações, contempla fetichismos consoladores (estrofe XXVI), assume o aspecto de fadiga, mas com a perspectiva de um próximo abandono restaurador. Confronte-se "en este triste valle, donde agora | Me entristezco y me *canso* en el reposo | Estuve ya contento y *descansado*" (253-55); "el importuno | Dolor me dexa *descansar* um rato" (364-65) — e ainda "pessada vida" (293) — com "otros valles floridos y sombríos | Donde *descanse* y siempre pueda verte | Ante los ojos míos, | Sin miedo y sobresalto de perderte" (405-7).

3. É essencial, portanto, para a compreensão dos dois lamentos, o fato de que o voltar-se de Salicio para a morte se dá no verso oposto àquele pelo qual Galatéia, ao abandoná-lo, uniu-se a seu rival, enquanto o debruçar-se de Nemoroso sobre a morte segue o mesmo verso da partida forçada de Elissa. Justamente a este jogo de versos opostos foi adaptado o ciclo diurno do sol: Salicio não se sente em harmonia com a fase crescente do sol, símbolo de vida e de alegria que lhes são alheias; Nemoroso acompanha com ânimo a fase decrescente do sol, símbolo da morte que pode levá-lo para perto de Elissa. Isto resulta de modo claro pelo confronto entre a estrofe VI (Salicio) e a XXIII (Nemoroso):

> El *sol* tiende los rayos de su *lumbre*
> por montes y por valles, despertando
> las aves y animales y la gente:
> quál por el ayre claro va bolando,
> quál por el verde valle o alta cumbre
> paciendo va segura y libremente,
>   quál con el *sol* presente
>   va de nuevo al oficio
>   y al usado exercicio
> do su natura o menester l'inclina;
> siempre 'stá en llanto esta ánima mezquina,
> quando la *sombra* el mundo va cubriendo,
>   o la luz se avezina.
> Salid sin duelo, lágrimas, *corriendo* (71-84).

> Como al partir del *sol* la *sombra* crece,
> y en cayendo su rayo, se levanta
> la negra escuridad que'l mundo cubre,
> de do viene el temor que nos espanta
> y la medrosa forma en que s'offrece
> aquella que la noche nos encubre
>   hasta que 'l *sol* descubre
>   su luz pura y hermosa:
>   tal es la tenebrosa
> noche de tu partir en que é quedado
> de *sombra* y de temor atormentado,
> hasta que muerte 'l tiempo determine
>   que a ver el desseado
> sol de tu clara vista m'*encamine* (310-23).

Onde se nota a presença de *sol*, paralelamente, no primeiro e no sétimo verso das duas estrofes; salvo que em XXIII aparece no último verso um outro *sol*, símbolo da mulher. O *sol* em sentido próprio tem, na estrofe VI, um movimento progressivo ("tiende", 71) que repercute nos vivos ("va", 74, 76, 78); a isto se contrapõe a estaticidade da dor ("siempre 'stá en llanto", 81) único movimento que é o vão das lágrimas ("Salid... corriendo", 84). Na estrofe XXIII, ao contrário, o movimento do sol é afastamento ("partir", 310) com a correspondente avançada de sombra e de escuridão ("la sombra crece", 310); "se levanta | La negra escuridad", 311-12); a transição para o uso simbólico de *sol* é dada pelo novo "partir" (319), referido à mulher, mas acompanhado pelos mesmos *sombra* e *temor* (320) provocados pela partida do sol (310, 313). O cantor aparece em movimento em direção à mulher-sol ("m'encamine", 323): movimento subtendido por um impulso temporal ("hasta que muerte 'l tiempo determine", 321). Um contraste desejado, aquele entre as duas estrofes, e sublinhado exatamente pela homogeneidade expressiva, bem como lexical (*rayos*, 71 — *rayo*, 311; *sombra*, 82-310; *luz*, 83-317), pela comum alusão ao ciclo solar ("quando la sombra el mundo va cubriendo | o la luz se avezina", 82-3; "aquella que la noche nos encubre | hasta que 'l sol descubre | su luz pura y hermosa", 315-17), pela posição final dos dois verbos de movimento: "corriendo", 84; "m'encamine", 323.

O conjunto pode ser sintetizado com estes dois esquemas (no segundo as equações Vida = Noite e Morte = Dia são motivadas pelo que foi exposto em 2.1 e pela identificação Elissa-Sol):

```
   ←─ Sol ──────────────
   Vida = Dia      Morte = Noite
      ←──── Galatéia ‖ Salício ────→
   ──────────── Sol →
   Vida = Noite    Morte = Dia
   ──────────────→ Elissa
   Nemoroso ───────────────→
```

4.1. Neste simples esquema encontram coerência quase todos os detalhes da execução. No lamento de Salicio deve-se, antes de tudo, notar predomínio das expressões alocutivas. O nome da mulher é pronunciado de pronto, dentro de uma parelha de comparações que dá a medida de sua crueldade:

> ¡O más dura que mármol a mis quexas
> y al encendido fuego en que me quemo
> más elada que nieve, Galatea! (57-59);

depois não mais é nomeado, exatamente porque a mulher é apostrofada mais imediatamente, com um martelar de pronomes e adjetivos pessoais (*tú*, 61; *ti*, 62, 65; *te*, 67; *tu*, 85; *ti*, 87, 99, 100, 102; *tú*, 108, 127; *tus*, 128; *tú*, 130; *tus*, 132; *tú*, 147; *ti*, 167; *te*, 172; *ti*, 174; *te*, 183, 184, 185; *ti*, 187, 188; *tú*, 207, 209; *ti*, 220). Somente uma vez é apostrofada outra "pessoa", Deus, precisamente como testemunha do comportamento desumano de Galatéia (91-95).

Com referência à mulher tão insistentemente interpelada abundam expressões atinentes ao deslocamento: afastamento de Salicio ("tú me dexas", 61; "dexas llevar... al viento | El amor", 88-89; "quitandolo de mí", 159), aproximação do novo amante ("bolviste", 128; "me trocaste", 129; "pusiste", 130; "dando a quien diste", 158). Uma série que acaba sendo potenciada em sua representação metafórica, graças à maior violência que concede às imagens:

> viendo mi amada yedra
> de mí *arrancada*, en otro muro asida,
> y mi parra en otro olmo *entretexida* (135-37).

Ao deslocamento inerem dois tipos de considerações. As primeiras, sobre a injustificabilidade objetiva. Baseiam-se no confronto entre o ponto de partida (Salicio) e o de chegada (o rival) do movimento afetivo de Galatéia. A este conceito é aduzido o tradicional argumento bucólico do rol dos méritos (175-78) e das riquezas do abandonado (183-196); mais incisivo é o resultado comparativo do repetido *trocar* em:

> y cierto no *trocara* mi figura
> con esse que de mí s'está reyendo;
>   ¡*trocara* mi ventura! (179-81),

tanto mais que este desenvolve um verso precedente ("¿Por quién tan sin respeto me trocaste?", 129).

O segundo tipo de considerações se refere à ruptura de sincronização entre o movimento (de abandono) da mulher e a estabilidade afetiva de Salicio:

> ¿D'un alma te desdeñas ser señora
> donde siempre *moraste*, no pudiendo
>   della salir un ora? (67-69);

> ¡Ay, quán diferente era
> y quán d'otra manera
> lo que en tu falso pecho se escondía! (106-8).

Estabilidade afetiva, e agora estabilidade na dor, para Salicio, que é caracterizado por expressões de caráter durativo: "Estoy muriendo" (60); "siempre 'sta en llanto esta ánima mezquina" (81); "yo estoy muriendo" (96); "yva siguiendo'" (124); "que no s'esté con llanto deshaziendo" (138); "derritiendo | m'estoy en llanto eterno" (194-95).

Também as lágrimas parecem aludir a uma fuga do cantor atraiçoado. Nota-se, no verso-refrão, o uso do verbo *salir*, valorizado especialmente na retomada verbal ou no chamado conceptual:

> ¿D'un alma te desdeñas ser señora
> donde siempre moraste, no pudiendo
>   della *salir* un ora?
> *Salid* sin duelo, lágrimas, corriendo (67-70);

> que 'l más seguro tema con recelo
> *perder* lo que estuviere posseyendo.
>   *Salid* fuera sin duelo,
> *Salid* sin duelo, lágrimas, corriendo (151-54),

afora a concomitância entre presságios e refrão, numa série de imagens que ligam os conceitos de fluidez e de fuga:

> ... por nuevo camino *el agua s'iva;*
> ....
> el curso *enagenado* yva siguiendo
> del agua *fugitiva.*
> *Salid* sin duelo, lágrimas, corriendo (122-26);

nota-se que *enagenado* é retomado na estrofe seguinte, e atribuído à mulher (147).

Sutilíssima, portanto, a inversão efetuada na última estrofe: o movimento, prerrogativa simbólica das suas lágrimas, e real de Galatéia (mas em sentido inverso), é agora o predicado de Salicio; resignado ao abandono, é ele que deixa os lugares queridos à amada. O movimento de deslocamento de Galatéia, já agora descontado em seu aspecto afetivo, não necessita ser mantido naquele local: a mulher pode retomar posse da paisagem que lhe é cara; é Salicio que, com uma última renúncia, se afasta. Sublinho a insistência no termo *dexar,* referido alternadamente à amada e ao pastor, e o jogo semântico-fônico entre *hallar* e *alexar, quitar* e *quedar:*

> Mas ya que a socorrer aquí no vienes,
> no *dexes* el lugar que tanto amaste,
> que bien podrás venir de mí segura.
> Yo *dexaré* el lugar do me *dexaste*
> ....
> quiçá aquí *hallarás*, pues yo m'*alexo*,
> al que todo mi bien *quitar* me puede,
> que pues el bien le *dexo*,
> no es mucho que 'l lugar también le *quede* (211-24).

Fecha-se assim, perfeitamente, um arco iniciado com a primeira estrofe:

> más dura que mármol a mis quexas (57)
>
> tú me dexas (61)
>
> de ti con lágrimas me quexo (220)
>
> Yo dexaré el lugar do me dexaste (214).

4.2. No lamento de Salicio os dois amantes encontram-se idealmente frente a frente, mesmo que a amada esteja ausente e a única voz seja a do pastor. No lamento de Nemoroso há outros atores. É como se os dois pastores necessitassem de um "responsável", sobre o qual pudessem jogar o peso das recriminações: ao passo que para Salicio o responsável é a própria amada, Nemoroso deve atribuir sua infelicidade a "pessoas" estranhas, visto serem tanto ele quanto sua mulher, de maneiras diversas, vítimas de forças adversas. Daí as apóstrofes à Morte; e mais ainda, visto que Elissa morreu de parto, a Lucina (Diana), que não deu ouvido às invocações.

É por esta transferência de responsabilidade que Elissa é apostrofada somente na última estrofe (posição exatamente inversa à de Galatéia) para que interceda por uma próxima morte do pastor. Das outras vezes, seu nome aparece em forma não alocutiva ("a Elissa vi a mi lado", 258) ou então é um meio de afetuosa evocação, a tornar presente quem não o está mais (282, 353): seu repetir-se é tão eficaz quanto o martelar do *tú, te* etc. de Salicio contra Galatéia.

A Morte, nomeada muitas vezes, é acusada como "pessoa", nos versos 344-47. Mas Lucina é muito mais nitidamente antropomorfizada: é destinatária de toda a estrofe XXVIII, na qual, com atributos que a lírica usa habitualmente para *belles dames sans merci* ("cruda, | Inexorable diosa", 376-77; "¡Y tú, ingrata, riendo | Dexas morir mi bien...!", 392-93), lhe são atribuídas distrações culposas, também de caráter erótico ("¿Yvate tanto en un pastor dormido?" 381). Assim a caracterização de um antagonista feminino insere no lamento de Nemoroso a relação conflitiva entre Salicio e Galatéia. No primeiro lamento, Salicio pode pedir a ajuda ou o testemunho da divindade contra sua amada, já agora, inimiga; no segundo, Nemoroso e sua amada estão, ambos, em polêmica com a divindade que causou sua separação.

A distribuição das apóstrofes por diferentes pessoas, e acima de tudo o fato de que nenhum ressentimento possa ser reservado a Elissa, faz com que os pronomes e os adjetivos da segunda pessoa sejam endereçados em igual número às duas divindades adversas (*ti* (345) para a Morte; *tú* (379), *tu* (387), *tus* (391), *tú* (392) para Lucina) e para Elissa (*tu* (319, 323), *tus* (352), *-te* (370), *te* (397), *-tigo* (401): número incomparavelmente inferior ao verificado para Galatéia.

O abandono efetuado (não intencionalmente) por Elissa é indicado com termos diversos daqueles usados para Galatéia: *partida* (266), *partir* (319); são muito mais fortes as expressões usadas para a Morte (*levò*, 342) e para Lucina (*dexas morir*, 393). Na verdade, *dexar* é usado uma vez, mas com um objeto plural que, estendendo a dor pelo abandono de Nemoroso ao ambiente e às coisas queridas ("Después que nos dexaste", 296), adquire um tom de impotente melancolia.

Mais que o fato de ter ficado sozinho, pesa sobre o cantor o de não ter sido chamado para a mesma viagem efetuada por Elissa. Interrompeu-se a inseparabilidade entre a visão da amada e o ânimo do pastor:

¿Dó están agora aquellos claros ojos
que *llevavan* tras sí, como colgada,
mi alma, doquier que ellos se *bolvían*? (267-69)[9].

Foi a Morte que se arrogou o uso de *lleva*r, cujo objeto é a própria amada (342). E agora há outra inseparabilidade, aquela entre dor e *sentido:*

no me podrán *quitar* el dolorido
sentir si ya del todo
primeiro no me *quitan* el *sentido* (349-51).

Deprecável, portanto, a aparente infrangibilidade da vida de Nemoroso, que se contrapôs à viagem desejada: a seu subsistir pode-se confrontar a escuridão e a clausura de um cárcere:

... mi vida,
que 's más que 'l hierro fuerte,
pues no la á quebrantado tu partida (264-66);

solo, desamparado,
ciego, sin lumbre, en cárcel tenebrosa (294-95),

análogas às da tumba que encerra o corpo de Elissa:

Aquesto todo agora ya s'encierra
....
en la fría, desierta y dura tierra (279-81).

4.3. A modalidade diferente da separação reflete-se, também, na diversidade de atitude dos dois pastores para

9. Note-se o resultado exatamente oposto de *bolver* dos olhos (eles, também, *claros*) de Galatéia: "Tús claros ojos ¿a quién los bolviste?" (128).

com a natureza[10]. Também para este aspecto temos à disposição duas estrofes paralelas, as quartas dos dois lamentos (Salicio: VIII; Nemoroso: XXI):

> Por ti el silencio de la selva umbrosa,
> por ti la esquividad y apartamiento
> del solitario monte m'agradava;
> por ti la verde yerva, el fresco viento,
> el blanco lirio y colorada rosa
> y dulce primavera deseava.
> ¡Ay, quánto m'engañava!
> ¡Ay, quán diferente era
> y quán d'otra manera
> lo que en tu falso pecho se escondía!
> ....
> (99-108).

> Quién me dixiera, Elissa, vida mía,
> quando en aqueste valle al fresco viento
> andávamos cogiendo tiernas flores,
> que avía de ver, con largo apartamiento,
> venir el triste y solitario día
> que diesse amargo fin a mis amores?
> El cielo en mis dolores
> cargó la mano tanto
> que a sempiterno llanto
> y a triste soledad m'á condenado.
> ....
> (282-91).

Nota-se, por um lado, a comunhão de elementos ("fresco viento" (102 e 283); "lirio... rosa" (103) — "tiernas flores", 284), por outro, a definição diversa das responbilidades: a falsidade da amada (106-8), a crueldade do destino (288-91). Mas o elemento mais notável é o uso das imagens de solidão. Nas palavras de Salicio a solidão de uma época é, por um lado, prefiguração, por outro, símbolo de um dado institucional: pois seu contato com a natureza se realizava somente através da mediação de Galatéia ou de seu pensamento (note-se a tríplice anáfora de *por ti*). Ao contrário, no lamento de Nemoroso o passado é descrito como uma comum participação, dele e de Elissa, na vida da natureza (marcada pelo plural *andávamos*, 284); a solidão caracteriza, por contraste, o presente. Uma outra perspectiva é enfatizada pela atribuição, respectivamente ao passado e ao presente, de *apartamiento* e *solitario* nos lamentos de Salicio (100 e 101) e de Nemoroso (285 e 286).

10. Para isto cf. também Arce, *La égloga primera de Garcilaso* cit., pp. 48 e 54.

191

Pode-se dizer que na relação tripolar homem — mulher — natureza, Galatéia, subtraindo-se a Salicio, interrompeu a mediação entre ele e a natureza; ao contrário, Elissa, arrebatada ao mesmo tempo de Nemoroso e do mundo, ligou Nemoroso e a natureza numa espécie de viuvez comum. Daí o estranhamento que Salicio sente para com a natureza (cf. 3 para o ciclo solar) e sua definitiva decisão de abandonar o lugar onde foi feliz (XVI: onde se fala do amor de Galatéia pelo *lugar,* mas não do de Salicio). Na estrofe XV é a natureza que parece se aproximar de Salicio, harmonizar-se com sua dor; mas este movimento serve somente para salientar por contraste a insensibilidade de Galatéia, nem há correlação, para com a natureza como vida, por parte de Salicio. Em compensação, Nemoroso sente que a sua dor é como que cósmica, ele considera não a si só, mas a toda a paisagem familiar desolada pela morte de Elissa. Já foi notada a vibração do *nos dexaste;* é preciso acrescentar que Nemoroso continua a deter-se nas plantas, nos animais, ou a buscar neles signos de participação, ou então a verificar pela enésima vez a ausência da amada. Daí o uso bastante cerrado de deípticos: *aquí* (242), *donde* (249, 251, 253), *este* (253), *aquí* (257) *aqueste* (283, *estos* (306), *aquí* (352), *allí* (358). Um uso cuja funcionalidade é confirmada seja por fomulações explícitas (a invocação inicial aos riachos, às árvores, ao prado, às aves, à hera, testemunhas da felicidade passada e do atual desespero), seja pelo fato que *este* e *aqueste* são contrapostos a *aquel* referido à amada ("aquellos... ojos" (267), "aquella boz", 372) e especialmente à hora de sua morte ("aquella noche" (367), "aquel duro trance de Lucina" (371), "aquel passo", 378), seja enfim pela valorização, entre tantas determinações locais, dos advérbios de lugar em fórmula interrogativa: "exatíssima retomada do módulo do *ubi sunt*?: "¿Dó están agora aquellos claros ojos...? ¿Dó está la blanca mano...? Los cabellos... ¿Adónde 'stán, adónde el blanco pecho? ¿Dó la columna...? (267-77), que necessariamente não deixa pendente a resposta, mas a oferece em sua crueza: "en la fría, desierta y dura tierra" (281).

Nemoroso não olha a natureza com distância, com o alheamento de Salicio; ele a sente, antes, sintonizada a ponto de ela se deteriorar fisicamente pela morte de Elissa. Na estrofe V são descritos, justamente, a interrupção das atividades vitais, a esterilidade da terra, o sufocante amplexo das ervas daninhas: o pranto de Nemoroso, só que agora ao nível de regar cardos e espinhos, sublinha o vínculo entre a dor pessoal e a cósmica. Por isso o lamento de Nemoroso se harmoniza com as sombras do ocaso, e ele se abandona ao movimento das coisas rumo à noite (cf. 3). Se ele deseja abandonar o *lugar* que participou primeiro de sua felicidade, e depois da infelicidade, é tãosomente pela miragem de outro local, extraterrenno, onde a felicidade pode recomeçar (estrofe XXIX).

5.1. A traição de Galatéia é vista por Salicio como uma ruptura da ordem natural[11]. Ela é expressa em termos filosóficos, aludindo à conjunção (*juntar*) de elementos naturalmente estranhos (*discordia, differente*)[12]:

¿Qué no s'esperará d'aquí adelante,
por difícil que sea y por incierto,
o qué discordia no será juntada? (141-43);

Materia diste al mundo de 'sperança
d'alcançar lo impossible y no pensado
y de hazer juntar lo diferente (155-57).

Esta formulação leva a um nível de maior generalidade o *topos* dos *impossibilia* ("La cordera paciente | Con el lobo hambriento | Hará su ajuntamiento, | Y con las simples aves sin rüydo | Harán las bravas sierpes ya su nido", 161-66), em que, com a usual coerência, Garcilaso usa *ajuntamiento*, ligando-se aos precedentes *juntar*.

A ruptura da ordem natural implica o abalo de toda confiança na estabilidade das coisas ("enxemplo a todos quantos cubre 'l cielo, | Que 'l más seguro tema con recelo | Perder lo que estuviere posseyendo", 150-52), que serve muito bem para enquadrar as contraposições fre-

11. Cf. Parker, *Theme and Imagery in Garcilaso's First Eclogue* cit., que porém não distingue suficientemente a diversidade de atitude entre Salicio e Nemoroso.
12. O assunto deve ter chegado até Garcilaso através da tradução da égloga VIII de Virgílio (que tem somente "Mopso Nysa datur: quid non speremus amantes? | Iungentur iam gryges equis" etc., 26-27) de Juan de la Encina: "A Mosso Nisa fue dada | que razon pudo *juntallos* | Amadores que esperamos | La *contrariedad juntada* | Los grifos con los cavallos" etc. (estrofe VIII).

193

qüentes no lamento ("más dura que mármol a mis quexas | Y al encendido fuego en que me quemo | Más elada que nieve" (57-59); "Estoy muriendo, y aun la vida temo", 60). Ela tem um correspondente piedoso na estrofe XV, na qual uma ruptura simétrica da ordem natural torna partícipes da dor de Salicio coisas e seres alheios aos sentimentos humanos, em contraste com a indiferença de Galatéia ("Con mi llorar las piedras enternecen | Su natural dureza y la quebrantan; | Los árboles parece que s'inclinan" etc., 197-199).

O passado feliz aparece, portanto, como um engano. São típicas as exclamações: Ay, quánto m'engañava! | ¡Ay, quán diferente era | Y quán d'otra maneira | Lo que en tu falso pecho se escondía!" (105-7) numa estrofe (VIII) que começa com a lembrança de serenas vagueações iluminadas, um tempo, pelo dominante pensamento de amor. São típicos também os presságios infaustos (109-11), os sonhos premonitórios (116-25), que despejam sobre o passado a infelicidade presente.

Por isto, Salicio percorre novamente sua estória de amor como uma tomada de consciência da negatividade: a perfídia de Galatéia, escondida pela beleza da mulher e pela paixão, tornou-se então traição explícita, definitiva. As estrofes do lamento seguem esta parábola, desde as interrogações incrédulas da estrofe V ao desânimo da estrofe VI, à invocação a Deus da estrofe VII; as estrofes VIII e IX, com as recordações de um impulso amoroso já velado por presságios, servem para realçar, por contraste, a X, que se detém cruelmente sobre a união de Galatéia com o novo amante. Esta estrofe é o auge do grito de Salicio (é a sexta estrofe do lamento, portanto encerra exatamente a primeira metade). As quatro estrofes seguintes têm um andamento mais raciocinante, inserem a traição no quadro das leis naturais, que essa traição vem infringir, ou numa balança de valores, que vem mostrar sua insensatez. As estrofes XIII e XIV concluem o lamento com tons de definitiva derrota ("y cierto no trocara mi figura | Con esse que de mí s'está reyendo; | Trocara mi ventura!" (179-81); "Mas ¡qué vale el tener, si derritiendo | M'estoy en llanto eterno!" (194-95), confirmado também pela natureza (estrofe XV) que, participando da dor de Salicio, toma sobre si a compaixão agora impossível pela amada ("tú sola contra mít'endureciste, | Los ojos aun siquiera no bolviendo A los que tú hiziste" (207-9)).

Pode-se, portanto, dizer que a ordem dos raciocínios de Salicio reproduz as fases de afastamento da amada. Na última estrofe (XVI) se verifica, inesperado, o movimento em sentido oposto de Salicio, motivado com uma densa argumentação:

> Mas ya que a socorrer aqui no vienes,
> no *dexes* el *lugar* que tanto amaste,
> que bien podrás venir de mi segura.
> Yo *dexaré* el *lugar* do me *dexaste*
> ....
> quiçá aquí hallarás, pues yo m'alexo,
> al que todo mi *bien* quitar me puede,
> que pues el *bien* le *dexo*,
> no es mucho que 'l *lugar* también le quede (211-24).

já quase formalizada: convite à amada, que o deixou, para que não deixe o lugar que continua a amar (diferentemente do pastor); renuncia, em face do rival que lhe tirou o *bien*, também ao *lugar* que não era elemento adventício. Salicio, depois que o rival afortunado lhe tirou o *bien*, abandona o *lugar* à amada que o aprecia, dado que neste afeto não está mais incluído.

As vagueações da tristeza de Salicio se dirigem (para repentinamente abandoná-lo) a um lugar preciso, colhido com as cores e os encantos inadequados a seu espírito magoado. Somente aqui abundam, com insistência anafórica, as formas deíticas que, ao contrário, pespontam (5.1) o lamento de Nemoroso:

> *Ves aquí* un prado lleno de verdura,
>   *ves aquí* un'espessura,
>   *ves aquí* un agua clara,
> en otro tiempo chara (216-19).

O desespero de Salicio resulta tanto mais definitivo quanto mais imediatamente posto em relação com a realidade. Não é sem razão que as frases de renúncia da última estrofe substituem, na primeira e última vez, o refrão lacrimoso que fecha as outras estrofes [13].

---

[13]. O fenômeno está, de qualquer maneira, relacionado com o modelo. Também na égloga VIII de Virgílio há um verso fixo recorrente (21, 25, 31, 36 etc.) que muda no final do canto de Damão (61). E Juan de la Encina conclui cada estrofe do lamento de Damón com um refrão x y y, omitido, ao contrário, depois da última estrofe (XIV).

5.2. Enquanto o itinerário doloroso de Salicio parte da amada para concluir-se com o *lugar*, o de Nemoroso parte do *lugar* para terminar com a amada (e com o ímpeto dirigido para outro *lugar* privado de dor). Mantém-se, portanto, pontualmente a ligação *lugar-bien*. Mas se o *bien* veio a faltar ao cantor, isto é obra do destino ("¡O *bien* caduco, vano y pressuroso!", 256): ele pode procurar sem amargura, no *lugar*, os vestígios da felicidade perdida. Assim, o lamento de Nemoroso se opõe ao de Salicio não só porque há o *lugar* no início — antes o invoca personificando-o — mas porque o passado, em vez de ser visto pejado da sucessiva infelicidade, é posto em confronto com o presente, como sendo seu exato contrário:

> en este triste valle, donde agora
> me entristezco y me canso en el reposo,
> estuve yá contento y descansado (253-55),

resultado de uma reviravolta não só cruel, mas imprevisível:

> ¿Quién me dixiera, Elissa, vida mía,
> quando en aqueste valle al fresco viento
> andávamos cogiendo tiernas flores,
> que avía de ver, con largo apartamiento,
> venir el triste y solitário día
> que diesse amargo fin a mis amores? (282-87).

Sobre o passado, portanto, um demorar-se melancólico de Nemoroso, que aí colhe átimos de pura felicidade ("Acuérdome, durmiendo aquí algún ora, | Que, despertando, a Elissa vi a mi lado" (257-68); além desses, os versos 283-84 citados acima; é sempre o *lugar* a estimular os ascensos da fantasia (além de dominar as estrofes XVIII-XIX, ele reaparece na XXI).

Também o lamento de Nemoroso é nitidamente bipartido em grupos de seis estrofes, cada um dos quais se inicia com estrofes emparelhadas (XVIII-XIX; XXIV-XXV), dado que o discurso transpõe os limites da primeira para concluir-se na segunda. A sexta estrofe (XXIII) anuncia aquela espera da morte = vida, presente em seguida na décima-segunda (XXIX) como impaciência para desenvolver a viagem ao além. Em ambas as partes do lamento, a mulher é descrita em seu aspecto físico conservado indene pela memória: são as estrofes colocadas no centro dos dois grupos, isto é, a terceira (XX) e a nona (XXVI). Na primeira há a *descriptio*, inserida no dilacerante módulo do *ubi sunt?* ("¿Dó están agora aquellos claros ojos...? ¿Dó está la blanca mano...? Los cabellos... el blanco pecho" etc.); na segunda demora-se pateticamente sobre a única preciosidade subtraída à dissolução, a madeixa de cabelos que Nemoroso molha de lágrimas consoladoras.

Mas no conjunto colhe-se o sentido de uma aproximação: as vagas lembranças da felicidade perdida dão lugar (XXVII) à reevocação precisa e atualizadora ("verte presente agora me parece", 370) dos últimos momentos de vida da amada, ponte entre felicidade e infelicidade; do mesmo modo a estrofe descritiva (XX), que termina com a constatação sem esperança "Aquesto todo agora ya s'encierra, | Por desventura mía, | En la fría, desierta y dura tierra" (279-81), é em seguida corrigida pela conservação dos cabelos, ainda vivos ao toque das mãos amorosas (XXVI). Nemoroso parece avizinhar-se sempre mais da amada, percorrendo novamente a cronologia das recordações; mas também se prepara para uma parábola inversa, graças à qual o passado que o uniu a Elissa voltará a ser presente em outra região, a da morte. Ele não abandona, como Salicio, o *lugar*, mas espera poder percorrê-lo feliz, com Elissa, em sua duplicação ultraterrena, onde a separação não seja mais possível, e nem o temor ("sin miedo y sobresalto de perderte" (406), que invoca, por contraste, "que 'l más seguro tema con recelo | Perder lo que estuviere poseyendo" (151-52) de Salicio).

5.3. Salicio, abandonado por sua amada, por um rival, deixa-lhes livre, no fim, também o *lugar*, somando renúncia a renúncia (aquela forçada, esta deliberada). Elissa, arrebatada pela morte, deixou ao mesmo tempo Nemoroso e o *lugar* que, juntos, a choram; a deslocação que Nemoroso espera o levará para perto da amada, no céu de Vênus. Por isso, com um arco tão exato quanto o de Salicio, o lamento de Nemoroso, iniciado com uma invocação à paisagem fraterna, termina com o anseio de outras paisagens; um anseio no qual a deslocação é anunciada por ele próprio, com vivo impulso anafórico:

>busquemos *otro* llano,
>busquemos *otros* montes y otros ríos
>*otros* valles floridos y sombríos (402-4).

Esquematizando as relações entre *lugar*, os dois pastores e suas amadas, o resultado aparece como segue:

Situação presente

Galatéia ←——— ‖ Lugar Salício ‖   ‖ Lugar Nemoroso ‖ ——→ Elissa

Situação futura

Galatéia --Lugar--→ ‖ Salício -----→   ‖ Lugar ‖ ——→ Elissa
Rival ---------→   Nemoroso--→

O *lugar* é, em suma, o índice fixo detrás do qual se realizam (e em relação ao qual são medidos) os movimentos de deslocação das personagens (e do sol). No *lugar* estão situados, até a última estrofe da égloga, os dois pastores; o abandono por eles sofrido implicou também o *lugar*, como é claramente dito por Salicio ("no dexes el lugar que tanto amaste", 212) e por Nemoroso ("Después que nos dexaste", 296). A deslocação de Elissa se realizou na direção oposta àquela de Galatéia (cf. esquema apresentado em 3): Elissa se dirigiu para o ocaso = morte; Galatéia segue o ciclo crescente (= vida) do sol, ao qual é alheio, em seu desespero, Salicio.

As últimas estrofes dos dois lamentos concluem com uma decisão de abandono do *lugar*. Está claro que Nemoroso deseja alcançar Elissa no além: segue pois, olhando para o ocaso, as pegadas da última viagem de Elissa. E Salicio? Trata-se somente, para ele, de tornar mais total a sua renúncia, ou de uma homenagem desesperada a Galatéia, como é usualmente entendido? A mim parece que seu caminho se realiza no mesmo sentido que o de Nemoroso; e como Nemoroso deseja anular a distância de Elissa, Salicio deixa o *lugar* a Galatéia, mantendo em relação a ela a mesma distância que ela interpôs deixando-o. Uma distância, como foi dito infinitas vezes, de morte (1.4). O contínuo discorrer de Salicio sobre a próxima morte não pode ser apenas verbal, e nem um expediente para comover quem ele sabe que não mais o ouve. O anúncio de que irá abandonar o *lugar* é um modo discreto, desoladamente pacato, de dizer adeus à vida.

O que a estrutura ideológica faz entrever é confirmado pela fonte. Na égloga VIII de Virgílio, Damão termina exclamando:

> Omnia vel medium fiant mare. Vivite, silvae;
> Praeceps aerii specula de montis in undas
> Deferar; extremum hoc monus morientis habeto (58-60),

que se torna, na tradução de Juan del Encina:

> Ya todo se torne mar
> ya silvas quedad con dios
> miefe ya dexaros quiero
> que en el mar me quiero echar
> lo que passa aqui entre nos
> tomad lo por don postrero:
> que de amores ya me muero
> ya mi muerte y omezillo
> viene por modos diversos.

Mas o mesmo é dito, se olharmos bem entre as sutis alusões, da própria conclusão da égloga garcilasiana:

> la sombra se veya
> venir corriendo apriessa
> ya por la falda espessa
> del altíssimo monte, y recordando
> ambos como de sueño, y acabando
> el fugitivo sol, de luz escaso
>   su ganado llevando,
> se fueron recogiendo passo a passo (414-21).

Esta movimentação concorde dos dois pastores para o ocaso, enquanto sombras alongadas já os encobrem, é uma imagem da viagem rumo ao reino da morte.

7. CONSTRUÇÕES RETILÍNEAS E CONSTRUÇÕES EM ESPIRAL NO *DOM QUIXOTE*

[1]. Lento, mas indetenível, cavalga nos séculos o magro cavaleiro Dom Quixote; atrás, seu escudeiro rotundo e proverbioso. Esta é a imagem que dezenas de pintores e gravadores procuraram fixar. Entretanto, filósofos, críticos e publicistas de todo nível continuam a se exaltar em torno desses símbolos — um, da fé cega num ideal que resiste a qualquer ultraje e desmentido, o outro, do bom senso, da concretude, mesmo que ingrata, do real.

É demasiado evidente que o texto do romance contrasta, mais do que com os elementos desta estilização, com sua própria unilateralidade, e por isso impõe definições muito mais minuciosas e elásticas. Eis então, em defesa de uma imagem já agora destacada de sua matriz, livre em sua iconicidade, o achado de um Cervantes insciente, inferior em grande medida a sua personagem; o par imortal cavaleiro-escudeiro deveria ser subtraído das mãos inaptas do escritor, para ganhar, graças a seus intérpretes apaixonados, o direito a uma vida autônoma (Unamuno).

Estas posições da crítica estão superadas há tempo, pelo menos ao nível da consciência. Mas a transformação de Dom Quixote e de Sancho em símbolos, mesmo que a preço de simplificações e constrições, agrega merecidamente Cervantes ao grupo reduzidíssimo dos criadores de personagens imortais: de Hamlet a Madame Bovary (note-se que para muitas outras personagens-símbolos pode-se falar, para os autores que as tornaram célebres, de retomada mais que de paternidade: de Édipo a Tristão e Isolda a Fausto). E é uma homenagem nada desprezível aquela do uso lingüístico — e dos dicionários — que já está registrando *dom-quixote* entre os nomes comuns, com seus derivados *quixotesco* e *dom-quixotismo* (em espanhol, além de *quijotes, quijoteria, quijotescamente, quijotesco* e *quijotismo,* há também *sanchopanchesco*).

Aqui, se deve, portanto, colocar numa perspectiva de leitura que não separe a personagem do romance (ou, pior ainda, o oponha), mas que permita explicar interpretações que também tenham alguma base no texto cervantesco. Melhor ainda se personagem e romance revelarem ser tão complexos a ponto de exigir aproximações lentas e múltiplas, e de deixar inexplicado aquele tanto que é a reserva de vitalidade da obra de arte.

Duas afirmações preliminares, a respeito da natureza e das modalidades das relações de Cervantes com sua obra. De um lado: extrema consciência crítica, tão manifesta que torna *Dom Quixote* o protótipo do romance-ensaio. De outro: uma redação que segue as setas do tempo, provavelmente com escassos retornos (com o propósito de reelaboração) sobre o já escrito; ausência, ou rápida transposição, de um projeto de máxima. Das duas afirmações nasce a imagem de uma aplicação crítica que antes de predispor as estruturas e a temática do livro, ajusta sua progressiva elaboração a seus próprios desenvolvimentos e reflexões: conforme o modelo de auto-regulação dos sistemas.

No que diz respeito à redação do romance, tem muito peso o fato de que as duas partes em que se divide sejam separadas, entre si, pelo espaço de um decênio. Na primeira parte, depois de ter reconduzido Dom Quixote para casa, confiando-o aos cuidados da sobrinha e da governanta, Cervantes alude a uma sucessiva "surtida" de seu herói, mas com os epitáfios e os elogios fúnebres de Dom Quixote, Sancho e Dulcinéia dá a impressão de estar querendo encerrar as contas. De resto, se disfarçadamente alude a um eventual prosseguimento, parece não excluir, com o fecho ariostesco ("Forse altri canterà con miglior plettro"), que serão outros a se responsabilizar pela empresa.

Dez anos depois, encontramos Cervantes, ao contrário, em vias de terminar uma segunda parte do romance, mais longa até que a primeira. Tinha-o precedido, em 1614, um tal Avellaneda que, aceitando o convite da primeira parte, escrevera uma segunda; em concorrência portanto, e em polêmica com Cervantes. A segunda parte do *Dom Quixote* autêntico torna-se, assim, além de completamento, defesa e apologia.

Também no interior das duas partes abundam as provas de que a redação do romance coincidiu com sua estruturação. Note-se por exemplo o diferente comprimento das duas primeiras "surtidas": capítulos 2-5 e capítulos 7-52. Na primeira "surtida", além do mais, Dom Quixote ainda não está flanqueado por seu deuteragonista e duplo, Sancho; por fim, ele dá a impressão de estar oscilando entre dois estereótipos culturais: os romances de cavalaria (que posteriormente dominarão incontestados) e os *romances* populares em versos, que adapta às suas vicissitudes ou com cujas personagens se identifica. (Indício este, veremos, dos estímulos recebidos de um obscuro *Entremés de los romances*). Algumas das invariantes do *Dom Quixote* se apresentam, portanto, somente com a segunda "surtida".

A segunda parte do romance contém tanto quanto a outra um sensível desenvolvimento narrativo. É constituída pela polêmica com o Quixote de Avellaneda; o qual, além de ser objeto de freqüentes alusões depreciativas, estimula Cervantes a caracterizar diferencialmente seu Dom Quixote, o "verdadeiro". Com uma conseqüência concreta também na trama: porque Dom Quixote, que conforme um programa formulado em I, 52 e confirmado em II, 4, 57, deveria ter se dirigido às justas de Saragoça, muda seu itinerário quando descobre que em Saragoça já esteve o Dom Quixote de Avellaneda (II, 59).

Da imitação de Avellaneda a segunda parte começa a acenar, e com freqüência (a dedicatória e a introdução foram escritas naturalmente em último lugar), somente a partir do capítulo 59: assinalando com nitidez a unidirecionalidade da composição, em que provavelmente o evento desagradável foi registrado em forma de reação imediata por parte do escritor. O qual, de resto, tinha um motivo a mais para não voltar ao que já havia escrito: a pressa de publicar a segunda parte autêntica, bloqueando a difusão do livro concorrente. E foram notados várias vezes, nos últimos capítulos, os sinais de uma redação sumária, talvez febril.

Na forma amável do diálogo literário, Cervantes nos fez conhecer — uma vez distinguidos, na medida do possível, os humores dos interlocutores dos dele mesmo — os seus próprios gostos e as justificações teóricas elaboradas em seu apoio. Os dois episódios críticos mais amplos (episódios, porque habilmente inseridos na estória de Dom Quixote) são o inventário da biblioteca do herói, feito pelo cura e pelo barbeiro com o propósito de um chistoso — mas nem tanto — *auto-de-fé* literário (I, 6), e a conversação entre o cônego e o cura: enquanto levam de volta para casa, enjaulado, o cavaleiro persuadido de estar sob o efeito de encantamento (I, 47-48).

Mas todo o romance está semeado de discursos e de apreciações literárias: hospedeiros e pastores de cabras, bacharéis, donzelas e semidonzelas descobrem seus doces vezos de leitores, exprimem a seu modo suas próprias preferências e reações; no alto, encimando a todos, está o próprio Dom Quixote que, fora os momentos em que se identifica de todo com os heróis de seus livros prediletos, fala como finíssimo literato sobre os problemas e as técnicas da arte, e por vezes escreve versos ele próprio. Do *Dom Quixote* pode-se, em suma, tirar (e isto foi feito, especialmente por Canavaggio e Riley) um tesouro de afirmações teóricas e de juízos específicos.

Isso não basta, todavia, para medir a sensibilidade crítica de Cervantes. Dos trechos aos quais se aludiu agora, pode-se deduzir o alto grau de atualização do escritor a respeito das poéticas do século XVI, de cuja problemática de origem aristotélica ele se alimenta. Nenhuma obra está porém, ao menos em seu aspecto conjunto, tão menos longe das poéticas a quem rende homenagem. Resta, portanto, a verificar, que consciência tem Cervantes da defasagem entre sua teoria e sua prática literária, em vantagem da segunda, da sua extraordinária modernidade.

Mais que em profissões explícitas, esta consciência pode ser colhida dando-se uma olhada no complexo sistema de mediações posto entre o autor e sua obra. Aquele que assina as dedicatórias das duas partes, e que se pronuncia como autor nos respectivos prólogos (mesmo experimentando as roupagens de "co-autor"), apresenta-se como um compilador de tradições contrastantes (I, 1, 2), para tornar-se a seguir, em I, 8, o "segundo autor" de uma narrativa que o "primeiro autor" anônimo parece ter colhido por sua vez de escritos precedentes. A partir de I, 9 começa o pretenso recurso ao manuscrito árabe de Cide Hamete Benengeli, que parece esgotar-se com o final da primeira parte (I, 52), onde se alude a sucessivas aventuras com base nas tradições orais, e conclui-se com os epitáfios e os elogios encontrados em outro pergaminho, o dos Acadêmicos de Argamasilla. Na segunda parte, enfim, Cide Hamete reaparece, sem explicações, como sendo a única fonte da narrativa.

O expediente de uma fonte fictícia, ora usada como (falso) testemunho de veracidade, ora brincando caricatamente com a responsabilidade de afirmações inacreditáveis, tem uma longa tradição nos romances de cavalaria (todos lembram o Turpino do *Orlando Furioso*), e não só naqueles. Mas Cervantes individuou no procedimento a maneira não só de colocar um interstício entre si mesmo e sua narração, mas também de medir com a mesma unidade esse interstício na escala de suas motivações.

Muito antes da invenção dos pergaminhos de Cide Hamete, Dom Quixote, ainda solitário e sem estória, diz de si para si: " ¡Oh, tú, sabio encantador, quienquiera que seas, a quien ha de tocar el ser coronista desta peregrina historia! Ruégote que no te olvides de mi buen Rocinante" etc. (I, 2). Cide Hamete é assim evocado pela personagem antes mesmo de ter entrado em ação como "primeiro autor". Temos pois um escritor (Cervantes) que inventa uma personagem (Dom Quixote) que inventa o autor (Cide Hamete) que servirá de fonte para a obra do escritor (Cervantes). E por várias vezes (I, 11, 21)

205

parece que as ações de Dom Quixote sejam ou possam ser influenciadas por iniciativas do autor Cide Hamete. Esta construção *à la* Borges permite a Cervantes dar, brincando, a responsabilidade do que está sendo narrado a um descrente (portanto não merecedor de confiança; quantos juramentos em nome de Alá estamos implicitamente convidados a não acreditar) e mágico ainda por cima (portanto depositário de notícias inalcançáveis a um mortal comum). Cide Hamete tem, portanto, à disposição a imensa distância entre credibilidade e incredibilidade; ao passo que o "segundo autor", Cervantes, pode posicionar-se ora como relator irresponsável, ora como crítico que contesta ou limita as afirmações de sua fonte. O desdobramento do escritor sombreia a crise (= "separação", "escolha", "juízo") entre Renascimento e Barroco; em primeira pessoa, Cervantes é porta-voz da poética renascentista; travestido de Cide Hamete, cria personagens e vicissitudes barrocas no gosto dos contrastes, desejada desarmonia, no senso da instabilidade do real.

2. O *Dom Quixote* não fala apenas de Dom Quixote e Sancho. As duas personagens dominam a atenção e a memória dos leitores; mas ao descuidar dos muitos capítulos nos quais estão ausentes significaria falsificar o conjunto do romance e, o que seria mais grave, o seu significado. É indispensável dar-se conta da estrutura do *Dom Quixote:* para compreender que relações sobrevêm entre suas partes e quais exigências elas desejam responder.

Nas grandes linhas, o *Dom Quixote* é um romance "como uma enfiada" (para falar com Chklóvski), muitas vezes interrompido por insertos narrativos que às vezes permanecem alheios à trama, às vezes se inserem nela. Estes insertos constituem como que cortes verticais na horizontalidade serial das aventuras do cavaleiro e do seu escudeiro. As modalidades de inserção variam: vão do procedimento do "manuscrito reencontrado" (como a estória do *Curioso impertinente,* I, 33-35) àquele da narração feita pelo protagonista do inserto (a *Historia del cautivo,* I, 39-41) ou, em capítulos seguintes, pelos protagonistas (Cardênio I, 24 e 27 e Dorotéia I, 28), ou por um narrador (a estória de Marcela, I, 12-13).

A diversidade de realização dos insertos depende certamente de uma intenção de *variatio,* mas também está em relação com a eventual participação das personagens dos insertos na trama principal: uma participação muitas vezes ocasional (eles provocam a loucura, ou eventualmente a sapiência, de Dom Quixote, enriquecendo e aprofundando sua casuística), às vezes substancial (Dorotéia que aceita de bom grado o papel de Micomicona); às vezes nula (o *Curioso impertinente).* É um problema de estrutura sobre o qual Cervantes deve ter meditado bastante, como resulta do que é dito em II, 44:

> Dicen que en el proprio original desta historia se lee que llegando Cide Hamete a escribir este capítulo, no le tradujo su intérprete como és le había escrito, que fué un modo de queja que tuvo el moro de sí mismo por haber tomado entre manos una historia tan seca y tan limitada como esta de don Quijote, por parecerle que siempre había de hablar dél y Sancho, sin osar estenderse a otras digresiones y episodios más graves y más entretenidos; y decía que él ir siempre atendido el entendimiento, la mano y la pluma a escribir de un solo sujeto y hablar por las bocas de pocas personas era un trabajo incomportable, cuyo fruto no redundaba en el de su autor, y que por huir deste inconveniente había usado en la primera parte del artificio de algunas novelas, como fueron la del *Curioso impertinente* y la del *Capitán cautivo,* que están como separadas de la historia, puesto que las demás que allí se cuentan son casos sucedidos al mismo don Quijote, que no podían dejar de escribirse. También pensó, como él dice, que muchos, llevados de la atención que piden las hazañas de don Quijote, no la darían a las novelas, y pasarían por ellas, o con priesa, o con enfado, sin advertir la gala y artificio que en sí contienen, el cual se mostrara bien al descubierto cuando por sí solas, sin arrimarse a las locuras de Don Quijote ni a las sandeces de Sancho, salieran a luz; y así, en esta segunda parte no quiso ingerir novelas sueltas ni pegadizas, sino algunos episodios que lo pareciesen, nacidos de los mesmos sucesos que la verdad ofrece, y aun éstos, limitadamente y con solas las palabras que bastan a declararlos; y pues se contiene y cierra en los estrechos límites de la narración, teniendo habilidad, suficiencia y entendimiento para tratar del universo todo, pide no se desprecie su trabajo, y se le den alabanzas no per lo que escribe, sino por lo que ha desejado de escribir.

O fato é que na segunda parte os insertos são mais breves, e todos estritamente ligados à trama principal: assim como as *Bodas de Camacho* (II, 20-21), a narração de Dona Rodriguez (II, 48), as estórias de Claudia Jerónima (II, 9) e de Ana Félix (II, 65), a inocente escapada da filha de Dom Diego (II, 49). Em compensação, a segunda parte assiste, pela primeira vez, a uma longa separação de Dom Quixote e de Sancho, em todo o episódio de Sancho governador (II, 44-53).

Discutiu-se sobre as eventuais relações do *Dom Quixote* com os romances picarescos; a resposta, bastante incerta se procurarmos retomadas conteudísticas, deve ser afirmativa se considerarmos a estrutura. O *Dom Quixote* se assemelha com o romance picaresco: pela serialidade virtualmente aberta para o infinito dos episódios (esquema em "em enfiada"); pelo seu manifestar-se como itinerário através da sociedade contemporânea, especialmente nas camadas mais baixas (e eis a taberna, a criada de fáceis virtudes, os galeotes, os guardadores de porcos etc.); para o tema "procura de emprego", que no caso de Dom Quixote se transforma em "procura de empresas heróicas". E é ao longo desse plano horizontal que Cervantes pôde desenvolver o tema relativamente diminuto da primeira "surtida", e retomar a narração dez anos depois, tomando o cuidado de bem concluí-la com a morte do protagonista, de modo que ninguém mais empreendesse sua continuação com uma terceira, uma quarta, uma enésima parte.

Ao contrário, o procedimento dos insertos é de origem cavaleiresca (e citarei, ainda, o *Furioso*, de onde justamente deriva a narrativa do *Curioso impertinente*). Os insertos podem integrar-se tanto mais plenamente na narração, quanto menos prepotente seja nela a presença do protagonista. No limite, há o procedimento do *entrelacement*, que compõe em mosaico uma pluralidade de vicissitudes com o mesmo quociente de funcionalidade.

Com o *Dom Quixote* estamos no limite oposto: a estória do cavaleiro e do escudeiro mantém sua linearidade, que pode ser detida mas não desviada pelos insertos; os insertos podem se prender ao fio da narrativa, mas não se lhe entrelaçam. Raramente as personagens dos insertos cruzam o caminho de Dom Quixote uma segunda vez, e ainda mais raro as conseqüências são apreciáveis. Alternância paritária — procedimento por encaixe — se dá somente entre Dom Quixote e Sancho nas poucas vezes que eles se afastam um do outro (I, 26-29, II, 44-53), não sem embaraço para ambos.

Se os relatos inseridos não são funcionais pela trama, eles o são pela temática do romance. Sem precisar adentrar-se nas investigações quinhentistas sobre os gêneros literários, nota-se logo que os insertos têm um elemento comum, o amor, e pertencem quase exclusivamente ao gênero pastoral ou sentimental, exceção feita à estória do prisioneiro, que é uma narrativa de aventuras. Uma primeira aproximação, que se nos tornará logo útil, pode nos ser fornecida por essa evidência: que tantos amores preenchem o vazio de sentimentos, deixado em aberto pelo culto totalmente fantástico e cerebral de Dom Quixote por Dulcinéia.

A concepção do amor como a tem Dom Quixote vai com efeito muito além do que foi chamado o paradoxo do amor cortês: cujas invocações exigem não serem satisfeitas, e são tanto mais elevadas e inspiradas quanto mais a amada esteja distante, inalcançável ou seja, até, de dúbia existência (como, justamente, é o caso de Dulcinéia de Toboso). Dom Quixote, diferentemente de grande parte das personagens dos romances, exclui com rigor quase monástico toda e qualquer condescendência para com a galanteria. O mesmo extremismo na concepção da aventura, que deve ser gratuita e somente inspirada pelo desejo de glória.

Assim, Cervantes sentiu a necessidade de fazer passar o unívoco itinerário espiritual de Dom Quixote em meio a personagens e vicissitudes que representassem zonas bastante extensas da invenção narrativa, pelo menos tal como ela era codificada em sua época. O olhar de Dom Quixote está tão fixo nas metas sonhadas, quanto o das personagens dos insertos se move sobre as pessoas e sobre as coisas; o sentimento de Dom Quixote permanece tão imóvel em sua auto-suficiência, quanto o dos outros está pronto a acessos de paixão, de gratidão, de vingança; a agulha da bússola de Dom Quixote aponta tão firme para seu inalcançável norte, quanto o dos outros oscila com o variar dos impulsos, situações, casos mais ou menos fortuitos.

Não seria difícil mostrar como o gênero pastoral (e sua variante sentimental), com a infalível convencionalidade das situações e dos desenvolvimentos, com a ficção do transvestimento de jovens, em sua maioria abastados, em pastores propensos à declamação e à improvisação poética, responde aos ideais literários do Renascimento. Era a proposta de uma feliz utopia de vida agreste, de simplicidade de afetos, de poesia vivida, ou vivível; e era a proposta mais orgânica de atualização das concepções corteses elaboradas pelos trovadores, por Petrarca e pelos quinhentistas.

A ficção arcádica concretizava aquele gosto pelo decoro, pela nobreza dos sentimentos e pelo elóquio, destilados pelos teóricos segundo as aspirações dos ambientes os mais refinados. A sutil distinção entre verdadeiro e verossímil, que atribuía o segundo, e só o segundo, à liratura narrativa, oferecia as mais sólidas justificativas ao gênero pastoral. E o quanto o próprio Cervantes participava desse gosto, o diz o fato de que ele mesmo escrevesse, mesmo que com uma orientação para um alegorismo neoplatonizante, uma *Galatéia*, para a qual nunca abandonou a idéia de compor uma segunda parte.

Podemos, portanto, dizer (com reservas que resolveremos no final do presente capítulo) que os insertos narrativos exprimem a exigência da realidade, por mais que isso possa ser duro ao leitor moderno, tão distante das convenções literárias quinhentistas, tão pronto a reagir negativamente à artificialidade da moldura e dos enredos, dos quais pode, quando muito, fruir a elegância estilística e os detalhes colorísticos.

Basta notar que se o romance se desenvolve em dois planos, o da irrealidade quixotesca e o da realidade (antes, com base no *gentlemen's agreement* entre escritor e leitor, da veracidade), as personagens dos insertos pertencem, plenamente, ao plano da realidade fixado pelo autor: tanto é verdade que Dorotéia participa da afetuosa conjura para reconduzir o herói ao aprisco.

Os insertos estão além do mais, no romance, representando outra realidade: a da espessura social. Junto com Dom Quixote, *hidalgo* pobre e falso cavaleiro, e com o camponês Sancho, aparecem nos insertos representantes da nobreza, da propriedade fundiária, da administração e do clero: note-se que, se se prescindir dos insertos, na primeira parte do *Dom Quixote* o cavaleiro encontraria, na maioria das vezes, pessoas de condição e de instrução inferiores às dele. Também por isso os insertos se tornavam menos necessários na segunda parte, na qual personagens de alta situação, como o Duque, e em seguida Dom Antonio Moreno, monopolizam longamente o Cavaleiro da Triste Figura, e participam de modo determinante de suas vicissitudes. Na segunda parte a sociedade senhorial não precisa ir a Dom Quixote, é Dom Quixote que vai a ela, aceita sua hospitalidade e, ai dele, suas condições.

3. Mas a realidade dos insertos tem ainda outra função. O *Dom Quixote* é uma espécie de galeria dos gêneros literários de sua época: o romance de cavalaria, mesmo se em acepção parodística, consistente em parte no recurso aos esquemas do romance picaresco; e depois o gênero pastoral, o romance de aventuras, a novela, o diálogo literário; e não deve ser esquecida a poesia de amor, elemento comum aos insertos e às aventuras de Dom Quxoite (ao passo que somente essas últimas documentam o gênero popular dos *romances*).

Toda a história do gênero romance pode ser vista como uma série de tentativas de mesclar os vários tipos de romance: primeiro o ciclo arturiano com o carolíngio, em seguida o romance de cavalaria e o romance bizantino com o sentimental ou com o arcádico. No *Dom Quixote* esta mescla é, em vez de uma solução, uma suspensão que deixa imutadas suas componentes; Cervantes distribuiu acertadamente as seqüências pertencentes aos vários gêneros, sem que os traços que os caracterizam fossem contaminados ou conciliados. É a definição de Dom Quixote que exigia a combinação, em vez da fusão dos gêneros literários.

A posição de Dom Quixote com respeito à realidade centrifuga os elementos mais nobres e os mais vulgares que aí coexistem. A corrida do protagonista atrás de quimeras e de ideais irrealizáveis faz brotar de cada situação ou ambiente, quase que por contragolpe, os lados prosaicos, os aspectos triviais. Poder-se-ia dizer que o idealismo de Dom Quixote é um excepcional estimulador de realismo. Cada empresa de Dom Quixote tem por teatro a distância entre esses dois extremos: a derrota do herói está na constatação, embora sempre atastada, do quanto esta distância é para ele curta.

O recurso a outros gêneros literários visa, portanto, neutralizar a oposição nobre/vulgar, no sentido que isto nos leva a um clima literário com menores excursos tonais: a realidade está aí estilizada num registro de moderada nobilitação, visto que os sentimentos, aos quais ela está totalmente subordinada, constituem um fichário que evita desordens e quedas. Os sentimentos, bons ou ruins, adejam sempre mais ao alto da terra nua e escabrosa; e de fato eles podem se trasladar com facilidade do negativo para o positivo.

Tal é, com toda probabilidade, o cálculo feito por Cervantes, de pleno acordo com as poéticas renascentistas. Mas Cervantes é autor bifronte: se tivesse confiado somente nos ditames de sua especulação crítica, teria escrito a *Galatéia* e o *Persiles,* não o *Dom Quixote.* O que caracteriza o modo de proceder de Cervantes é a dialética de intuições geniais e de cálculos atentos, de livre invenção e de controle crítico. Cálculos e controles pertencem ao âmbito do adquirido e do codificado, da Renascença em seu ocaso; intuições e invenções se dirigem com segurança para o nascente Barroco.

É por isso que o doido cavaleiro dá ao escritor estímulos mais poderosos e arrebatadores do que as personagens dos insertos: Dom Quixote se move num espaço ao qual a insensatez subtrai exatidão de limites e rigor de controles. É um espaço em que vicejam o cômico e o grotesco (estranhos à harmonia renascentista, que admite, no máximo, o sorriso ou a superior ironia) em que as figuras perdem seus contornos naturais, em que irrompe uma nova sensibilidade paisagística.

Intuições, dizia; mas intuições que Cervantes sistematizou e institucionalizou. É significativo que na segunda parte, enquanto a redução dos insertos proporciona a Dom Quixote uma presença mais dominante, a deformação da realidade não é mais atribuída exclusivamente à loucura do cavaleiro, mas à fantasia, embora cruel, de seus interlocutores: como a dizer que a deformação do real, no início fruto de uma mente enferma, é, doravante, ato repetível e definível.

Cervantes descobriu, portanto, no curso da composição, uma nova medida das coisas; registrou-a, mas sem torná-la própria; ou, se se prefere: enviou seu herói em exploração de novos territórios, adotando os resultados de sua experiência mesmo sem participar dela. O esquema em espiral caracterizado nas relações entre escritor, personagem, "primeiro autor" (Cide Hamete) e obra, reaparece aqui nas relações entre realidade, verossimilhança, sonho e invenção de novas realidades. Duas espirais, evidentemente afins, que permitem uma multiplicação de perspectivas e uma dissimulada vigilância. Somente tutelando sua própria sapiência (também de escritor), Cervantes podia narrar a demência de Dom Quixote; apenas mantendo uma poética renascentista, Cervantes podia potenciar, e canalizar, suas visões barrocas.

4. Mas é tempo de falar da loucura de Dom Quixote. Sobre cuja gênese Cervantes não deixa dúvidas: tendo gasto tantos anos na leitura de romances de cavalaria, "del poco dormir y del mucho leer se le secó el celebro, de manera, que vino a perder el juicio. Llenósele la fantasía de todo aquello que leía en los libros, así de encantamentos como de pendencias, batallas, desafíos, heridas, requiebros, amores, tormentas y disparates imposibles; y asentósele de tal modo en la imaginación que era verdad toda aquella máquina de aquellas sonadas soñadas invenciones que leía, que para él no había otra historia más cierta en el mundo" (I, 1).

Condenando à folia o seu protagonista, Cervantes realizava, portanto, um desenho polêmico preciso, que é de fato justificado minuciosamente nos dois episódios críticos já lembrados (escrutínio da biblioteca e conversação entre o cônego e o cura). Uma polêmica que nos anos de 1605-1615 era atual, quer pela perdurante sorte do romance de cavalaria, gênero literário de consumo mesmo se ligado a ideais e convenções medievais, portanto anacronístico, quer pelas condenações já por várias vezes pronunciadas em nome do gosto e, até, da religião.

Os motivos da desaprovação de Cervantes aos romances de cavalaria podem ser vinculados, com alguma simplificação, a dois: a ignorância, por parte de seus autores, da norma aristotélica do verossímil; o alambicamento do estilo. Em outra spalavras: a ofensa à realidade (no sentido de possibilidade, harmonia, decoro) dos fatos e dos discursos. Erasmo, a quem Cervantes está ligado por fios sutis, exprimia conceitos semelhantes a estes. Mas a atitude de Cervantes está cheia de matizes: muitos exemplares da literatura de cavalaria saem absolvidos, ou até celebrados, pelo processo faceto. Trata-se de obras que têm, doravante, um valor histórico, ou que se conformam, de maneira positiva ou negativa — escassa relevância das infrações — aos paradigmas cervantinos do gosto.

E como a condenação da literatura de cavalaria não é global, assim o enfatuamento de Dom Quixote não é isolado nem excepcional. Todo o romance é um desfile de aficionados do romance de cavalaria: desde o estalajadeiro bibliófilo e pouco menos crédulo do que Dom Quixote (I, 32), a Ginés de Pasamonte titeriteiro (II, 26), até os próprios eclesiásticos-críticos, o cura e o cônego, que se mostram muito competentes na discussão. A culpa de Dom Quixote não é, portanto, a de ler os livros de cavalaria, mas de acreditar neles. Mais ainda: de acreditar que as aventuras narradas por esses livros ainda sejam possíveis.

Em sua loucura, Dom Quixote tem modelos (os heróis dos romances) e esquemas de comportamento (seus empreendimentos). Quanto aos modelos, ele oscila entre identificação e equiparação, tendo em vista sobretudo os mais nobres, os mais generosos, os mais perfeitos e mais perfeitamente apaixonados dos cavaleiros, Lancelote e Amadis de Gaula; os esquemas lhe servem para decidir em relação a situações, mas acima de tudo para *criar as situações*.

Foi dito que o *Dom Quixote*, paródia dos romances de cavalaria, acaba por ser um romance de cavalaria. Não é uma contradição, mas uma conseqüência lógica do assunto: Dom Quixote tem em mente todos os principais estereótipos da ação cavaleiresca: basta-lhe que a realidade lhe ofereça um traço (uma aparência), para declarar presente o estereótipo todo, e comportar-se de acordo. Em vez da "imitação de Cristo", esquema *a priori* para tantas vidas de santos, Dom Quixote procura efetuar uma "imitação do perfeito cavaleiro". Está aqui o motivo mais profundo da estrutura "em enfiada". Porque na vida de um cavaleiro errante a vicissitude é condicionada pela personalidade do herói e pelos seus desenvolvimentos em relação ao ambiente; enquanto na vida de Dom Quixote há um intento preciso, como na "imitação de Cristo", de esgotar a gama de possibilidades, a ser considerada como dada, de início, pelas aventuras do cavaleiro errante: cuja ordem é considerada por conseguinte puramente casual.

Não é, portanto, o encontro entre uma personalidade e as situações, mas um elenco de "possíveis" dos quais, aos poucos, se embotam os que encontraram no caso simulacros de realização. Cada "possível" é um episódio; que não tem como pontos de referência os precedentes ou os sucessivos, mas sim os romances assimilados e unificados por Dom Quixote. Dom Quixote fez deveras uma formalização dos "possíveis" cavaleirescos: dá um exemplo quando narra a Sancho (I, 21) episódios típicos de uma vida de cavaleiro, e estes se colorem aos poucos, se ligam, proliferam e se tornam, quase, uma estória acontecida. E a permutabilidade na ordem dos episódios é acentuada, com o usual esmero de Cervantes (I, 2).

Voltemos às raízes da polêmica de Cervantes. Cervantes não estigmatiza tanto a paixão pelos livros de cavalaria, mas a confusão entre literatura e vida. Os romances de cavalaria, enquanto romances de ação, tinham maiores possibilidades de mistificar o leitor; mas a loucura teria sido a mesma se Dom Quixote, suponhamos, houvesse tomado demasiadamente a sério os romances pastorais. Não se trata de uma hipótese; Dom Quixote declara mais de uma vez ser ou ter sido tentado pelo projeto de se transformar em pastor apaixonado ao invés de cavaleiro errante. Daí a universalidade do romance: impossível se ele desenvolvesse uma polêmica já superada pelo tempo.

Dom Quixote está totalmente empastado de literatura: conhece de cor os romances de cavalaria; também experimentou escrever alguns, e continua compondo poesias amorosas; vive ressuscitando os cometimentos dos cavaleiros errantes; enfim, sente ser personagem potencial de romance, e como que à espera do escritor que o torne imortal, torna-se histórico por si mesmo:

> Quién duda, sino que en los venideros tiempos, cuando salga a luz la verdadera historia de mis famosos hechos, que el sabio que los escribiere no ponga, cuando llegue a contar esta mi primera salida tan de mañana, desta manera?: "Apenas había el rubicundo Apolo tendido por la faz de la ancha y espaciosa tierra las doradas hebras de sus hermosos cabellos, y apenas los pequeños y pintados pajarillos con sus arpadas lenguas habían saludado con dulce y meliflua armonía la venida de la rosada Aurora [...] cuando el famoso caballero Don Quijote de la Mancha, dejando las ociosas plumas, subió sobre su famoso cabalo Rocinante, y comenzó a caminar por el antiguo y conocido campo de Montiel (I, 2).

Não só a literatura se confunde com a vida, mas precede à vida; mal Dom Quixote partiu de casa, exclama: "Dichosa edad y siglo dichoso aquel adonde saldrán a luz como conquista de novas realidades narrativas (completando intuições e "descobertas" das *Novelas ejemplares*). las famosas hazañas mías, dignas de entallarse en bronces, esculpirse en mármoles y pintares en tablas, para memoria en lo futuro" (*ibid.*). Não se trata de desmedida segurança de si: toda a estória de Dom Quixote será um confronto entre o romance a ser escrito e aquele efetivamente escrito com fatos, isto é, o falimento.

Confundir a literatura com a vida significa, de fato, confundir o ideal com sua explicação material, o movente com o gesto, o fim com sua celebração. E Dom Quixote, que proclama a defesa dos fracos e dos perseguidos, a luta pela justiça, a milícia religiosa da cavalaria, outra coisa não faz a não ser exacerbar os sofrimentos daqueles que defende, violar as leis do viver civil, arriscar-se aos rigores da Inquisição. Impaciente em esgotar os capítulos de sua "imitação", não medita sobre a legitimidade ou sobre as conseqüências de sua ação, no contexto preciso em que a desenvolve.

Daí a atitude bivalente de Cervantes para com seu herói: Cervantes não pode deixar de partilhar o sonho heróico e generoso de Dom Quixote; considera loucura, isto é, alienação da realidade, o delegar a modelos literários as modalidades de realização que tempos, lugares e oportunidades deveriam sugerir. As coisas nas quais Dom Quixote acredita não são de modo algum ridículas, são, antes, elevadíssimas; o que lhe falta é a capacidade de comensurá-las à realidade e, assim, arrancá-las de uma estéril idolatração e torná-las realizáveis e vitais.

O tema foi crescendo na mente de Cervantes, junto com a consciência de que o desdobramento da personalidade de Dom Quixote (sábio em tudo, menos no que toca à cavalaria) lhe permitia mover-se em mais um de seus prediletos discursos em espiral: desta vez um discurso literário sobre os limites da literatura, e conduzido de tal maneira que acaba por celebrar — através da obra — a extensibilidade não detenível, dos próprios limites. Pois se *Dom Quixote* agasalha, com seus insertos, a literatura como evasão no verossímil (ligando-se com a linha mais elaborada da narrativa cervantina, desde *Galatéia* até *Persiles*) ele consagra também, com o episódio principal, a literatura como evasão para o irreal, e portanto mesmo

Parece que o tipo de insensatez que golpeia Dom Quixote era bastante freqüente: Dom Francisco de Portugal, Melchor Cano, Alonso de Fuentes, o Pinciano, Dom Luis de Zapata narram anedotas sobre pessoas por demais crédulas nos romances de cavalaria, por vezes, também, iludidas a ponto de querer imitar seus heróis. O precedente direto (repercutido em certos pontos do romance) parece ser o *Entremés de los romances,* onde um pobre camponês, Bartolo, de tanto ler *romances,* põe na cabeça que é um cavaleiro, e abandonando a jovem esposa parte para cometimentos de sua fantasia, dos quais sai, cada vez, de maneira humilhante e redícula. Ele adapta a si mesmo trechos de romances, e se identifica com seus protagonistas; assim como Dom Quixote assume atitudes e palavras de Lancelote ou de Amadis (mas, especialmente no início de suas aventuras, recorre também ele a trechos de *romances*).

Seria ingênuo procurar na psiquiatria (há quem o tenha feito) a definição da doença mental do *hidalgo*; o que importa, são as manifestações atribuídas, pelo escritor, a esta loucura. Pois elas variam com o prosseguir do relato, uma eventual descrição clínica confundir-se-ia com o diagrama do processo inventivo e das fases de estruturação do romance.

Um primeiro dado fundamental, repetido como um *leitmotiv* por todos aqueles que no romance entram em contato com Dom Quixote, ou que falam dele, é a "especialização" de sua loucura: culto, sábio, ajuizado, sagaz, pouco menos que um mestre é Dom Quixote, conquanto não se trate de cavalaria: são os romances de cavalaria que o exaltaram a ponto de inspirar-lhe a tentativa de ressuscitar a cavalaria errante. Daí um andamento desultório: Dom Quixote, sábio que se precipita na insânia, ao estímulo de qualquer alusão a temas ou a personagens de cavalaria; Dom Quixote que retoma a estrada da sabedoria tão logo o seu interesse se desvia das zonas perigosas ao seu juízo. É uma segmentação que reflete, sobre extensões mais curtas, a dos episódios em sua sucessão linear.

É lícito, ao invés, perguntar-se — embora a resposta permaneça no terreno literário — se Cervantes quisera atribuir a seu herói uma insensatez patológica, irreprimível pelo menos durante seus acessos, ou (como propõem por exemplo Madariaga e Maldonado de Guevara) um tipo de insânia mais matizada e ambígua. A crítica é quase concorde em resistir à segunda hipótese: impelida pelo indomável perdurar de uma imagem simbólica de Dom Quixote, venerável pela fé cega no ideal, ou risível por ter forçado este ideal a se combinar com uma realidade mesquinha, vitoriosamente mesquinha.

Creio, pelo contrário, que a insensatez de Dom Quixote seja fortemente gretada, vacilante; que sua fé seja, sobretudo, uma vontade de acreditar. Muitos sinais transparecem através do voluntarismo da insanidade, desde o início: poder-se-ia tomar, como síntese, o "yo pienso, y es así verdad" que precede uma afirmação quase programática de Dom Quixote (I, 8); a veracidade da asserção se apóia, na subjetividade da convicção, da qual se transforma em conseqüência. E que diz Dom Quixote aos mercadores toledanos que lhe pediram as provas da beleza sobre-humana de Dulcinéia? Algo que corresponde verossimilmente à solução encontrada para dúvidas interiores:

> Si os la mostrara [Dulcineia] ¿qué hiciérades vosotros en confesar una verdad tan notoria? La importancia está en que sin verla lo habéis de creer, confesar, afirmar, jurar y defender etc. (I, 4).

Vê-se claramente que a vontade de acreditar está bloqueada pelo obstáculo objetivo da realidade: a maior vitória é talvez obtida por Dom Quixote no duelo sonambúlico com os odres de vinho feitos em pedaços por golpes fendentes que o cavaleiro acredita ter ministrado a um gigante malvado (I, 35). Um caso privilegiado: usualmente Dom Quixote precisa recorrer às defesas e às justificações torcidas, sugeridas em sua maior parte por Sancho, reconhecendo tacitamente a escassa atuação de sua própria vontade de acreditar. Mas Dom Quixote inventa um preciso procedimento lógico para a inversão ilusão/realidade: a tese do encantador. Não é o cavaleiro que contundiu (ou quis confundir) os moinhos de vento com gigantes, mas o encantador, invejoso, foi quem fez os gigantes aparecerem como sendo moinhos de vento (I, 8). Não é sua fantasia que dilata e nobilita a realidade, mas é o encantador que a restringe e a empobrece. Nem esta contabilidade irrepreensível pode ser atribuída a uma mente obscurecida; no caso, a um espírito delirante e, no fundo, desesperado.

E talvez Cervantes tenha procurado nos colocar no caminho certo, com o episódio da Sierra Morena (I, 23-25). Cardenio move-se quase como espelho de Dom Quixote, ou o antecipa: ele também sofre de uma insânia que se alterna com longos períodos de sabedoria; participa, ele também, com passionalidade, das vicissitudes dos romances de cavalaria; vive entre as rochas em estado selvagem, assim como o faz, num dado momento, o cavaleiro, para imitar Orlando e Amadis. Salvo que a insensatez de Cardenio é deveras perturbante, bestial; a de Quixote é uma insensatez de segundo grau, lúcida, raciocinante — como produto de uma decisão prévia, em vez de ser de humores incontrolados. O senso comum de Sancho declara: "todo esto es fingido y cosa contrahecha y de burlas"; o voluntarismo sofístico faz com que Dom Quixote diga: "todas estas cosas que hago no son de burlas sino muy de veras" (e "de veras" significa "acreditando nisso", não "impelido por furor incontível").

Na segunda parte chega-se à mistificação confessa, se nos aproveitarmos de uma frase que escapa ao cavaleiro depois da aventura de Clavileño: para Sancho que descreve com descarada fantasia as sete cabritinhas (as Plêiades) que teria visto na cavalgada astral, Dom Quixote sussurra: "Sancho, pues vos queréis que se os crea lo que habéis visto en el cielo, yo quiero que vos me creáis a mí lo que vi en la cueva de Montesinos. Y no os digo más" (II, 41).

Mas é uma mistificação sofrida até o fim, visto que corresponde a uma patética busca de confirmações externas para uma fé que está declinando e entristecendo. Não há presunção, mas um arrepio de incerteza, na pergunta dirigida à cabeça encantada de Dom Quixote ("Dime tú, el que respondes: ¿fué verdad, o fué sueño lo que yo cuento que me pasó en la cueva de Montesinos?", II, 62); ele de fato se aquieta diante de uma resposta que é tudo, menos nítida ("A lo de la cuerva hay mucho que decir: de todo tiene").

De resto, Cervantes faz com que Cide Hamete diga cruamente, a propósito da aventura de Montesinos: "se tiene por cierto que al tiempo de su fin y muerte dicen [note-se a queda de *se tiene por cierto* para *dicen*] que se retrató della y dijo que él la había inventado, por parecerle que convenía y cuadraba bien con las aventuras que había leído en sus historias" (II, 24). Em todo o caso, o episódio de Montesinos nos leva à segunda parte do romance, que exige um discurso por si.

É assaz evidente a mudança sofrida por Dom Quixote ao reaparecer após dez anos, em particular sobre o ardor do sucesso da primeira parte. Na primeira parte do romance as aventuras nascem, geralmente, do encontro entre uma ocasião-estímulo e a imaginação do herói: que, na base de um só traço, acredita caracterizar uma *Gestalt* completa e entra nesta *Gestalt* inexistente. A esquematização das situações típicas do romance de cavalaria faz de Dom Quixote um inventor de situações; o fracasso é determinado (predeterminado) pela absoluta estranheza e incompatibilidade da situação real com a literária. Na primeira parte Dom Quixote passa, não obstante, da exaltação ao empenho, ponderado, para remediar suas conseqüências: seu orgulho pode ser mais ou menos altivo, mas nunca se sente (ou não se confessa) ferido; sua linguagem, refletindo todas as nuanças de humor, é, com admirável variedade, nobre ou humilde, rebuscada ou inspirada, didática ou capciosa.

A primeira parte do *Dom Quixote* é o relato de como o herói *não* se tornou um herói de romance de cavalaria; mas é também a estória do nascimento de um herói de romance: do romance de Cervantes. O contexto da segunda parte é profundamente mudado por este elemento: todas as personagens, a partir do protagonista, conhecem a existência da primeira parte do romance. As novas vicissitudes de Dom Quixote, apresentadas como sendo verdadeiras, estão influenciadas pelo conhecimento, literário, das precedentes e igualmente verdadeiras. Temos assim o impacto sobre a vida de dois tipos de livros: os de cavalaria (mentirosos), dominantes sobre a inteligência e sobre a ação de Dom Quixote, e o romance de Cervantes (verdadeiro, histórico), que popularizou a imagem do cavaleiro, e portanto muda o ambiente em que ele se move — e ele mesmo.

A primeira parte do romance forneceu, em suma, um reconhecimento objetivo àquela forma de automaturação produzida pelo suceder-se das aventuras; ora Dom Quixote está seguro de si: ele é aquilo que ele fez de si, e é, graças à circulação do romance, uma personagem. Não mais improvisações ou caprichos fantásticos: Dom Quixote fala e age de maneira a enriquecer e aperfeiçoar os traços da personagem, com consciência digna. Também sua linguagem se tornou mais segura e uniforme: move-se em uma faixa de tonalidade elevada, mas não ampla. Um autocontrole, o seu, ao qual não podia subtrair-se nem a insensatez. E por se tratar de uma insensatez transfiguradora, Dom Quixote parece não mais conseguir transformar, como dantes, a realidade: as tabernas não mais são castelos, as manadas de touros e de porcos não são exércitos inimigos, e os açoites que devem desencantar Dulcinéia são pagos ao som de escudos.

Ao declínio da inventiva de Dom Quixote correspondem as maquinações dos outros. Se a sorte do romance torna imediatamente reconhecível o Cavaleiro da Triste Figura, e reduz as reações às suas extravagâncias, parece porém insinuar também, em seus interlocutores, o intento de usufruir de sua insensatez como divertimento. A ascensão social do herói, que na segunda parte freqüenta ambientes nobres e luxuosos, tem como correspondente a entrada, involuntária, num contínuo jogo de sociedade, com função de adulado e afagado objeto de mofo. E então não é a fantasia de Dom Quixote que supõe diversas realidades, mas a imaginação de seus interlocutores que as encena. Na primeira parte Dom Quixote se enganava, na segunda, ele é enganado. A parábola da insensatez transfiguradora em insensatez organizada, heterônoma, segue portanto o arco narrativo constituído pela primeira e pela segunda parte do romance.

Se este ponto de vista for verdadeiro, a personagem mítica (o cavaleiro do ideal) ou cômica (o pobre *hidalgo* que delira heroísmos irrealizáveis) deve ser substituída por uma personagem trágica. Trágica também nos desenvolvimentos de sua estória. Porque a vontade de acreditar, não só é repetidamente iludida ou frustrada, mas a um dado momento começa a se esgotar. E por isso a estatura moral de Dom Quixote cresce na proporção que decresce sua vontade, é maior a ressonância do fracasso, sempre mais próximo de ser confessado.

Na primeira parte a fantasia e a jubilosa plenitude da missão a ser cumprida prevalecem, para Dom Quixote, sobre o êxito sempre falimentar de seus empreendimentos; ele se ergue, cada vez, de suas quedas, e prossegue indômito rumo a novos destinos. Entre fantasia e realidade há uma dialética vital, também para o herói que, intricadamente, está ciente disso. Na segunda parte temos, na maioria das vezes, o encontro entre uma fantasia engenhosa, presunçosamente cenográfica (aquela dos hóspedes), e os derradeiros vislumbres daquela do cavaleiro, que a primeira predetermina e, em substância, mortifica.

Já a própria partida (terceira e última) de Dom Quixote é rodeada pelos vestígios do logro: as adulações e os encorajamentos de Sansón Carrasco formam uma rede extravagante para aprisionar o Cavaleiro da Triste Figura. Também o salário pedido por Sancho, e penosamente concedido por Dom Quixote, também o freqüente reconhecimento da função contratual do dinheiro constituem um desmoronamento das instâncias práticas, antes galhardamente evadidas. Mas a tonalidade da segunda parte é cruelmente indicada pela primeira aventura, a procura de Dulcinéia. Por um lado, Dom Quixote que reconhece, enfim, "en todos los días de mi vida no he visto a la sin par Dulcinea, ni jamás atravesé los umbrales de su palacio" (II, 9); por outro, Sancho, que leva a termo a experiência de gerir a fantasia do cavaleiro, apresentando-lhe uma falsa Dulcinéia e falsas donzelas: nas quais depois Dom Quixote não consegue divisar senão justamente o que ele vê, rudes campônias, absolutamente nada atraentes.

A última "surtida" inicia-se, portanto, com o reconhecimento de um insucesso, ainda dolente nas palavras pronunciadas pouco depois: "aunque en mi alma tienen su propio asiento las tristezas, las desgracias y las desventuras, no por eso se ha ahuyentado della la compasión que tengo de las ajenas desdichas" (II, 12). Ela conclui com o vexame mais ardente: a derrota no duelo, o reconhecimento de ser "el más desdichado caballero de la tierra", o pedido para que sobrevenha a morte, uma vez que a honra está perdida (II, 64). A vara de porcos que atropela Dom Quixote e Sancho parece uma materialização do ultraje: "esta afrenta es pena de mi pecado, y justo castigo del cielo es que a un caballero andante vencido le comandivas, y le piquen avispas, y le hollen puercos" (II, 68). Alguns capítulos antes, atacado e derrubado por uma manada de touros, Dom Quixote saíra-se com uma expressão digna de um místico: "yo nací para vivir muriendo" (II, 59).

Talvez seja a aventura dos leões a que melhor sombreia a nova dimensão trágica de Dom Quixote. Ao deveras "inaudito ánimo" do cavaleiro, que enfrenta, com sangue frio imune a enganos ou auto-enganos, a fera bravia e faminta, o leão reage espreguiçando-se e bocejando e, por fim, mostrando o traseiro a Dom Quixote, voltando em seguida a se deitar no fundo de sua jaula (II, 17). Dom Quixote e os tremebundos espectadores falarão de vitória moral; mas o malogrado combate com o leão simboliza a impossibilidade de um contato dinâmico, o fechar-se do mundo às solicitações do infortunado cavaleiro. A quem desde já é negado, mesmo antes do sucesso, o processo pelo qual poderia consegui-lo.

5. Dom Quixote e Sancho estão estritamente ligados por uma relação de complementaridade. O bom senso de Sancho é aproximado por contraste, segundo alguns, à insensatez de Dom Quixote; ou, segundo outros, à insensatez de Dom Quixote é reapresentada em Sancho a um nível mais humilde (e então cavaleiro e escudeiro seriam variantes culturais e tonais de um mesmo protótipo). Tanto num caso como no outro, ambas as interpretações são aceitáveis: importante é exatamente sua intermutabilidade, prova da ordem combinatória com a natureza alternativa dos dois caracteres.

Concluindo, se Dom Quixote se move sobre a linha insensatez-sabedoria, Sancho se move sobre uma linha paralela credulidade-bom senso. Eis portanto, mesmo limitando-nos a esses pólos extremos, uma quádrupla possibilidade de combinações, que em seguida se tornam muito mais numerosas, tendo em conta todas as posições intermediárias. Permanece porém constante, em Sancho, a tendência a materializar: em geral os arroubos de sua fantasia giram em torno das vantagens concretas do governo da ilha que lhe foi prometida por Dom Quixote, enquanto seu bom senso não foge do egoísmo, da intriga, da venalidade.

Mas qualquer definição de Sancho deve tomar em consideração, mais ainda do que as de Dom Quixote, o desenvolvimento da personagem através do romance. Há, antes de mais nada, uma espécie de mimetismo do escudeiro com respeito ao cavaleiro: a "quixotização" de Sancho. Não apenas Sancho assimila a seu modo a linguagem e o código da cavalaria, a ponto de saber enredar, após algum tempo, saborosos *pastiches* de estilo nobre ou deslustrar, quiçá em sua própria vantagem, as leis da cavalaria (deve-se-lhe, também, o apelido de Dom Quixote: "Cavaleiro da Triste Figura", I, 19): ele se apodera dos mecanismos interpretativos de Dom Quixote.

Basta ler, lado a lado, os capítulos I, 31 e II, 10. Há o mesmo contraponto de estilização enobrecedora e de realismo cômico: exceto que Dom Quixote e Sancho trocaram entre si as duas tonalidades. Diz Dom Quixote a Sancho que voltou de sua missão de mensageiro junto a Dulcinéia: "A buen seguro que la hallaste ensartando perlas, o bordando alguna empresa com oro de cañutillo, para este su cautivo caballero". E Sancho: "No la hallé sino ahechando dos hanegas de trigo en un corral de sua casa". Ou então: "cuando llegaste junto á ella, ¿no sentiste un olor sabeo, una fragrancia aromática y un no sé qué de bueno, que yo no acierto a dalle nombre? Dico, ¿un tuho o tufo como si estuvieras en la tienda de algún curioso guantero?" (I, 31). E Sancho: "Lo que sé decir es que sentí un olorcillo algo hombruno; y debía de ser que ella, con el mucho ejercicio, estaba sudada y algo correosa".

E eis, ao invés, duas frases, durante e depois do encontro com as três camponesas reputadas por Sancho como sendo Dulcinéia e donzelas. Sancho: "Sus doncellas y ella todas son una ascua de oro, todas mazorcas de perlas, todas son diamantes, todas rubíes, todas telas de brocado de más de diéz altos". Dom Quixote: "no se contentaron estos traidores [os encantadores] de haber vuelto y transformado a mi Dulcinea, sino que la transformaron y volvieron en una figura tan baja y tan fea como la de aquella aldeana, y juntamente le quitaron lo que es tan suyo de las principales señoras, que es el buen olor, por andar siempre entre ámbares y entre flores. Porque te hago saber, Sancho, que cuando llegué a subir a Dulcinea sobre su hacanea (según tú dices, que a mí me pareció borrica), me dió un olor de ajos crudos, que me encalabrinó y atosigó el alma" (II, 10).

O escudeiro se torna, em suma, o primeiro e principal enganador do cavaleiro. Mas os enganos de Sancho têm uma natureza diferente dos engenhados a frio pelo Duque e por Antonio Moreno. Sancho engana para sair-se de apuros, para desviar aborrecimentos que considera injustos ou excessivos; seu engano é uma exceção à fidelidade. Sob as reservas, as limitações, bem como as constatações, subsiste em Sancho uma ingênua adesão aos programas de Dom Quixote, portanto a seu mundo. Para Sansón Carrasco que lhe fala da primeira parte do romance, Sancho diz, carrancudo: "Atienda ese señor moro [Cide Hamete], lo lo que es, a mirar lo que hace; que yo y mi señor le daremos tanto ripio a la mano en materia de aventuras y de sucesos diferentes, que pueda componer no sólo segunda parte, sino ciento". E acrescenta, ainda: "Lo que yo sé decir es que si mi señor tomase mi consejo, ya habíamos de estar en esas campañas deshaciendo agravios y enderezando tuertos, como es uso y costumbre de los buenos andantes caballeros" (II, 4).

A ilha a ser governada representa, é verdade, o suspiro mais breve, fatigado, da fantasia de Sancho com respeito à fúgida presença de Dulcinéia na de Dom Quixote; mas representa também a fé na restauração da cavalaria errante; fé que pareceria ser unicamente de Dom Quixote, mas que é (grosseira e sumariamente) também de Sancho. Credulidade ou, como em Dom Quixote, vontade de acreditar? Dir-se-ia que Sancho tenha seguido também neste caminho seu patrão: as referências astronômicas e literárias de Dom Quixote durante o "vôo" sobre Clavileño contrastam com a vivacidade das observações que Sancho Pança, novo Menipo, pretende ter feito: a terra reduzida a um grãozinho para o olhar do transvoador, as Plêiades como cabras numa paisagem lunar (II, 41). Sancho encontra-se doravante em pé de igualdade com Dom Quixote, como este reconhece.

A principal mudança de Sancho, de qualquer maneira, se realiza no pólo do bom senso: porque o bom senso revela ser, especialmente na segunda parte, verdadeira e própria sabedoria. Uma sabedoria que tem suas *auctoritates:* os provérbios, equivalente popularesco das citações literárias de Dom Quixote; que brota da motivação dos atos singulares para uma filosofia de vida. Contaminando originalmente uma sapiência de tradição rural com o magistério de Dom Quixote, Sancho está traçando para si um código de boas maneiras e uma tabela de valores.

É neste movimento concertado rumo à sabedoria que se delineia uma quase-assimilação do proto e do deuteragonista. Salvo que a sua sabedoria, Sancho a exercita de maneira soberana, durante o governo da ilha de Barataria. Um imerecido privilégio com relação a Dom Quixote? Uma leitura atenta o exclui. A conexão Dom Quixote-Pança nunca foi tão estreita como durante sua separação. Pança o concreto, Pança o realista, está justamente encarregado de concretizar em ato uma sapiência que Dom Quixote leva sempre ao plano da universalidade e da abstração. Mas quando Sancho está para tomar posse do cargo, é Dom Quixote que lhe dá seu *De regimine principis* (II, 42-43), com o acréscimo, após sua partida, de um codicilo epistolar (II, 51).

O que caracteriza o episódio de Barataria é que neste governo nascido de uma burla, Sancho se revela um ridículo e pouco régio Salomão; sempre um Salomão, de qualquer maneira. Cervantes recolheu, para atribuí-la a Sancho, todo um conjunto anedótico de soluções engenhosas e de julgamentos previdentes, e faz com que Sancho governador conquiste bem depressa uma dignidade que o coloca muito acima do pomposo Duque que maquinou, entre uma série de aventuras dos dois heróis, também a fictícia promoção de Sancho. Assim, como diz o mordomo de Sancho, exprimindo provavelmente o pensamento de Cervantes, "las burlas se vuelven veras, y los burladores se hallan burlados" (II, 49).

Tal como Sancho gaba sua natureza de "cristão-velho", assim sua árvore genealógica é mais ramificada que a de seu patrão (e isto *sublinha, em negativo,* a originalidade da personagem Quixote). Seu avoengo direto poderia ser o escudeiro Ribaldo da *Historia del Caballero Cifar*: uma espécie de pícaro proverbioso, aproximado com efeitos de contraste (como Sancho a Dom Quixote) ao heróico Cifar. Mas a complexidade humana leva antes a aproximar Sancho à figura do *bobo*, depois *gracioso,* do teatro quinhentista e seiscentista, com os seus precedentes nos servos da comédia clássica e renascentista, e seus mais fúlgidos representantes nos *fools* do teatro elisabetano.

O *gracioso,* acentuando velhacamente uma original parvoíce, consegue dizer as verdades profundas, embora desagradáveis. (Nota-o também Dom Quixote: "Decir gracias y escribir donaires es de grandes ingenios: la más discreta figura de la comedia es la del bobo, porque no lo ha de ser el que quiere dar a entender que es simple", II, 3). Goza de uma franquia justificada pelo fato de colocar-se à margem da sociedade e de suas convenções. Representa, justamente, a realidade natural ignorada ou reprimida pelos cerimoniais da convivência aristocrática; ou, também, a sabedoria do povo contraposta à cultura e a suas simulações.

Foi o teatro — desde as cenas pastorais do drama sacro — que soube valorizar, e caracterizar lingüisticamente, as possibilidades do rústico-sapiente, do bufão que — rindo — revela as profundezas, ou julga o mundo. Mas o teatro ligava-se a toda uma literatura medieval do vilão rústico, detentor de doutrinas elaboradas durante séculos de dura experiência (de Marcolfo a Bertoldo). Estas doutrinas tinham sua quintessência no provérbio. Não é por acaso que a paremiologia conheceu um período de renovado fulgor exatamente no fim do século XVI, com coleções de *proverbios, refranes* e afins.

O *Dom Quixote* é porém um caso por si. Sancho não se move às margens ou dentro de uma vicissitude que implica a alta sociedade das personagens literárias; Sancho acompanha, em paridade narrativa, um outro *fora-da-lei*, Dom Quixote. Temos em suma duas personagens que se desligam da sociedade (em direções opostas), sociedade esta que fica representada no romance somente pelas personagens de contorno, ou pelas dos insertos. Em vez de uma norma e de uma infração à norma, temos duas infrações à norma, de sinais contrários e substancialmente complementares. Qual juízo da sociedade isto implica, é algo que já se começa a entrever.

6. O *Dom Quixote* é uma nebulosa em expansão. Avança ao longo do tempo da escritura e do tempo narrado; reentrando na ocular do telescópio após dez anos, deixa divisar uma fase muito mais avançada da expansão, que na segunda parte retoma seu ritmo. Por isto, aqui são movimentos lineares para diante (e eis a sucessão horizontal dos episódios, interrompida mas evidenciada pelos insertos e pelos raros encaixes), e movimentos de arranjo circular, que preenchem o espaço de idéias, de relações e de sugestões que rodeia o núcleo da narrativa.

São estes arranjos circulares que nos sugeriram muitas vezes a imagem em espiral. Cervantes, substancialmente, nunca assume um ponto de vista preferencial; ele faz com que as pessoas, ou suas atitudes, ou até os meios de expressão, reenviem um ao outro, espelhos rotativos que fazem redemoinhar à nossa volta realidade e fantasia, verdade e mentira, tragédia e comédia, ironia e poesia.

Destes movimentos em espiral, temos que examinar ainda um, talvez o mais importante de todos. Dom Quixote, já o vimos, oscila entre insensatez e sabedoria. Vê uma bacia de barbeiro, e decide que é um elmo, por que não o de Mambrino? Para os outros, naturalmente, a bacia continua sendo uma bacia; Sancho, enfim, com brilhante mediação lingüística, batiza-a de "bacyelmo" (I, 44). Neste caso o escritor enunciou muito bem os três pontos de vista.

Mas a casuística torna-se muitas vezes mais complicada. O sobrenome originário de Dom Quixote, oferecido nas variantes de *Quijada, Quesada, Quejana* em I, 1 (de modo a fazer supor tradições orais vicejantes e contrastantes), é, posteriormente, de maneira repetida, reportado na forma *Quijano* em II, 74; transformado pelo próprio aspirante a cavaleiro em Quijote (I, 1), provavelmente pensando em *Lanzarote* (Lancelote), corre o risco de se transformar em *Quijotiz,* num projeto logo abandonado de vida pastoral (II, 67). Em seguida os nomes são deformados por ignorância ou por afronta; e, enfim, revelam novas possibilidades através do jogo etimológico a que são submetidos, caleidoscopicamente.

Com base nesta polionomasia, Spitzer propôs uma interpretação global do *Dom Quixote* baseada no conceito de "perspectivismo": as coisas são representadas no romance não como elas são, mas como, delas, falam as personagens que entram em contato com elas; graças a esse procedimento, Cervantes nos representou a variegada fantasmagoria dos contatos humanos com a realidade. Atrás, o narrador-encenador, que tem cada personagem em seu poder, controla cada pensamento e movimento, celebrando assim sua própria onipotência de criador.

A correspondência entre o perspectivismo da narração e o lingüístico é demonstrada de modo definitivo. Sobre as conclusões, creio que se possa discutir utilmente. Notarei entrementes que algumas das oscilações onomásticas, e das contradições conteudísticas, são fruto da pressa e da distração. Ora Cervantes, em vez de se corrigir ou de confiar na distração dos leitores, torna oficialmente suas as contradições, motivando-as a *posteriori* e introjetando-as no *continuum* narrativo. Portanto, ele mesmo entra no jogo mutável das perspectivas, favorecendo seu infinito multiplicar-se.

E vamos além das pequenas discrepâncias. Vimos que os caracteres de Dom Quixote e de Sancho, juntamente com o ambiente no qual se encontram em ação, transformaram-se durante a redação do romance, e mais ainda nitidamente na passagem da primeira para a segunda parte. Disso também o autor está bem consciente. Teria podido encontrar justificações, digamos assim, biográficas, agasalhando o esquema interpretativo de um *Bildungsroman*. Ao contrário, apela para intentos de coerência que, imediatamente, nega. Estou aludindo ao jogo de confiança/desconfiança a respeito da pretendida fonte (Cide Hamete), aos capítulos que Cervantes, ou até Cide Hamete, declara estarem em contraste com o restante do romance e define como apócrifos (II, 5, 24 etc.).

O perspectivismo não subsiste, portanto, apenas ao nível das personagens e de sua expressão existencial, mas também àquele do escritor que, desdobrando-se com sua pretensa fonte, transfere para um nível ulterior (o do leitor) o dilema confiança/desconfiança, guarnecendo-o de dúvidas em vez de subsídios hermenêuticos. Mesmo com isso, a polaridade insensatez/sabedoria é transferida do protagonista para o escritor ou, até, para o leitor. Dom Quixote, metáfora de nossos contatos com o mundo.

Mas este relativismo não contrasta com tudo quanto se observou até aqui sobre a poética de Cervantes e sobre a disciplinada concepção das relações entre literatura e realidade que ela propõe? E não contrasta com a adesão bastante clara às concepções da Contra-reforma por parte do escritor?

Segundo as aparências, sim. E bastaria para confirmar isso o tom hagiográfico usado para narrar a recuperação final do juízo pelo cavaleiro, que não se contenta em renunciar às suas fantasias, à glória vã, ao nome de batalha, mas nos prepara uma morte exemplar: com a consciência em paz, recebidos com verdadeira unção os sacramentos e os confortos da fé, com o pranto e o pesar gerais e sinceros dos presentes. Um *retour à l'ordre* em plena regra.

Na verdade, o *Dom Quixote* se mantém em equilíbrio entre as tomadas de posição programáticas e a sua negação insinuada ou posta em atuação, porém jamais motivada. Falar de dupla verdade, ou de astuta e prudente disseminação de dúvidas, seria uma solução grosseira. Seria menos aproximativo, mas ainda inadequado, notar a agilidade e a liberdade de expressão que oferecia um protagonista levado à irresponsabilidade pela insensatez. Resta, todavia, que não há separação entre o autor e a personagem, mas a personagem não é, tampouco, porta-voz do autor.

Dom Quixote é, mais exatamente, um prolongamento da experiência intelectual de Cervantes ("Para mí sola [a pena de Cide Hamete] nació Don Quijote, y yo para él: él supo obrar, y yo escribir; solos los dos somos para en uno", II, 74): por seu intermédio, o escritor se entrega a provas temerárias em âmbitos inacessíveis e duvidosos. A área freqüentada se encontra entre dois limites: as codificações da poética e as precisas disposições ético-religiosas tridentinas. A história da composição do *Dom Quixote* é a dos percursos sempre mais amplos e densos — amplos porque densos — descobertos e seguidos nesta área.

No início, é mais sensível a presença das poéticas renascentistas. E parece bastante inocente a folia de Dom Quixote, que subverte as relações entre literatura e vida, entre verossímil e absurdo, entre fantasia e realidade. As poéticas servem ao autor como instrumento de medida dos desvios quixotescos: são um "metro-padrão" que serve de referência na reviravolta de valores que Dom Quixote produz e difunde.

Mas, já nesta primeira fase, o poder rompente da invenção de Quixote (e da inventividade de Quixote) põe a descoberto elementos e perspectivas não previstos. Tome-se por exemplo a paisagem. Cervantes parece estar ainda ligado ao cânone descritivo renascentista, em que campeava o *locus amoenus* da tradição classicizante. Mas quando Dom Quixote está em cena, o ar límpido é ofuscado por bancos de névoa, repleto de poeira; são freqüentes as paisagens noturnas, povoadas de tochas parecidas com fogos fátuos, ou branquejantes devido aos fantasmas de encapuzados. Muitas vezes a natureza, não mais concorde e ordenada, anuncia-se apenas por meio de sons, por vezes rumores intimidantes, em meio das trevas, ou com silêncios suspensos.

Reconhece-se, de súbito, o contraste entre uma visão renascentista e outra barroca. Podemos deduzir daí que

Dom Quixote foi um tentáculo para chegar além das barreiras estéticas levantadas pelo gosto renascentista. Um gosto partilhado também, nas afirmações de princípio, pelo Cavaleiro, cujas perorações desenvolvem temas que aí cabem perfeitamente: a idade de ouro, o bom governo, a concórdia das qualidades físicas, morais e intelectuais. Exceto que, posteriormente, a insensatez cinde aquilo que o gosto desejaria unido, quebra sobretudo as premissas institucionais às quais ele se filia. O barroquismo do romance é um produto da insânia de Dom Quixote.

Isso vale, ainda mais, pela valorização dos aspectos mais corporificados, ingratos da realidade. Cervantes parece ainda afeiçoado a uma estilização, ou homogeneização, que evite excessivos desvios para os tons altos demais ou baixos demais; são os traços constitutivos de Dom Quixote, em particular, a obstinação idealizante a ecoar por reação, objetos, gestos, comportamentos, ocorrências, ambientes desdenhados pela literatura renascentista (que os havia encerrado no *apartheid* da sátira e nas "reservas" vilanescas do teatro).

Na noite da lascívia e dos enganos (I, 16), os equívocos e as mudanças de cama de Maritornes, as barafundas que isso provoca, conforme um esquema bem comprovado pela novelística, têm um demiurgo em Dom Quixote, que recruta violentamente a criada disforme e devassa a fim de desempenhar o papel da "filha do castelão em visita amorosa ao cavaleiro ferido", retendo-a nos próprios braços para lhe declarar que sua própria castidade é consagrada a Dulcinéia. O encontro da criada e do almocreve, entrando no horizonte do sublime quixotesco, vomita sua potencial vulgaridade.

Do realístico ao extravagante, e daí ao grotesco, a passagem é imediata. A própria figura do velho gentil-homem do campo se torna cada vez mais ressequida, lenhosa, peluda e até suja, com os desenvolvimentos de seu imaginário *cursus honorum;* enquanto mansos rocins são por ele promovidos a corcéis, mas, em outros casos, assumem o semblante de dromedários. Tudo se deforma, como que presa de um estranhamento que primeiro não sabe, depois não quer rematar-se na banalidade do real.

São descobertas, as que Cervantes faz com a ajuda de Dom Quixote, de ordem — em primeira instância —

artística: um outro modo de ver as coisas. Mas com o crescer e o enriquecer-se da figura do protagonista, a nova óptica se acha em face de problemas de ordem moral e ideológicos. Uma parte conspícua da sociedade da época, com seus costumes e suas concepções, vem colocar-se no itinerário de Dom Quixote.

Particularmente na segunda parte do romance, o âmbito da aventura se dilata; transposto o perímetro quase caseiro de suas primeiras excursões, o Cavaleiro avança com semblante firme pelas terras de Espanha, lançando-se em seguida (pelo menos com a fantasia) em voragens fora do tempo humano (II, 22-23), em navegações além do equinócio (II, 29), em cavalgadas astrais (II, 40-41). Terra, céu, mar, além-túmulo: nada parece fechado ao malajambrado ulísside. O qual, além do mais, sente-se instalado numa cátedra de onde pode falar.

E o juízo de Dom Quixote é agora muito mais ponderado. Mas juízo sobre o quê? Quanto mais ampla a realidade defrontada, tanto mais aleatória e fugidia. Antes havia um dentro e um fora: dentro da insensatez o relativismo, o desarranjo dos valores, a dissociação; fora da insensatez subsistiam critérios de avaliação, paradigmas. Agora é o mundo inteiro que multiplica, matiza, sobrepõe seus aspectos cambiantes.

A matáfora teatral domina toda a segunda parte do romance. Para começar, o encontro com o carro do Cortejo da Morte (II, 11). A passagem do travestimento (as figuras parecem um demônio, a Morte, Cupido etc.) para a verdadeira natureza das personagens (atores de uma companhia de mambembes) é pespontada por repetidos trocadilhos lingüísticos entre aquilo que eles parecem ser, e o que são; trocadilhos que continuam também após o reconhecimento, quando o palhaço faz rolar Rocinante e Dom Quixote (Sancho designa-o como "diabo", e Dom Quixote está pronto a buscá-lo "en los más hondos y escuros calabozos del infierno") e Sancho dissuade o patrão enfurecido pelo choque porque não se pode "acometer... a un ejército donde está la Muerte, y pelean en persona emperadores, y a quién ayudan los buenos y los malos ángeles", e ao mesmo tempo, porque nenhum dos actantes deste teatro é cavaleiro.

Depois, há Mestre Pedro com seus títeres (II, 25-26). Estes parecem a concretização (em nível popularesco) dos heróis de cavalaria; Dom Quixote intervém com competência na direção, até quando se identifica com a ação e entra nela pessoalmente. Mas após completada a devastação dos títeres, cabe a Mestre Pedro dizer: "No ha media hora... que me vi señor de reyes y de emperadores, llenas mis caballerizas" etc., isto é, identificar o símbolo com o referente, ao passo que Dom Quixote oscila entre uma desprendida consideração aos "fantoches", ressarcindo os titereiros pelos danos que lhes infringiu, e a certeza de que Gaifero e Melisendra estão levando a feliz termo sua fuga.

Símbolos doravante imóveis em sua significação, constituem enfim os alto-relevos transportados por camponeses para um espetáculo sacro (II, 58). Para cada um, Dom Quixote tem seu comentário, que vai justamente além da aparência e das vicissitudes contingentes; o *défilé* de santos termina com uma bela peroração do Cavaleiro, que aponta as afinidades entre a milícia de Cristo e a mundana. E Sancho, refletindo não sem perspicácia, nota a particularidade daquela "aventura", toda ela executada nos confins da reflexão.

As três aventuras teatrais se desenvolvem dentro da experiência de Quixote e dos outros. Atores e bonecos mimam aquelas mesmas ações, seja elas humanas ou sobrenaturais, das quais todo o mundo é cotidianamente espectador. A ritualização cênica sublinha o aspecto simbólico dos conteúdos representados, já submetidos à catarse. Se há depois quem — particularmente Dom Quixote — confunda realidade e representação, acontecimento e rito, o curto-circuito não foge do espaço da interioridade.

Individualiza-se, ao contrário, um outro espaço, externo ao proto e ao deuteragonista, em todas as aventuras junto ao Duque, e nas de Barcelona. São os próprios Dom Quixote e Sancho, desta vez, que se encontram num palco teatral, entre atores que somente têm o intuito de implicá-los na representação. As burlas são, em sentido literário, encenadas pelo Duque e pela Duquesa: os atores improvisados interpretam, também, de improviso, adaptando suas falas às reações de Dom Quixote e de Sancho, convertidos em inconscientes personagens da representação.

Agora, à fantasia de Dom Quixote são deixadas poucas iniciativas (quase todas de ordem elocutória); na ação, é antes a fantasia dos Duques, autores de textos teatrais muito menos geniais e variados do que as invenções de Dom Quixote ao primeiro modo. Textos de peças mais próximas ao gosto cortesão e cerimonial que ao gosto da cavalaria, mais propensos à busca dos efeitos visuais ou fônicos e aos golpes de cena, do que à finura psicológica ou conceptual.

Basta pensar nos três episódios do carro de Merlim (II, 35), da Trifaldi (II, 36-41) e de Altisidora (II, 69): episódios ambiciosos — para quem os ideou — com suas apresentações mágicas, sortilégios, transformações e, no caso de Altisidora, uma quase ressurreição. Mas eles portam os signos do divertimento cortesão (tradição do *entremés*), com a desproporção entre o fausto dos travestimentos e dos cenários e aprestos, a ambição coreográfica de carros triunfais, procissões, catafalcos, e a risibilidade dos conteúdos (o encantamento de Dulcinéia, rompido pelas chicotadas no traseiro de Sancho, o feitiço que orna de longas barbas viris à Trifaldi e suas damas, os bofetões e os beliscões em Sancho a fim de ressuscitar Altisidora). O gosto que inspira estes textos de peças é definido justamente pelo fato de que são pensados em função de Sancho, mais ainda do que de Dom Quixote: e com efeito eles prevêem e favorecem, como elemento extemporâneo do espetáculo, os protestos do escudeiro, vítima da risonha magia. Mas, ampliando o discurso, releva também a substancial estaticidade da execução: a coreografia é apenas uma preliminar com arengas altissonantes e aproximativas, que definem o nível cultural dos cortesãos burlões.

Antes Dom Quixote era vítima de suas próprias fantasias; às escolhas que qualquer estímulo pode naturalmente provocar, acrescentavam-se para ele as sugeridas pelo multiplicar-se dos simulacros. O mundo se redobrava na ilusão. Agora, Dom Quixote não é mais agente, é agido e reprimido pela fantasia de outrem, a seu comportamento são fixados limites muito restritos. O mundo é fugidio, porque ilusório.

Que a conclusão não seja somente referível à personagem, o diz justamente sua progressiva recuperação do juízo. Desde o momento em que o início de equívocos e enganos não é imputável a Dom Quixote, ele cessa de constituir um caso atípico (e cômico), torna-se um vexado e atormentado Qualquer Um (donde a reiteração dos tons de desconforto). E impõe-se a idéia de que Cervantes queira propor-nos, em termos universais, esta concepção da vida como teatro: um teatro não mais domináveɪ, como aquele organizado pelos homens, mas condicionante. Quem nos diz que também o Duque e a Duquesa não sejam atores inconscientes numa *pièce* armada em torno deles), assim como eles, por seu lado, maquinaram outra para os nossos heróis? O fato de que os burladores acabem, moralmente, vencidos, não pretende sugerir que todo burlador é, por sua vez, burlado, e que também as mãos do titereiro são movidas por fios invisíveis?

Novamente se nos apresenta um esquema em espiral: aquele que pode tocar o maior número de pontos no interior de um espaço. Aqui, ele tem a atuação mais completa e envolvente. Trata-se do mundo. Cervantes parecia reconhecer, ao iniciar o romance, a existência de pontos de referência e de metros-padrão externos à experiência vital: há insensatez e há sabedoria, há mentira e há verdade. Na parábola descendente do romance, exatamente quando (e por que) Dom Quixote se mostra mais sábio do que seus hospedeiros, infantilmente empenhados em gozar a insânia, os conceitos opositivos aparecem continuamente trocados, numa fantasmagoria gnoseológica.

O jogo se impôs ao próprio Cervantes, por sua própria agudeza. Queria pôr na berlinda (por que não crê-lo?) os romances de cavalaria com suas fantasias, e chegou a uma concepção que rejeita o conceito de realidade, reconhecendo o império de uma *ars combinatoria* de aparências, de um relativismo que, conforme os pontos de vista, muda ao infinito as possibilidades e as relações. Propugnava uma medida clássica, e avançou nos reinos do grotesco e do assimétrico, acabando por permanecer aí e por aí encontrar, também, normas — mesmo que hábeis — e um decoro — mesmo que precário.

Esse itinerário subordina e esgota todo eventual juízo sobre os tempos e sobre a sociedade. Sem dúvida não é acaso que a exploração no mundo do início do século XVII tenha sido desenvolvida por um *hidalgo* praticamente arruinado, armado cavaleiro por um estalajadeiro improvisado como castelão, numa cerimônia de burla blasfema. O autor, deste modo, feria duas vezes. Feria, antes de mais nada, a mania aristocrática (como a pureza de sangue cristão mediante as ingênuas gabações de Sancho). Mas indireta e larvadamente, feria todas as personagens mais ou menos brasonadas do romance, por demais inferiores, no plano das idealidades, ao falso Cavaleiro que, com sua simples existência, os humilha.

Assim, enquanto Sancho se faz porta-voz das críticas ao problemático sangue azul do patrão ("Los hidalgos dicen que no conteniéndose vuesa merced en los límites de la hidalguía, se ha puesto *don* y se ha arremetido a caballero, con cuatro cepas y dos yugadas de tierra y con un trapo atrás y otro adelante. Dicen los caballeros que no querrían que los hidalgos se opusiesen a ellos, especialmente aquellos hidalgos escuderiles que dan humo a los zapatos y toman los puntos de las medias negras con seda verde", II, 2), é naturalmente Dom Quixoto a confrontar, orgulhosamente, os "caballeros andantes verdaderos" com os cortesãos que, "sin salir de suas aposentos ni de los umbrales de la Corte, se pasean por todo el mundo, mirando un mapa [lembrança da sát. III, 61-66 de Ariosto?], sin costarles blanca, ni padecer calor ni frío, hambre ni sed" e que humilham seu valor, reparando "en niñerías" e "en las leyes de los desafíos" (II, 6: o capítulo todo é fundamental como tratado da nobreza).

A verdadeira nobreza de Dom Quixote, nobreza no sentir e no pensar, se encontra rodeada, no romance, por elementos de extração social muito variada, em seu mover-se entre regiões e ambientes da Espanha seiscentista. O resultado descritivo é um panorama fiel da Espanha de Filipe III — com a crise demográfica produzida pelas guerras e pela expulsão dos *moriscos*, com a paralisação econômica seguida da interrupção dos tráficos com Flandres, com o ar sufocante do absolutismo político aliado ao religioso. Deprimida, acima de tudo, a temperatura moral: às atividades produtivas, desenvolvidas antes pelos *moriscos*, antepõem-se a pompa vazia e o "ponto de honra"; uma verbosidade cavilosa esconde a ausência de empenho especulativo.

Inventando a figura de Dom Quixote, Cervantes mostrou saber entender a crise na qual a Espanha estava despencando (e da qual também ele sofria as conseqüências); mas também perceber que a ele, escritor, faltavam propostas alternativas, utopias estimuladoras. A utopia de Dom Quixote é uma utopia que guarda o passado, absolutizando valores ligados a situações irrepetíveis. Cervantes recusa a utopia (cavaleiresca), mas aceita, pelo menos como pedra de toque, a absolutização. Quando fala a sério, Dom Quixote é, em certa medida, o porta-voz de Cervantes; mas a sua prédica (como é chamada muitas vezes por brincadeira) tem as inflexões da *vox clamantis in deserto*. É por isso que Dom Quixote deve ser derrotado.

Mas a derrota é uma vitória da arte. A mutabilidade das abordagens da realidade por Dom Quixote permite a Cervantes observar e julgar o mundo de sua época com todas as lentes possíveis (não sendo a última, a insensatez), e com a liberdade consentida pela falta de um ponto de vista oficial. Como enfileirar, com os critérios de juízo admitidos, aqueles mais atrevidos e anticonformistas que Cervantes ter-se-ia acautelado de formular em primeira pessoa.

Nem reformador, nem revolucionário, Cervantes utiliza essa delicada estratégia com fito exclusivamente heurístico: ele encontrou uma chave para penetrar nos recônditos da vida humana — nas condições históricas que lhe são bem conhecidas — e faz, alegremente, uso disso.

Mas suas conclusões transcendem o tempo e o espaço, a ponto de constituir descobertas que pertencem ao número dos universais humanos. E seria agradável confrontar procedimentos e soluções de Cervantes com os de outro contemporâneo seu, mais jovem, Shakespeare: desde o uso do insensato como indagador de ângulos obscuros da consciência, até a universalização da metáfora teatral. Mas é mais produtivo, talvez, um confronto com as artes.

Vimos que a redação do *Dom Quixote* corresponde a um itinerário desde o Renascimento até o Barroco. E bastariam os numerosos elementos de caráter formal para demonstrá-lo: fartura de notações iluminísticas, predileção pelo claro-escuro, pela paisagem noturna; valorização dos efeitos fônicos; desvelo pelas alfaias (solenes e muitas vezes pesadas) e pela cenografia; simpatia pelo *travesti*, também intersexual, e busca dos efeitos de surpresa.

O mundo, tal como resulta do romance, pode ser justamente representado em termos de arquitetura barroca. Eis as infrações a uma poética classicizante, aceita desde o início (confronte-se com a ruptura das "ordens" clássicas conservadas em sua morfologia); os procedimentos narrativos "perspectivistas" (análogos à substituição pelos esquemas elípticos, com infinita variabilidade dos pontos de vista, dos esquemas circulares ou quadrangulares, que implicam pontos de vista preferenciais); a insistência sobre o *trompe l'oeil* (correlato visual da confusão entre verdade e sonho).

A mesma eliminação, operada pelos arquitetos barrocos, da antinomia espaço interno/espaço externo, corresponde singularmente à inversão do perspectivismo do fechado das percepções pessoais, para o sistema das forças circunstantes e determinantes dos indivíduos. É uma extensão dos efeitos e dos ilusionismos da interioridade ao mundo, da psicologia à ontologia. Os homens se movem entre painéis de fundo e colunadas, sobem por escadas helicoidais, atravessam trevas, atraídos por glórias de luz; descem por entre moitas e fontes, em direção de pontes e grutas artificiais, troncos manchados de líquens — para então perceberem que se trata de um vão carrossel, e que seu vaguear não tem escopo nem sentido algum. A insensatez é portanto uma ilusão confortante: a maior derrota de Dom Quixote está no fato de ter recobrado a razão.

8. A "CANÇÃO DO EXÍLIO" DE GONÇALVES DIAS OU AS ESTRUTURAS NO TEMPO

0.1. A análise das estruturas de um texto poético consiste na sistematização de suas partes segundo um ou vários modelos expositivos: ela quebra, necessariamente, a sucessão que as partes têm no interior do texto, ponto por ponto, mas cada vez com base num reagrupamento por classes, ainda que a descrição leve em conta a ordem respectiva dessas partes. Ora, a função das partes do texto é determinada sobretudo por sua posição (que o autor estabeleceu em vista das reações que desejava produzir no leitor), ou seja, pelas relações que sobrevém entre cada uma delas e as precedentes e as seguintes. A sucessão das partes é institucionalmente cronológica, pois coincide com o tempo de leitura do destinatário do texto, além de que, antes de mais nada, com o tempo de leitura do autor, desde que teve entre as mãos o texto acabado.

Não se trata, portanto, de um corolário do teorema saussuriano da sincronia e da diacronia. Saussure opunha a diacronia, que segue o desenvolvimento de um único elemento de uma língua através do tempo, à sincronia, que nos permite considerar em suas relações recíprocas todos os elementos de uma língua num determinado momento. A obra de arte constitui uma "sincronia", no sentido em que ela imobiliza um ato complexo de *parole* tornando-o absoluto; mas é uma "sincronia" que só pode ser percebida na temporalidade do ato da leitura.

Para ficar em definições de ordem lingüística, a antinomia entre uma visão extratemporal e uma visão temporal de um texto está implícita na oposição entre sintagma e paradigma: a pesquisa paradigmática leva necessariamente para fora do texto em exame, ao passo que a sintagmática adere ao andamento, em primeira instância sintático e temporal, do texto.

No entanto, aproxima-se, talvez, mais do problema, que aqui sublinho a exigência diltheiana do *Zirkel im Verstehen* tão cara a Spitzer (do todo para as partes, das partes para o todo) com a ressalva de que a um todo ontológico bloqueado deve substituir-se um todo percorrido pela temporalidade do olhar que decifra o texto letra por letra (ou do ouvido, que escuta grupos sucessivos de sons), do pensamento, que deduz os significados da conexão ordenada das palavras em frases, do sentido rítmico, que detecta a persistência ou as variações de um determinado esquema prosódico, o cruzamento ou a sucessão das rimas. Preliminares ligadas às categorias apriorísticas, e portanto impossíveis de eliminar, de espaço e tempo, nas quais não proponho fundamentar, *tout court*, o estudo do texto, mas que constituem uma situação de fato bem presente na experiência de todo escritor ou leitor, e que portanto nem o crítico está autorizado a violar.

A importância de uma interpretação do texto no interior da categoria temporal não escapou certamente aos estudiosos. Citarei, entre os mais recentes, M. Pagnini:

> Outro nível da obra literária (...) é constituído precisamente por sua *dimensão temporal*, de que hoje raramente se fala, nas várias definições de inspiração estruturalista, que têm da obra uma concepção bergsoniana espacial, simultânea. O objeto poético integra-se, obviamente, numa estrutura paradigmática, mas é através de uma experiência sintagmática que ele

é conhecido e construído. A duração da leitura é a aventura do significado, a vivência de seu fazer-se, a participação do leitor em sua constituição através de suas várias fases rítmicas: o rito em face da revelação[1].

E. M. Riffaterre:

On n'insistera jamais assez sur l'importance d'une lecture qui aille dans le sens du texte, c'est-à-dire du début à la fin. Faute de respecter ce "sens unique", on méconnait un élément essentiel du phénomène littéraire — que le livre se déroule (comme le *volumen* se déroulait, matériellement, dans l'Antiquité), que le texte est l'objet d'une découverte progressive, d'une perception dynamique et constamment changeante, où le lecteur non seulement va de surprise en surprise mais voit changer, à mesure qu'il avance, sa compréhension de ce qu'il vient de lire, chaque nouvel élément conférant une dimension nouvelle à des éléments antérieurs qu'il répète ou contredit ou développe. Prendre conscience d'un de ces échos, c'est donc lire cleuz fois telle partie du texte, la deuxième fois rétroactivement. Une troisième perception, globale et mémorielle, a lieu lorsque la lecture est finie[2].

Logo, o problema é posto de maneira precisa. Permanece, contudo, nessas enunciações, o axioma de que haveria uma passagem desde a leitura (eventualmente repetida), que constitui o primeiro contato com o texto, a lenta descoberta de sua mensagem, para um conhecimento final totalizador, que já estaria, segundo parece, além do tempo. Confesso minha perplexidade ante este tipo de conhecimento. Trata-se, ou de uma quintessência da poesia — muito próxima da *innere Sprachform* dos idealistas — que prescinde agora das articulações do discurso poético, de todos os "valores" lexicais, sintáticos, fônicos, rítmicos etc. que o constituem; ou do "modelo" em que foram dispostos os elementos fornecidos pelo texto: um modelo que permite, e até exige que se repercorra temporalmente todas as partes do texto, mas segundo traçados sucessivos determinados pelo agrupamento dos

1. M. PAGNINI, La critica letteraria come integrazione dei livelli dell'opera. In: *Critica e storia letteraria. Studi offerti a Mario Fubini*, Pádua, 1970, I, pp. 87-102, p. 91.
2. M. RIFFATERRE, *Essais de stylistique structurale*, Paris, 1971, pp. 327-8; mas vejam-se também as pp. 66-68. Interessante o confronto de G. E. Lessing (*Laocoonte*, XVII) das artes figurativas com a poesia ("o que o olho capta num só momento, ele [o poeta] no-lo enumera lentamente e aos poucos"). Veja-se, por fim, uma nota de J. Geninasca, em A.-J. GREIMAS, *Essais de sémiotique poétique*, Paris, 1971, p. 48.

elementos em classes, traçados esses, que continuam a recortar verticalmente o traçado vertical único que coincide com a linearidade do discurso que constitui o texto. Se uma das conquistas do Estruturalismo é o axioma da prioridade do texto, julgo ser conseqüência não renunciável o corolário de que o texto deve ser respeitado em todos os seus aspectos, inclusive na ordem de sucessão de suas partes. A leitura (temporal) é a primeira e a mais genuína maneira de tomar contato com o texto; no término até das análises mais sofisticadas deve situar-se igualmente uma leitura (temporal) capaz de valorizar as aquisições dessas análises.

Na leitura final, o elemento "descoberta" não existe mais: é como ler um romance conhecendo-lhe a trama e a conclusão. Mas esta comparação mostra precisamente quão exígua é a perda. Livre da impaciência do *suspense*, o leitor do romance pode saborear as menores inflexões do discurso narrativo inclusive em vista dos desenvolvimentos sucessivos (relativos não somente à trama) a que o autor, através dessas inflexões, predispõe. Na primeira leitura ingênua, essas inflexões podiam escapar ou ser compreendidas erroneamente. Analogamente, na leitura final do texto poético, o crítico já está a par das tramas fônicas, rítmicas, semânticas etc. de que cada elemento de seu texto faz parte: ele pode, pois, avaliar com extrema[3] exatidão cada uma das "funções" com as quais entra sucessivamente em contato. Mas o conhecimento integral das séries de tramas não deve resolver-se numa justaposição ou superposição, mas antes na possibilidade de uma orientação precisa dos elementos no interior do contexto (ou seja, em face dos elementos que precedem e dos que seguem). Somente a temporalidade é que permite — e dá sentido a — esta seleção das funções, potenciando ao máximo, cada uma delas, na zona do contexto que lhe compete, e que, portanto, alcança o pleno regime de sua atividade de sugestão. Algumas recentes tentativas de analisar um texto poético em seu aspecto de "narração"

---

3. Não digo *absoluta* pois não existe, em meu modo de entender, uma interpretação *total*, definitiva: o texto vive paralelamente a nós, e é para nós uma experiência que se enriquece de toda nova experiência nossa (cf. C. SEGRE, "Entre Estruturalismo e Semiologia", in *Os Signos e a Crítica*, S. Paulo, Perspectiva, 1974, Debates 83).

já poderiam dar uma confirmação do que acaba de ser apontado aqui; ao invés disso, servir-me-ei do estudo de uma composição de tipo paralelístico, retomando uma ordem de pesquisas assinalada especialmente pelos formalistas russos e por Jakobson, e depois por críticos americanos como Samuel Levin. Em minha opinião, o estudo de um texto paralelístico poderia ser conduzido em muitos casos segundo as sugestões da teoria dos conjuntos. Se uma série de frases recorrentes tiver um elemento comum A, e alguns elementos variáveis 1, 2, 3, n, é provável que, no universo semiótico do texto a que ela pertence, 1, 2, 3, n, constituam uma classe e que, portanto, as frases recorrentes possam ser reportadas a uma frase única, por exemplo $\{A + 1, 2, 3, n\}$, ou então: $(A + 1)...(A + 2, 3, n)$, e assim por diante.

Esta primeira conclusão pode levar a uma série de deduções de ordem fônica, sintática, semântica etc.; fica contudo claro, ou melhor óbvio, que o efeito poético do texto deriva precisamente do fato de ter fracionado (caso valha a primeira fórmula) o classema $A+1, 2, 3, n$ em vários classemas $(A+1)$, $(A+2)$, $(A+3)$, $(A+n)$, distribuídos harmoniosamente no texto de modo a obter de um lado uma informação fracionada e progressiva, com iteração do elemento comum A, e, de outro, um efeito rítmico.

Este projeto é realizável também para a "Canção do Exílio", de Gonçalves Dias, ainda que prevaleça nesse texto, mas com exceções que serão valorizadas, a repetição de frases completamente idênticas. De qualquer modo permanece intato, talvez reforçado, o efeito rítmico; ainda mais o semântico em que me deterei. Trata-se do fato de o conteúdo semântico de toda frase de um texto ser influenciado, e de certo modo orientado, pelas frases circunstantes: portanto, ele pode sofrer modificações notáveis até, ficando a frase sempre inalterada. Este gênero de influência não diz respeito somente às conotações, mas ao próprio conteúdo denotativo. Por isso, se é lícito, num primeiro inventário, justapor todos os elementos similares tirados do texto, a fim de descrever do exterior a estrutura do poema, num segundo, será preciso recolocar esses elementos no texto, e avaliá-los no interior do discurso de que eles são articulações. Uma análise que caminha, a despeito dos inevitáveis vaivéns impostos pela natureza dos signos, dos significantes para os significados e para o sentido.

0.2. Reproduzo aqui o texto do poema, à direita do qual indico a numeração contínua dos versos. Na análise, entretanto, retoma-se a numeração de cada estrofe, indicada com letra maiúscula, e levam-se em conta os dois grupos de estrofes, indicados por letras gregas:

Canção do Exílio

> Kennst du das Land, wo die Zitronen blühen.
> Im dunkeln Laub die Gold-Orangen glühen,
> Kennst du es wohl? — Dahin, dahin!
> Moecht'ich... ziehn.
>
> GOETHE

α
- A
  1. Minha terra tem palmeiras.
  2. Onde canta o Sabiá;
  3. As aves, que aqui gorjeiam,
  4. Não gorjeiam como lá.

- B
  1. Nosso céu tem mais estrêlas,   5
  2. Nossas várzeas tem mais flôres,
  3. Nossos bosques tem mais vida,
  4. Nossa vida mais amôres.

- C
  1. Em cismar, sòzinho, à noite,
  2. Mais prazer encontro eu lá;   10
  3. Minha terra tem palmeiras,
  4. Onde canta o Sabiá.

β
- D
  1. Minha terra tem primores,
  2. Que tais não encontro eu cá;
  3. Em cismar — sòzinho, à noite   15
  4. Mais prazer encontro eu lá;
  5. Minha terra tem palmeiras,
  6. Onde canta o Sabiá.

- E
  1. Não permita Deus que eu morra,
  2. Sem que eu volte para lá;   20
  3. Sem que desfrute os primores
  4. Que não encontro por cá;
  5. Sem qu'inda aviste as palmeiras,
  6. Onde canta o Sabiá.

Coimbra, julho de 1843.

1.1. O poema apresenta-se, através da epígrafe goethiana, como uma resposta contraposicional. A quem pergunta: "Kennst du das Land...?", G.D.[4] fala de sua própria terra ("Minha terra"), ou seja, opõe ao anelo por um país de sonho a saudade do seu, tão pranteado. Isso é confirmado, ademais, pelo confronto entre o potencial "Dahin, dahin!| Moecht'ich...ziehn!" e o deprecativo, mas em substância desiderativo "Não permita Deus que eu morra | Sem que eu volte para lá", e em especial pela substituição de *voltar,* que implica uma presença anterior, a *ziehen.*

A diferença entre anelo e saudade aparece também no fato de que o advérbio de lugar em rima, embora comum aos dois poetas, é sempre o mesmo em Goethe (*dahin*), quiçá repetido tal e qual como para um impulso afetivo: ou seja, o "lá" não é confrontado explicitamente com nada[5]. Em G.D. temos, ao contrário, depois de duas presenças de *lá* (A4, C2), o primeiro dos quais contraposto a *aqui* (A3), uma contraposição final com *cá,* em ordem quiástica, quase para desenvolver-lhe todo o potencial (*cá* D2   *lá* D4; *lá* E2   *cá* E4); e todo o poema é regido pelo confronto entre um *lá* idealizado e um mais modesto *cá,* o exílio em que o poema é escrito.

Diferenças que ficam bem explicadas se da epígrafe, que G.D. arranjou segundo seus propósitos, passarmos ao texto de Goethe. Em *Mignon,* os interlocutores são dois, mesmo que um só fale: Mignon e o destinatário do convite para o "Land wo die Zitronen blühn". Temos portanto: Mignon: *dahin* = destinatário: "aqui". O *dahin* é apontado ao destinatário em termos mais sedutores, precisa-

4. Em todo o capítulo, G. D. = Gonçalves Dias. Cito a "Canção" e as suas outras obras por G. D., *Poesia Completa e Prosa Escolhida,* Rio de Janeiro, 1959 (Bibl. Luso-Brasileira), mantendo a grafia e o uso dos acentos (note-se especialmente a ausência de distinção entre tem e têm, sobre a qual, veja-se o volume A. HOUAISS, *O Texto dos Poemas,* pp. 79-81, 89).

5. Citei até aqui a epígrafe goethiana conforme ela é apresentada por G. D. Observa A. MEYER, "Sobre uma epígrafe" em *A Chave e a Máscara,* Rio de Janeiro, 1964, pp. 95-79 (além de corrigir as trocas de muitas edições, inclusive a edição de 1959: *Citronen* por *Zitronen*; queda de *Laub*) que G. D. retocou, consciente ou inconscientemente, os versos de Goethe, fazendo deles "uma espécie de 'canção do exílio' em alemão". À parte *blühen,* e *glühen,* em vez de *blühn* e *glühn,* ele une por meio da vírgula e faz seguir por exclamativo os dois *dahin;* ao invés disso em Goethe há exclamativo depois do primeiro *dahin,* ao passo que o segundo inicia a frase "Dahin / Moecht' ich mit dir, o mein Geliebter, ziehn!" Uma vez considerado o significado dos retoques de G. D., causa porém estranheza a proposta de A. Meyer de restabelecer a epígrafe na forma original goethiana.

mente para que este se decida a abandonar o seu *aqui*. Ao contrário, em G.D. é o eu poético (idêntico neste caso ao autor) que se encontra na dinâmica dos dois pólos: ele provém de *lá*, encontra-se forçosamente *cá* e deseja ardentemente voltar para *lá*. A segunda pessoa de Goethe (*du*), contrapondo-se à primeira de G.D. (*eu*), mostra bem como o *dahin* é algo estranho ao destinatário, por mais atraente que seja, à diferença do *lá* que é, para a memória saudosa de G.D., mais presente ao sentimento do que o próprio *cá*. Mostra-o, igualmente bem, o confronto entre *ziehen*, que implica uma relação entre dois sujeitos, e *voltar*, que implica um único sujeito.

Da epígrafe poder-se-ia ainda extrair o esquema sintático "das Land, wo", também retomado, mas transformado, por G.D., que liga a proposição adjetiva-locativa, não à *terra*, mas a seu conteúdo: "Minha *terra* tem *palmeiras*, / *Onde*". E é também suficientemente claro que as exóticas *palmeiras* (exóticas para um europeu) estão em lugar dos *Zitronen* ou das *Goldorangen,* já meridionais e em suma exóticas para o nórdico Goethe.

Deve-se advertir de qualquer forma que, embora a palmeira seja em certo sentido a árvore heráldica do Brasil (cf., do próprio G.D., a Introdução aos *Timbiras*: "Não me assentei nos cimos do Parnaso, | Nem vi correr a linfa da Castália. | Cantor das selvas, entre bravas matas | Áspero tronco da palmeira escolho. | Unido a ele soltarei meu canto")[6], na *Canção do Exílio* seu valor simbólico se subordina ao do *sabiá*, a quem serve de suporte: é o *Sabiá* que se torna símbolo da terra natal, embora cantando de uma árvore que lhe é própria[7]. Por isso, *wo* introduz o elenco das árvores em *Mignon*, e *onde* introduz, ao contrário, o *Sabiá*.

---

6. Em *Poesia completa,* cit., p. 476. É aliás por este motivo (e não somente para distinguir-se da *Mignon* goethiana com seus *Zitronen*) que G. D. coloca o Sabiá nas *palmeiras,* apesar do fato de o Sabiá que fica nas palmeiras ser precisamente o único que não canta, ao passo que o "sabiá-ipiranga", o que canta, fica nas laranjeiras: cf. D. Salles, em "Supl. Literário "Minas Gerais", 11 out. 1969. Nos autores mais recentes, caberá ao *buriti,* isto é, a uma espécie particular de palmeira, substituir o termo genérico *palmeira.*

7. Palmeiras existem também em Portugal, mas não, salvo engano, em Coimbra, verde de salgueiros, onde G. D. escreveu a *Canção.*

Mas a primeira estrofe de *Mignon* ecoa na *Canção* sobretudo se for integrada pelos versos que não são reproduzidos na epígrafe. Compare-se com efeito:

Das Land, wo die Zitronen blühn,	Minha terra tem palmeiras
In dunkeln Laub die Goldorangen glühn	. . . .
Ein sanfter Wind vom blauen Himmel weht	Nosso céu tem mais estrêlas
Die Myrte still und hoch der Lorbeer steht	Nossas várzeas tem mais flôres
	Nossos bosques tem mais vida.

Ou seja, em ambos os casos, uma síntese paisagística que, partindo de uma árvore característica, vai do céu para a vegetação, fixada em alguns elementos, com a ressalva de que em *Mignon* as árvores estão no mesmo nível visual, e o céu é indicado primariamente como fonte do vento, ainda que o atributo *blauen* o atualize em sua cromaticidade, ao passo que na *Canção* temos um alinhamento de *céu, várzeas, bosques* que (não obstante o enfatizado paralelismo sintático) isola, porque não inseríveis numa visão única[8], os elementos (a tal ponto que se prossegue, mantendo o esquema, com "Nossa vida mais amores"). Essas observações serão aprofundadas mais adiante (4.3.).

1.2. O poema compõe-se de cinco estrofes, as três primeiras de quatro versos (quadras), as duas últimas de seis versos (sextilhas). Os dois blocos, e são indicados pelo início igual (*Minha terra tem* A1 e D1, verso recorrente, mas apenas aqui em início de estrofe) e pela conclusão também igual (*Onde canta o Sabiá* C4, E6), esta também presente no fim da estrofe D.

O bloco é caracterizado pelo fato de que seus dois primeiros e seus dois últimos versos são idênticos, e de

---

8. Mais eis aqui uma espécie de chave para essas "enumerações caóticas": "tudo me arrouba e enleva, / Mar e terra, nuvens, céus, / Estrêla, flor, planta e selva, / Tudo quanto vem de Deus, / Quanto nos altos reluz / Quanto o mundo exterior / Do belo em formas traduz". "Ciúmes (*Poesia completa*, cit., p. 643).

que o esquema do primeiro membro dos dois pares, A1 e C3 (adjetivo possessivo de 1.ª pessoa+sujeito+*tem*+objeto), é retomado com *variatio* nos versos centrais B1-4, onde o adjetivo é da 1.ª pessoa do plural e os objetos são precedidos por *mais*.

No interior do bloco, a estrofe B caracteriza-se por ter, precisamente, pronome possessivo de 1.ª pessoa plural em vez de singular, ainda por cima em anáfora (sempre início de verso), com uma espécie de quiasmo, pelo que temos: sing. masc. 1; pl. fem. 2; pl. masc. 3; sing. fem. 4, ou seja, dois casos com *s* final, no interior, e dois sem, no exterior (e a alternância de z e ʃ/ž, ao fim de *mais*, desde que venha em seguida uma vogal (1,4) ou uma consoante (2,3)[9]; pela presença de *mais* em todos os versos antes da palavra final, num sintagma *tem mais* explícito nos três primeiros versos e implícito no último (onde, por zeugma, *tem* é subentendido); por ter em rima sempre substantivos.

As estrofes do bloco β caracterizam-se por possuir verso final igual, e igual palavra-rima no fim do penúltimo verso (*palmeiras*); por apresentar no fim do segundo e quarto versos as mesmas palavras-rima, em ordem especular (*cá - lá; lá - cá*); por alternar as palavras-rima até constituir uma rede que faz possivelmente pensar na sextina:

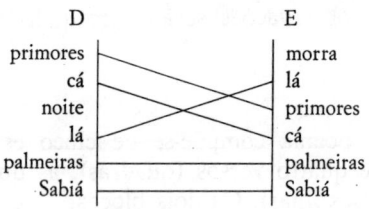

D	E
primores	morra
cá	lá
noite	primores
lá	cá
palmeiras	palmeiras
Sabiá	Sabiá

onde ficam sem relação, respectivamente, as palavras finais *noite* em D e *morra* em E, sendo porém que *noite* evoca C1, ao passo que *morra* cria uma espécie de aliteração e assonância com *primores*.

No interior de α A e B são assimilados pelo fato de representarem, como (palavra-)rima interna do v. 4 a (pala-

9. Pelo menos segundo a pronúncia de Portugal. Lembre-se que G. D. era filho de um emigrado português, e voltara aos quinze anos para Portugal, onde já estava há cinco anos quando escreveu a *Canção*. De qualquer maneira, à falta de informações exatas sobre a pronúncia de G. D., reduzo ao mínimo as observações de ordem fonética.

vra-)rima que fecha o v. 3 (respectivamente *gorjeiam* e *vida*)[10], e por terem primeiros versos de esquema semelhante (exceto o possessivo de 1.ª pessoa singular ou plural e a presença de *mais*), com objetos que se encontram no mesmo eixo semântico: *terra-céu*. Uma polarização, no entanto, que é mais dos significantes que dos significados, já que *terra*, está, metonimicamente, por "pátria", e *céu* tem um sentido especial, aliás tão individualizado (o céu do Brasil) que se coloca em relação paradigmática com as *várzeas* e os *bosques* (e a *vida*), sintagmática com as *estrêlas*, como *várzeas* com *flôres* etc. (cf. 3.1.).

B e C são ligadas pela retomada de *mais* entre B1, 2, 3, 4 e C2; pela aliteração *amôres*: cis*mar*, pela correspondência entre o *céu* que, tendo *estrêlas*, é certamente noturno, e a *noite* de C1.

Liga D a E, de modo a constituir o bloco β, a reapresentação de dois pares de versos com conservação inalterada ou quase inalterada do segundo e modificação do primeiro com exceção da palavra final:

(Minha terra tem) primores,
Que tais não encontro eu cá D1-2:

(Sem que desfrute os) primores
que não encontro por cá E3-4;

(Minha terra tem) palmeiras,
Onde canta o Sabiá D5-6:

(Sem qu'inda aviste as) palmeiras,
Onde canta o Sabiá E-5-6.

onde cabe notar o fato de que nos dois casos temos a eliminação do mesmo segmento de frases e sua substituição por segmentos sintaticamente afins entre si.

Há, além disso, relações de semelhança / diferença. Por exemplo, a estrofe D retoma *Minha*, do início do v. 1 ao início do v. 5, enquanto E repete anaforicamente *Sem que* no início de 2, 3, 5, com uma série que abrange, por implicação, todo o conjunto 2-6, em que 4 e 6 são constituídos por subordinadas relativas. Os três *Sem* de E no início do verso retomam por eco (identidade vocálica) os dois

---

10. Limita-se a notar a rima interna de *vida* consigo mesma J. G. MERQUIOR, "O poema do lá" (1964), em *Razão do Poema. Ensaios de Crítica e de Estética*, Rio de Janeiro, 1965, pp. 41-50, p. 43.

tem de D no interior do verso (1, 5), com uma relação distributiva que não é certamente casual, já que o verso das *palmeiras* que sempre contém *tem* nas outras estrofes (A1, C3, D5), somente em E5 não o contém. Digno de nota é que, enquanto os versos de D onde aparece *Minha* são quase idênticos (segmento *Minha terra tem*), os versos de E contendo *Sem* são iguais na estrutura sintática: *Sem* + *que* + verbos na primeira pessoa do singular do subjuntivo presente (3 e 5 comportam, ademais, um objeto no plural), mas distintos pela presença de *eu* (2) e de *inda* (5).

Além do mais, o bloco β tem naturalmente ligações com o bloco α : identidade dos dois versos finais de D (5-6), que são os iniciais de A (1-2) e finais de C (3-4); identidade não somente das palavras em rima (*palmeiras* estará depois também em E5), mas também das palavras-rima *lá* (A4, C2, D4, E2) e *noite* (C1, D3); rima à distância entre *primores,* que pertence exclusivamente a (α (D1, E3) e *flôres, amôres* de B2, 4; e finalmente repetição no interior de D do verso que dá início a C:

```
Em cismar, sòzinho, à noite C1:
Em cismar — sòzinho, à noite — D3.
```

1.3. Mas a lírica contém elementos que permitiriam uma segmentação diferente. Antes de mais nada, observe-se que as estrofes A e B se distinguem das estrofes seguintes, inclusive C, pela ausência de verbos na 1.ª pessoa do singular: há verbos somente na 3.ª pessoa do singular (*tem* A1, *canta* A2, *tem* B1) e na 3.ª pessoa do plural (*gorjeiam* A3, 4, tem B2, 3); veja-se, pelo contrário, nas seguintes: *encontro* C2, D2, 4; *morra* E1, *volte* E2, *desfrute* E3, *encontro* E4, *aviste* E5. A diferença é acentuada, nas estrofes C-E, pela insistência no pronome de 1.ª pessoa explícito: C2, D2, 4, E1, 2: A 1.ª pessoa está presente em A e B somente por delegação de poderes aos possessivos *minha* A1, *nosso, -a, -os, -as* B1, 2, 3, 4. Além disso, há uma ligação especial entre D e C: todos os versos de C desceram tais e quais para D: C1-2=D3-4; C3-4=D5-6; e acrescente-se que, dos outros dois versos de D, um é uma *variatio* de C3 ("Minha terra tem palmeiras/primores", o outro acaba constituindo-se por similaridade opositiva em relação a C2=D4 ("Mais prazer encontro eu lá" / "Que tais não encontro eu cá").

Essas ligações entre C e D tornam-se ainda mais visíveis pelo fato de que E se opõe, em muitos aspectos, a todas as outras estrofes. Nestas, os verbos finitos estão sempre no indicativo presente (*tem* A1, *canta* A2, *gorjeiam* A3, 4, *tem* B1, 2, 3, *encontro* C2, *tem* C3, *canta* C4, *tem* D1, *encontro* D2, 4, *tem* D5, *canta* D6); além disso, toda estrofe contém *tem* (A1, B1, 3, C3, D1, 5). Ao invés prevalece em E o subjuntivo presente (*permita* E1, *morra* E1, *volte* E2, *desfrute* E3, *aviste* E5), e os verbos colocados no subjuntivo são todos novos em relação aos das outras estrofes; das estrofes anteriores descem para E somente os presentes *encontro* 4 e *canta* 6.

Quanto à ausência do verbo *ter*, ela nos permite captar outro elemento que caracteriza E. Nas estrofes C e D, *ter* e *encontrar* indicam, um, a posse de certos atributos por parte do país longínquo, o outro, o movimento de busca do poeta: um "encontro" dos atributos, decepcionantes, do país em que está, e um "encontro" mental, que é muito próximo de uma "busca pela fantasia" dos atributos da pátria (*não encontro eu cá* D2 ~ *encontro eu lá* C2, D4). Pois bem: em E, temos *encontrar*, e não *ter*, sempre em contexto negativo (E4). Pareceria ser necessário daí deduzir que tal negatividade depende, obviamente, da ausência de *ter* e de seu sujeito (o país longínquo); ao invés, ela está relacionada com a partícula exclusiva *sem*, seguida pela menção adverbial (*lá*) do país longínquo, num tecido de negações das negações:

> *Não* permita Deus que eu morra,
> *Sem* que eu volte para lá;
> *Sem* que
> *Sem* qu'inda aviste as palmeiras,
> Onde canta o Sabiá.

Se, agora, partirmos do v. 6, igual a A2, C4, D6, e notarmos que somente aqui ele não é precedido por *Minha terra tem palmeiras*, deduziremos que *aviste* é aqui o substituto de *tem*, ou por outra, que a correlação *tem-encontro* é substituída pela correlação *encontro-aviste*: a "busca pela fantasia" culmina aqui, finalmente, num reencontro visual (*aviste*).

Capta-se, em suma, uma dupla articulação do poema: de um lado — é a articulação estilisticamente mais marcada — ABC em face de DE; de outro, é a articulação que corresponde melhor às passagens semânticas. AB oposto a CD oposto a E. Esta segunda articulação será novamente examinada em 4.2-5; em 1.4. encontraremos um fenômeno análogo.

1.4. A soma dos versos que constituem os dois blocos α e β é a mesma: 12 e 12. Mas a mudança de comprimento das estrofes, embora continue o mesmo sistema de rimas, é realizada de modo a aludir à possibilidade, afastada pelo poeta, de continuar com "quadras". Atrás do agrupamento 6+6 de DE, entrevê-se, em suma, um possível agrupamento 4+4+4, que teria tornado β igual, estroficamente, a α. Experimentemos distribuir os versos das estrofes de DE em "quadras": D*,E*,F*:

D* {
1 Minha terra tem primores,
2 Que tais não encontro eu cá;
3 Em cismar — sòzinho, à noite —
4 Mais prazer encontro eu lá;
}

E* {
1 Minha terra tem palmeiras,
2 Onde canta o Sabiá.
3 Não permita Deus que eu morra,
4 Sem que eu volte para lá;
}

F* {
1 Sem que desfrute os primores
2 Que não encontro por 'á;
3 Sem qu'inda aviste as palmeiras,
4 Onde canta o Sabiá.
}

Observemos: *a*) que D5, transformado em E*1 tem começo idêntico ao de D1: duas estrofes sucessivas com início similar (além disso, E*1-2 teria o mesmo início de A1-2); *b*) que E3, transformando-se em F*1, retoma E*4, instituindo quase uma retomada (*Sem que... Sem que*) e repete a palavra final de D1 (D*1): o primeiro verso da primeira e da terceira estrofes teriam a mesma palavra final, com rima à distância; *c*) que E4, transformado em F*2, é praticamente idêntico a D2 (D*2), de modo que teríamos, entre a primeira e a última estrofe do grupo, identidade do segundo verso; *d*) que E2, transformado em E*4, teria a mesma rima de D4 (D*4): duas estrofes sucessivas terminariam pela mesma palavra-rima; *e*) que F* acabaria por ser constituído em sua totalidade (exceto o último verso, recorrente e imutável) por octonários a *maiori*.

2.1. Elemento comum de todas as estrofes: os versos pares têm todos rima em *a* acentuado — com exceção da estrofe B, com rima em *ôres* —, com base na reiteração das palavras-rima *Sabiá* A2, C4, D6, E6; *lá* A4, C2, D4, E2; *cá* D2, E4.

Entre os versos ímpares há às vezes, no interior da mesma estrofe, assonâncias imperfeitas: *palmeiras: gorjeiam* A1, 3; *primores: noite* D1, 3 (ainda menos nítida a relação de similaridade, que é porém compensada pela aliteração, entre *morra* e *primores* E1, 3). Outras vezes, porém, a relação é de uma estrofe para outra (*palmeiras: gorjeiam* A1, 3: *estrêlas* B1), e nesse caso diz respeito em geral não só à rima, mas às palavras inteiras: *palmeiras* A1, C3, D5, E5; *noite* C1, D3; *primores* D1, E3. Notemos com Aurélio Buarque de Hollanda[11] que *palmeiras* e *primores* têm as mesmas consoantes no início das três sílabas.

O fato de se apresentarem em final de verso, mais do que rimas, palavras inteiras, induz à pausa de maneira especial, na recorrência das próprias palavras em fim de verso. E não basta: remontando no verso, adverte-se que a retomada não é somente de palavra, mas de versos inteiros. Eis a situação: *Minha terra tem palmeiras* A1, C3, D5 (além disso, com objeto direto *primores,* D1); *Onde canta o Sabiá* A2, C4, D6, E6; *Em cismar, sozinho, à noite* C1, D3; *Mais prazer encontro eu lá* C2, D4. Quase idênticos: *Que tais não encontro eu cá* D2, *Que não encontro por cá* E4.

A repetição, obsessiva mas bem controlada, das palavras e dos versos, pode ser esquematizada como segue (as linhas contínuas indicam a retomada de versos inteiros, as linhas tracejadas, a repetição das palavras finais apenas):

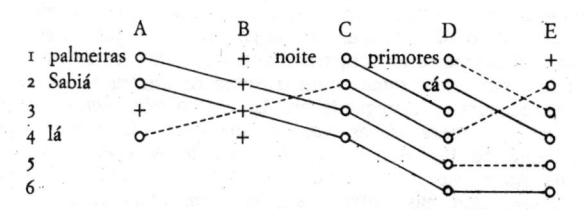

```
            A         B        C           D         E
1  palmeiras o        +      noite   o  primores o        +
2  Sabiá     o        +               o      cá  o        o
3           +         +               o               o
4  lá       o         +               o               o
5                                     o───────────────o
6                                     o               o
```

1. A. BUARQUE DE HOLLANDA, À margem da "Canção do Exílio" (1944). In: *Território Lírico. Ensaios*, Rio de Janeiro, 1958, pp. 23-32, p. 30.

Somente 6 versos em 24 apresentam no fim palavras que não se repetem no interior da composição (A3, B1, 2, 3, 4, E1). Quanto às palavras repetidas, elas o são, no mais das vezes, juntamente com o verso todo, ao passo que temos retomada somente da palavra final em A4, C2 = D4, E2; D1, E3; D5, E5). Nota-se imediatamente a tendência para "descer" das palavras finais e dos versos a que estas pertencem. Quando se trata de versos inteiros, não há exceções: o par A1-2 desce para C3-4 (quadra) e para D5-6 (sextilha); o par C1-2 desce para D3-4. Quanto ao par D1-2, do primeiro verso, desce para E3 somente a palavra final, ao passo que o segundo verso desce com poucas modificações para E4. Mas é sintomático, em compensação, o comportamento da palavra final *lá*, que de A4 sobe para C2, e de D4 para E2, enquanto, a descida de C2 para D4 é acompanhada por todo o verso. Comportamento esse que será preciso estudar em relação com a troca entre *cá* e *lá* na 2.ª e 4.ª posição de D e E (cf. 4.3.).

2.2. A voluntária angústia do horizonte lexical do poema pode ser apreendida, afora a recorrência de frases inteiras, através da freqüência com que se repetem as palavras singulares. Esta pode ser sintetizada no próximo diagrama, em que a linha contínua corresponde à porcentagem de palavras novas empregadas em cada estrofe, ao passo que a linha tracejada corresponde à porcentagem de palavras que, sendo empregadas numa estrofe, reaparecem também na(s) estrofe(s) sucessiva(s)[12]. A pri-

12. Levo em conta todas as palavras, inclusive os artigos e distinguindo singulares e plurais, masculinos e femininos: qualquer discriminação seria, de toda maneira, sujeita às mais diferentes opiniões. Palavras empregadas em A: *Minha terra tem palmeiras onde canta o Sabiá, as aves que aqui gorjeiam não gorjeiam como lá* (16, igual a 100%, uma vez que a estrofe é inicial). Palavras que reaparecem nas outras estrofes: *Minha terra tem palmeiras onde canta o Sabiá as que não lá* (12, igual a 75%). Palavras empregaads em B: *Nosso céu tem mais estrêlas nossas várzeas flôres nossos bosques vida nossa amôres* (num total de 13). São novas: *Nosso céu mais estrêlas nossas várzeas flôres nossos bosques vida amôres* (total 12, igual a 92%). Retornam nas outras estrofes, *tem mais* (total 2, igual a 15%). Palavras empregadas em C: *Em cismar sozinho à noite mais prazer encontro eu lá minha terra tem palmeiras onde canta o Sabiá* (total 18). São novas: *Em cismar sozinho à noite prazer encontro eu* (total 8, correspondente a 44%). Reaparecem

meira linha dá-nos a medida da inovação; a segunda, a da irradiação (sempre com respeito à composição).

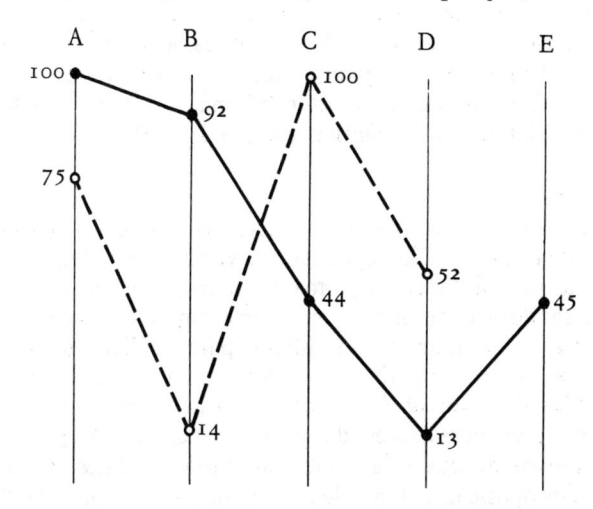

```
      A        B        C        D        E
100 ●──────────────────● 100
             ● 92
75 ○
                              ○ 52
                      ● 44             ● 45
             ○ 14              ○ 13
```

Seguindo a linha da inovação, na qual a primeira estrofe dá naturalmente a porcentagem de 100%, observa-se que a porcentagem permanece num nível bastante elevado (92%) em B, estrofe que portanto absorve muito pouco de A (ou seja, *tem*), ao passo que desce, como é natural, nas estrofes seguintes, que utilizam cada vez mais os materiais das anteriores: típico, portanto, o salto de E, que sobe de uma porcentagem de 13% para uma de 45%, ou seja, inova em relação a quase metade das palavras.

Além disso, quanto à linha de irradiação, observa-se que ela é alta em A e altíssima em C (dado tanto mais significativo, porquanto há quatro estrofes depois de A e duas apenas depois de C); e se é natural que ela desça em D, seguida por uma só estrofe, é muito menos natural que ela seja tão baixa em B (14%), seguida de três estrofes.

nas outras estrofes todas as 18 palavras (100%). Palavras empregadas em D: *Minha terra tem primores que tais não encontro eu cá em cismar sozinho à noite mais prazer lá palmeiras onde canta o Sabiá* (total 23). São novas: *primores tais cá* (total 3, correspondente a 13%). Retornam na estrofe seguinte: *primores que não encontro eu cá lá palmeiras onde canta o Sabiá* (total 12, igual a 52%). Palavras empregadas em E: *não permita Deus que eu morra sem volte para lá desfrute os primores encontro por cá inda aviste as palmeiras onde canta o Sabiá* (total 24). São novas: *permita Deus morra sem volte para desfrute os por inda aviste* (total 11, igual a 45%).

Num exame comparativo, a estrofe B e a estrofe E revelam-se, relativamente à posição, as mais inovadoras; a estrofe A e a estrofe C, as de maior irradiação; a estrofe B, a de menor irradiação. Daí a impressão de que B e E são as estrofes menos sujeitas à técnica repetitiva da composição. Essa impressão será confirmada inclusive pelas análises sintática e semântica (3.1; 4.3; 4.5).

3.1. As quatro primeiras estrofes da lírica (A-D) constituem, através da repetição ou variação de elementos ou conceitos já expressos, uma comparação entre a terra natal, saudosa e pranteada, e a terra em que o poeta se encontra como num exílio. Meios para realizar a comparação são: os quantitativos *mais* e *não... como* e os advérbios de lugar *lá* / *cá, aqui*. Não levo em conta, por enquanto, os possessivos de primeira pessoa, já que — por motivos de que falaremos mais tarde — estes jamais estão em oposição a um "deles"; num caso apenas (D1-2 *minha* está em correlação com *cá*; mas a posição em rima e a complementaridade dos versos D2 e D4 polarizam o *cá* no sentido de opor-se antes ao *lá* de D4.

Mesmo num teclado tão reduzido, G.D. realiza uma certa *variatio*:

	Mais	não ... como	cá, aqui	lá
A		+	+	+
B	+			
C	+			+
D	+	+	+	+

Ou seja, enquanto A e D apresentam quer os quantitativos, quer o par opositivo dos advérbios de lugar (com a diferença de que, para os quantitativos, D utiliza tanto *mais* quanto *não ... como*, A utiliza apenas o segundo), B emprega o quantitativo *mais* sem advérbios de lugar, C emprega o quantitativo e um só dos advérbios: *lá*.

Naturalmente, as casas de B e C podem permanecer vazias somente em virtude de se prolongarem nas duas estrofes explicitações completas da comparação realizada em A; estas são tais que preestabelecem, indicando-lhe os extremos, a variedade de realizações das estrofes sucessivas.

Com efeito, A compõe-se de dois períodos, o primeiro meramente assertivo, o segundo, comparativo. A conexão entre os dois períodos, que retrossemantiza em sentido comparativo o primeiro deles, é atualizada graças a dois processos: a) uma passagem indivíduo → classe (*Sabiá* → *aves*), onde as *aves* de *aqui gorjeiam* bem menos que as de *lá*, de *minha terra*, pois falta, entre elas, o *Sabiá*; b) um paralelismo: *o sabiá canta: *as aves gorjeiam.

Em toda a composição, verificam-se diferentes graus de realização comparativa em períodos paralelísticos ligados verticalmente pela existência de classes contendo os respectivos sujeitos e objetos dos períodos[13]. Com efeito, são nada menos que 8, dos 24 do poema, os versos que se inserem num único e amplo paralelismo[14]:

Minha terra		palmeiras A_1, C_3, D_5
Nosso céu		estrêlas B_1
Nossas várzeas		flôres B_2
Nossos bosques	tem	vida B_3
Nossa vida		amôres B_4
Minha terra		primores D_1

É precisamente a última dessas recorrências (cabe apenas lembrar, mas aqui não é relevante, o fato de que, em B4, *tem* está subentendido) que fecha numa unidade de conjunto todas as precedentes:

Minha terra	tem	primores
Nosso céu, nossa vida, nossas várzeas, nossos bosques		palmeiras, estrêlas, amôres, flôres, vida

A função-piloto do verso D1 é evidenciada graças a meios estruturais. Enquanto a *Minha terra tem palmeiras* se atribui uma dominância rítmico-obsessiva (o verso repete-se três vezes sem alterações), *Minha terra tem primores* inicia, simetricamente a *Minha terra tem palmeiras*, a segunda parte do poema; além disso, os dois versos encontram-se, juntos numa relação de complementaridade, na estrofe D(5 e 1). *Palmeiras* e *primores*, precisamente através da similaridade consonantal, aí estão para

---

13. A. BUARQUE DE HOLLANDA, *op. cit.*, p. 27, observa que as comparações da *Canção* são mais freqüentemente implícitas do que explícitas.
14. Conforme assinala a nota 4, *tem* é, na grafia de G. D., quer singular, quer plural. Resta, naturalmente, a diferença de pronúncia.

indicar dois extremos: o preciso e concreto em face do geral e abstrato.

Os desenvolvimentos do poema são promovidos precisamente pela posição diferente, nos encadeamentos dos sujeitos e dos objetos, de substantivos genéricos ou abstratos, e precisos ou concretos. Em A, observa-se a aproximação de um sujeito genérico e abstrato (*terra* "pátria") de um objeto preciso e concreto (*palmeiras*), antonomásia da flora brasileira; em B, uma série de sujeitos concretos (*céu, várzeas*) com objetos concretos (*estrêlas, flôres*), depois um sujeito concreto (*bosques*) com objeto genérico (*vida*), por fim um sujeito genérico (*vida*) com objeto genérico (*amôres*); nas estrofes D e E uma alternância calculada do genérico *primores* D1, E3, com o concreto *palmeiras* D5, E5, em D precede sempre a fórmula *Minha terra tem*, ao passo que em E há renovação de fórmulas (cf. 4.5).

Mas enquanto *Minha terra tem palmeiras* é meramente assertivo, todas as proposições que constituem B comportam *tem* expresso ou subentendido, seguido por um *mais* sem o segundo termo de comparação: este só pode ser considerado implícito graças à explicitação da comparação entre *aqui* e *lá* em A3-4. Em outras palavras, o momento assertivo e o comparativo, separados em A, são levados em B a um grau de fusão tal a ponto de admitir até mesmo uma elipse parcial.

Em D retoma-se, numa forma diferente, o uso de *mais* sem termo de comparação; há somente o advérbio *lá*, explicitado imediatamente por *Minha terra* no verso seguinte. A comparação com *aqui* é sempre implicada pelo *aqui* de A3:

    Mais prazer encontro eu lá   C 2

Mas aí tem início outra série de paralelismos:

    Mais prazer encontro eu lá   C 2
(primores) Que tais não encontro eu cá   D 2
    Mais prazer encontro eu lá   D 4
(primores) Que não encontro por cá   E 4

Ao passo que se mantém inalterado o verbo *encontro* (*eu*), temos em dois casos uma proposição principal com objeto *prazer* e localização *lá*, em dois casos uma proposição relativa em que *encontro* é precedido por *não*. Podendo a relativa ser transformada, com base na gramática gerativa, numa frase nuclear (*não encontro (tais) primores (por) cá), e sendo evidentemente secundária, ao menos nesta fase, a presença ou ausência de *tais* e de *por*, à frente de *cá*, os versos paralelos reduzem-se a dois tipos quase eqüipolentes:

> I) Mais prazer encontro eu lá
> II) não encontro (tais) primores eu (por) cá,

onde a linha que une *prazer* e *primores* tem como direções o subjetivo e o objetivo, ao passo que a linha que une *mais* e *não* (*tais*) tem como direções o relativo e o absoluto. Logo:

> I) relativo ---→ subjetivo
> II) absoluto ——→ objetivo

Neste ponto, fica claro o motivo pelo qual a estrofe D contém o mais rico repertório de procedimentos: ela sintetiza todos os que já foram precedentemente utilizados: a oposição *cá   lá*, mais o possessivo *minha*, para a comparação, realizada quer em forma relativa (*mais*), quer em forma absoluta (*tais não*), entre os extremos do preciso e concreto *palmeiras* e do genérico e abstrato *primores*. Guardemos ao contrário, para aprofundá-la a seguir, a observação de que D participa do paralelismo somente com uma frase absoluta e objetiva (*Que não encontro por cá*).

3.2. A estrofe E dá uma forte contribuição à série de paralelismos do poema: metade de seus versos são construídos, com efeito, de maneira idêntica:

> Sem que eu volte para lá 2
> Sem que desfrute os primores 3
> Sem qu'inda aviste as palmeiras 5.

Contudo, à diferença dos outros versos paralelos, estes não podem ser agrupados num conjunto estático, pois indicam ações necessariamente sucessivas: *volte* não implica *desfrute* e *aviste*, mas constitui a premissa necessária destes no plano referencial.

A heterogeneidade de *volte* de um lado, e *desfrute* e *aviste* de outro, é sublinhada por um fato também sintático: o segundo e o terceiro versos, à diferença do primeiro, são completados por proposições relativas, também heterogêneas, como resulta com especial evidência de sua transformação em frases nucleares:

> *não encontro por cá os primores
> *o Sabiá canta nas (sobre as) palmeiras.

4.1. Chegou o momento de reintegrar os resultados da análise na leitura do poema. Mas será preciso insistir inicialmente num dado que nem sempre é levado na devida conta: a necessidade de considerar como parte integrante da composição também o título e a epígrafe.

O início *ex abrupto* do poema tem sua chave no fato de poder ser lido como uma espécie de resposta aos versos goethianos: — Kennst du das Land...? — Minha terra tem palmeiras ... Por outro lado, a diferença de situação (cf. 1.1.) — no primeiro caso um convite para um país sonhado, a Itália, que não é nem a pátria nem a residência do destinatário da pergunta, no segundo a saudade da pátria longínqua, o Brasil, por parte do poeta que reside temporariamente em Portugal (a *canção* é datada: Coimbra — julho de 1843) — já está anunciada no título. Com efeito, o título sintetiza a situação de expatriado de G.D., com uma exageração (G.D. não se acha desterrado, mas foi a Portugal, em 1838, para realizar estudos, ainda que em situação precária pela subseqüente morte do pai e por lhe ter sido negado ajuda econômica pela madrasta Adelaide) que torna mais justificável o desespero saudoso.

4.2. Com base na posição do poeta em face da matéria, especificam-se três momentos principais: o enunciativo (estrofes A, B), onde os verbos são sempre verbos na 3.ª pessoa do singular ou do plural; o subjetivo (estrofes C, D), onde aparecem, seguidos pelo pronome *eu*, verbos de conteúdo estático na 1.ª pessoa do singular (sempre *encontro* C2, D2, D4) e onde sobressai um adjetivo, o único da *canção*[15] qualificando uma situação

---

15. Como observa A. BUARQUE DE HOLLANDA, *op. cit.*, p. 26, acrescentando que *sozinho* é desprovido de "essência pictural", p. 28. Essa ausência quase total de adjetivos é tanto mais significativa se se levar em conta que G. D., habitualmente, tem uma adjetivação muito rica: embora através de estatís-

sentimental (*Sozinho*, C1, D3) e o desiderativo (estrofe E), em que aparecem um "adjuvante", *Deus* (E1) que, através do subjuntivo-imperativo *permita* (E1) pode provocar movimentos[16] e ações do poeta, isto é, da primeira pessoa *eu* (E2), sempre no subjuntivo (*volte* 2, *desfrute* 3, *aviste* 5).

4.3. O início do poema é apodítico: os dois primeiros versos em razão precisamente desse seu caráter apodítico tornar-se-ão, nas demais estrofes, uma espécie de refrão quase obsessivo, e ao mesmo tempo uma sigla do país lembrado com saudade, com a citação antonomástica de árvores (*palmeiras*) e de uma ave (*Sabiá*) típicos, e de alegria (*canta*). Já assinalei (1.1) que esses dois versos culminam no *Sabiá*, em relação ao qual a *palmeira*, embora típica, não é senão um suporte. Deve-se também precisar que o *Sabiá* se distingue propriamente pelo canto, e não pela aparência, que é pouco vistosa: por isso, *canta* não foi posto aqui para indicar genericamente a atividade mais perceptível da ave, mas seu traço diferencial e enobrecedor[17].

Os dois outros versos da estrofe A têm funções reciprocamente conexas: refletir nos dois primeiros versos um valor comparativo e atualizar, por meio de uma evocação do que está próximo, o que se afirma daquilo que está longe.

A comparação acha-se, autônoma, nos vv. 3-4: reflete-se nos precedentes através das evocações *canta* 2: gor-

---

ticas provisórias, O. MOACYR GARCIA, *Luz e fogo no lirismo de Gonçalves Dias*, Rio de Janeiro, 1956, p. 23, atribui-lhe uma porcentagem de adjetivos de 18% (maior que a da lírica contemporânea de 15%).

16. Seja como for, o único verdadeiro verbo de movimento é *voltar*; cf. J. G. MELQUIOR, *op. cit.*, p. 49.

17. Cf. R. C. B. AVÉ LALLEMANT, em "O Sabiá cantando" in *Reise durch Nord-Brasilien im Jahre 1859*, Leipzig, 1860, citado da tradução brasileira, Rio de Janeiro, 1961, em L. da CÂMARA CASCUDO, *Antologia do folclore brasileiro*, São Paulo, 1971, pp. 130-31, onde se diz que o Sabiá "é uma espécie de melro" e se dá uma transcrição musical de sua melodia. Sobre a "pré-história" do Sabiá na literatura brasileira, e especialmente sobre a página a ele dedicada por Antônio do Rosário (séc. XVII), cf. H. LOPES em "Supl. Literário 'Minas Gerais'", 6 dez. 1969.

jeiam 3, *gorjeiam* 4 = *Sabiá* 2: *aves* 3. É em conseqüência disso que a oposição *aqui* ~ *lá* se completa em *aqui   lá* (*Minha terra*). O verso "onde canta o Sabiá", que se tornará descritivo nas outras estrofes, aqui, com o reforço dos dois *gorjeiam*, assume uma evidente sonoridade; assim, *as aves* são com o *Sabiá* (prescindindo naturalmente do poeta e de Deus), os dois únicos seres animados que aparecem no poema[18]. Mas trata-se, de qualquer maneira, de uma sonoridade apenas mental: o presente *gorjeiam* é tão durativo — isto é, não-momentâneo — quanto *canta*; a diferença é que o primeiro verbo se refere à terra "de exílio", e por isso pode também ser experimentado, o segundo é relegado a distâncias inalcançáveis. A passagem das definições mentais para as experienciáveis é assinalada metricamente[19] pela prosódia dos v. 3, com acentos na 2.ª e na 5.ª.

A estrofe B é constituída por quatro versos perfeitamente paralelísticos e por sua vez paralelos em relação a A1 (cf. 3.1). Com efeito, os quatro versos integram e explicitam a afirmação de A1, acrescentando-lhe apenas o elemento comparativo, *mais*, cujo segundo termo de comparação pode ficar subentendido, uma vez que já foi revelado na estrofe A. É justamente por essa natureza integrativa e explicitadora que esta estrofe é a única que não contém o verso-matriz *Minha terra tem palmeiras* (sobre E, veja-se 4.5.).

Também esta estrofe tem caráter enunciativo, aparentemente confirmado pelo caráter um tanto genérico dos objetos: o céu, naturalmente com as estrelas[20], as várzeas, naturalmente com as flores, os bosques. E até aqui pareceria quase reproduzir-se a olhada ao redor, do modelo goethiano. Mas há em seguida uma repentina aceleração rítmica, marcada pela retomada estilística de *vida* e pela elipse de *tem*; e a aceleração evidencia-se também nas associações conceptuais. A *vida* é a dos freqüenta-

---

18. A. BUARQUE DE HOLLANDA, *op. cit.*, p. 31, sublinhando que *aves*, no plural, é genérico, chega a dizer que o Sabiá é o único ser vivo representado na *Canção*. Sobre o v. 3 (e sobre B2), cf. "Adeus" (*Poesia completa*, cit., p. 206): "Onde não crescem perfumadas flôres, Nem tenras aves seus gorjeios soltam".

19. Sobre a escansão do v. 3 cf. J. G. MERQUIOR, *op. cit.*, p. 44, e sobre a de D3 (cf. 4.5), p. 47.

20. Cf. em "Tristeza" (*Poesia completa*, cit., p. 134): "em céu diverso / Luzem com luz diversa estrêlas d'ambas".

dores dos *bosques,* mas de freqüentadores com precisos objetivos hedonísticos. G. D. visualiza jovens brasileiros que, nos *bosques,* vão namorar: o objeto da *vida* são os *amôres* que fecham a estrofe, emanando sugestões[21].

Olhando de perto, o mesmo inclinar-se assimétrico é representado, nesta estrofe, pelo inacabamento do *mais;* e a anáfora em torno do possessivo *nosso* e a iteração de *mais* são, mais que os próprios substantivos, o fulcro da enunciação. Explica-se assim o contraste entre a forte carga de inovação desta estrofe (2.2) e sua natureza de apêndice explicativo: temos um desdobramento inusitado, no poema, de substantivos empregados somente aqui e de rimas isoladas (2.1), mas esses substantivos são genéricos, e, em parte, heterogêneos. Trata-se, em substância, de um grande parêntese, que encontra coesão e eficácia sugestiva num pensamento subjacente: poucos objetos-símbolos bastam para mostrar que tudo o que há no Brasil é superior ao que há em Portugal. Era preciso reforçar pela insistência da anáfora[22] e dos paralelismos este pensamento único e dominante.

4.4. O verso inicial da terceira estrofe concentra todas as notas de caráter psicológico, que formam o núcleo das estrofes ABCD. Fica aí dito que o poema é escrito — ou seja, deve imaginar-se escrito — de noite (*à noite*), isto é, em horas propícias ao galope desenfreado de pensamentos e melancolias (*em cismar*)[23], inclusive porque se absolutiza a solidão (*sozinho*); o vetor da comparação (*mais*) com o país do poeta (*lá*) é agora mais direto, personalizado (*eu*) — ao passo que antes utilizava como simples substitutos os pronomes de 1.ª pessoa *minha* e *nosso* —, movido por um verbo de relação (*encontro*) entre o sujeito e o objeto, que é um abstrato de grande capacidade (*prazer*), a tal ponto que constitui uma primeira sín-

---

21. Assinalo, por mera curiosidade, que um poema de G. D. se intitula "Minha vida e Meus Amôres" (*Poesia completa,* cit., p. 130).

22. Sobre o emprego da anáfora na poesia de G. D., veja-se F. ACKERMANN, *A obra poética de A. G. D.,* trad. E. Schaden, São Paulo, 1964 (ed. orig. 1938), pp. 159-61.

23. É uma das constantes da poesia de G. D.: "a paisagem noturna e o entardecer lhe provocam sentimentos de tristeza compassiva mas não desesperada", O. Moacyr GARCIA, *op. cit.,* p. 48.

tese de todos os objetos indicados anteriormente (*palmeiras, estrêlas, flôres, vida, amôres*). Em suma, por um eficaz *hysteron proteron*, temos antes as considerações do poeta (AB), depois a situação em que elas foram formuladas: *as considerações adquirem "a posteriori" o valor de exclamações*. O *mais* está, de novo, sem termo de comparação; mas em B1-4 ele era, de certo modo, objetivado pela oposição *aqui ~ lá*; agora, o *lá*, que é preparado pela série de *Nosso, -a, -os, -as* e reatualizado pelo refrão *Minha terra...*, opõe-se a um "aqui" representado globalmente pela mágoa noturna e solitária do poeta exilado. O registro mais pessoal (para exprimir uma angústia íntima pessoal) é indicado de maneira feliz também pela escolha lexical: *cismar* e *sozinho* estão num nível mais familiar (e humilde) que as outras palavras empregadas no poema, antes e depois.

Encerram a estrofe C, com exata especularidade, os mesmos dois versos que iniciam A. Eles não têm mais o valor informativo inerente à sua natureza de afirmação inicial. À perda desse valor corresponde um incremento afetivo: as *palmeiras* e o canto do *Sabiá* são uma síntese simbólica do *prazer* que o poeta encontra em seu *cismar* solitário: a sucessão entre *lá* e *minha terra* representa com precisão uma tensão do desejo. Mas é mais importante, de qualquer modo, o indício musical: repetidos em fim de estrofe, os dois versos, já conhecidos do leitor (do ouvinte), assumem uma função de refrão, revelam-se como uma constante temática, rítmica e sentimental, e preparam para retomadas posteriores, que se verificam pontualmente: em suma, uma sigla. Com efeito, chegou o momento de salientar que o *Sabiá* é, na lírica, o único elemento que caracteriza o Brasil de maneira absoluta; nos outros casos (do *céu*, das *várzeas*, dos *bosques*, da *vida*, do *prazer*, dos *primores*) o Brasil é caracterizado apenas comparativamente (*mais; tais não*). Os versos do Sabiá não dominam pois somente pelo número, mas ainda por um forte peso simbólico, toda a *Canção*.

Repetindo as mesmas três primeiras palavras do "refrão" (*Minha terra tem*), mas substituindo as *palmeiras* pelos *primores*, o verso inicial de D marca um afastamento do que precede: ou seja, de um lado uma mudança de orientação no andamento paralelístico (mal se instituiu como refrão o verso *Minha terra tem palmeiras*, seu início serve agora para encaminhar, e com diferente perspectiva, uma nova estrofe), de outro um incremento da informação. Antes de mais nada, *primores* compreende, num conjunto ainda mais vasto, a classe já definida por *prazer, palmeiras, estrelas, flores, vida, amores;* além disso, se o *prazer* em C era individualizado em sua presença *lá*, em *Minha terra*, de modo que *encontrar* era o resultado de uma ação de lembrança, agora os *primores* são individualizados em sua não-presença *cá: encontrar*, precedido pela negação, indica uma ação frustrada; com um correlato icônico nos acentos sobre a 2.ª e a 5.ª, que somente o verso A3 tem, com função icônica quase idêntica (cf. 4.2).

Todo o resto da estrofe é constituído pela repetição integral da estrofe C: quase a constituir um refrão mais amplo, de quatro versos. Contudo, os vv. 3-4 acabam por integrar aqui os vv. 1-2, fornecendo a *cá* seu correlato *lá*, colocando em seguida à enunciação de ausência dos versos de *cá* (*não encontro*) a enunciação da presença dos versos de *lá* (*encontro*); e, enfim, desenvolvendo toda a gama dos meios de comparação empregados nas estrofes ABC (cf. 3.1). Em outras palavras, a estrofe D oferece o desenvolvimento mais completo dos pensamentos expressos anteriormente de modo parcial: presença no Brasil de perfeições carentes em Portugal; meditação do poeta e sua tensão para o *prazer* de que é dotada, em sua recordação, a *pátria;* imagem antonomástica das *palmeiras* e do *Sabiá*.

Este desenvolvimento é baseado na enfatização dos elementos sentimentais, segundo um *clímax* que já foi sentido na estrofe anterior. Os dois primeiros versos de D são enunciativos, e com localização real (*cá*); os vv. 3-4 englobam o *cismar* noturno do poeta, e têm localização mental, mnemônica (*lá*); por fim, o *lá* concretiza-se na imagem das *palmeiras*, no canto solitário e intenso do *Sabiá*. Duas observações não me parecem negligenciáveis. Antes de tudo: *primores*, abstratamente positivo, opõe-se desde os versos de *cá* a *prazer*, subjetivamente positivo, nos versos de *lá*; as duas palavras têm grupo consonantal idêntico inicial: *pr*[24]. Além disso, o predicativo do sujeito e o adjunto adverbial (*sozinho, à noite*), que em C1 eram separados do contexto próximo somente por meio de vírgulas, são agora isolados e postos em evi-

---

24. Observa-o A. BUARQUE DE HOLLANDA, *op. cit.*, p. 30.

dência por meio de travessões, certamente para sugerir maior demora e maior vibração na leitura[25].

4.5. É totalmente diferente, como já ocorrera para outros elementos (cf. 1.3; 2.2), a orientação da estrofe E. Desde o início ela toma um andamento deprecativo, expresso pelo *Não permita*, seguido de pronto pelo "adjuvante" *Deus*. Deste *Não permita* depende, inclusive sintaticamente, toda a estrofe, constituída por um só período complexo: a principal *Não permita Deus*, a subordinada de 1.º grau *que eu morra*, as subordinadas de 2.º grau *Sem que eu volte... Sem que desfrute... Sem qu'inda aviste*, as subordinadas relativas de 3.ª grau *Que não encontro... Onde canta...* A forma deprecativa é a transformação eficaz de uma substância desiderativa expressa por meio de negações de negações (cf. 1.3), onde *morra* introduz um novo elemento patético, com o mesmo exagero que apresenta a viagem de estudos como um exílio (cf. 4.1)[26]. Esse modo de exprimir negativamente um conteúdo afirmativo repete a definição *em negativo* do Brasil através dos *primores* que *não* há em Portugal.

A oposição *cá ~ lá* é agora, sintomaticamente, invertida. Em direção ao *lá*, o poeta aparece já orientado graças ao significado e ao modo subjuntivo de *volte*; *cá* serve para constatar uma última vez a ausência dos *primores* brasileiros, para os quais tende G.D., como antes por meio de *volte*, mediante um outro subjuntivo, *desfrute*. A inversão relaciona-se, pois, com a insistência em verbos de forte participação pessoal (*volte, desfrute, aviste*), verbos que vieram à tona agora, quando, ao menos no desejo, se processa uma superação do afastamento e da distância. A intensidade do desejo é representada iconicamente pelo paralelismo com anáfora (*Sem que... Sem que... Sem que...*). E não se deve descuidar da precisão

25. Acerca da forte carga patética atribuída por G. D. ao adjetivo *sozinho*, cf. sua carta de Caxias de 1845 (*Poesia completa, cit.*, p. 799): "Sozinho em terra que, apesar de minha, eu posso chamar estranha" etc., e AIRES DA MATA MACHADO, *Crítica de Estilos*, Rio de Janeiro, 1956, p. 26.

26. Estrutura bastante semelhante tem o início de "Desejo" (*Poesia completa*, cit., p. 125): "Ah! *que eu não morra* sem provar, ao menos / Sequer por um instante, nesta vida / Amor igual ao meu! / *Dá*, Senhor Deus, que eu sobre a terra encontre / Um anjo, uma mulher", etc.

"realística" do verbo *avistar*: G.D. já se vê num navio, do qual avistará sua terra coberta de palmeiras. A estrofe rotoma, portanto, na apresentação e na orientação, elementos já expressos nas estrofes anteriores: típica a conservação de cinco palavras-rima das seis de D e E, mas com troca de posição (cf. 1.2 e 2.1). Os pontos em que este procedimento obtém o maior efeito são os vv. 3-4 e 5-6. Em 5-6 rompe-se a frase-refrão *Minha terra tem palmeiras, Onde canta o Sabiá*, repetida três vezes igual, e insere-se seu segmento mais denso (*palmeiras... Sabiá*) no interior do período que constitui a estrofe. Ademais, o confronto entre os dois segmentos concorrentes:

> Minha terra tem
> Sem qu'inda aviste.

evidencia a passagem de uma descrição, que se tornou em seguida, motivo recorrente e musical, para uma experiência a realizar, já antecipada no desejo.

Nos vv. 3-4 verifica-se um fenômeno bastante semelhante: aqui também se mantém, dos vv. D1-2, o objeto (*primores*) e a subordinada relativa só levemente modificada (*tais não... eu ~ não... por*), substituindo-se, ao contrário, o início do primeiro verso, e com resultados idênticos:

> Minha terra tem
> Sem que desfrute.

No entanto, a surpresa é aqui menos forte no plano verbal, porque o par D1-2 não reaparece outras vezes (neste sentido obtém-se, portanto, um efeito de potenciamento através do uso do mesmo processo em 3-4 e 5-6): ao contrário, a surpresa é notável no plano semântico, dado que E3-4 inserem na sintaxe e no léxico desiderativos a afirmação de D1-2.

Os vv. 3-6 constituem, portanto, uma novidade no tecido de iterações verbais da lírica. A novidade é inclusive rítmica. Os vv. 3-5 são os únicos que têm acentos na 4.ª e 7.ª; ademais, 3 e 5, com terminação paroxítona, envolvem 4, de terminação oxítona. Essa modificação e refreamento do ritmo coincide com os versos em que se saboreiam por ·antecipação, através de imagens privilegiadas, as experiências do exilado de retorno à pátria. O círculo fechou-se, o *Sabiá* heráldico dos dois primeiros versos descritivo-exclamativos é, agora, nos últimos dois versos, o *Sabiá vivo*, cujo canto chegará a G.D. tão logo este tenha revisto as *palmeiras* de sua terra.

5.1. Não cabe no quadro deste ensaio, nem nos limites de espaço, uma olhada na repercussão da *Canção* que foi, como se sabe imensa. Imitada ou ecoada inúmeras vezes[27], parodiada, especialmente pelos modernistas (mas isto também é uma prova de repercussão, o sinal de uma vitalidade que pode irritar), estudada de cor nas escolas, ela entrou até no hino nacional brasileiro[28].

Investigar os motivos dessa repercussão e esboçar um juízo de valor são programas onde se podem aduzir, ao menos parcialmente, os mesmos argumentos críticos. A celebridade deve ter provindo sobretudo da facilidade e da musicalidade deste pequeno hino ao Brasil, tornado patético pela perspectiva do "exílio". A facilidade é dos meios lingüísticos: um léxico magro e quase sem adjetivos, onde toda palavra pode tornar-se emblema ou símbolo; uma sintaxe elementar, com períodos que não superam o comprimento de duas redondilhas salvo na última estrofe. A musicalidade é a das redondilhas, com acentos variados apenas poucas vezes, a da repetição das mesmas palavras em rima, do motivo-refrão retomado várias ve-

---

27. Lembre-se ao menos a auto-imitação de G. D. na lírica de sintomático título "Minha terra" (*Poesia completa*, cit., pp. 656-57), escrita em Paris, em 1864, notando-se: "Sob um céu menos querido", "em tristes sertões de inverno", "Meu este sol que me aclara, / Minha esta brisa, estes céus: Estas praias, bosques, fontes, mais os amo quando volte", etc. Entre os modernos, podem-se enumerar Manuel Bandeira, Juó Bananére, Oswald de Andrade, Guilherme de Almeida, Murilo Mendes, Carlos Drummond de Andrade, Ribeiro Couto, Cassiano Ricardo, Mário Quintana, Vinicius de Moraes, A. C. Jobim e Chico Buarque de Holanda. Cf. também AIRES DA MATA MACHADO, *op. cit.*, *passim*.

28. A letra, do parnasiano, J. Osório Duque Estrada (1870-1927), adapta-se à música composta por Francisco Manuel de Silva para a aclamação (1831) de Dom Pedro II, e aceita como hino da República em 1890. O texto de Duque Estrada, vencedor de um concurso nacional, tornou-se oficial em 1922. Leia-se especialmente a estrofe "Do que a terra mais garrida / Teus risonhos, lindos *campos têm mais flôres;* / *'Nossos bosques têm mais vida'*, *'nossa vida'* no teu seio *'mais amores'* ". A "Canção do Exílio" volta a ecoar no Hino das Forças Expedicionárias Brasileiras na Segunda Guerra Mundial, de Guilherme de Almeida.

zes, e quiçá integrado com outros acenos de refrão. Um texto memorizável por excelência.

Deve-se acrescentar, além disso, um elemento de caráter histórico-cultural. A lírica é uma concentração daquele *ufanismo*, que constitui uma constante da literatura brasileira: não um vago nacionalismo, mas o confronto com a mãe-pátria lingüística, Portugal, na tentativa de contrapor às suas glórias e às suas tradições as belezas naturais, a fertilidade luxuriante, as dimensões imponentes do Brasil. G.D., em poucas pinceladas seguras, deu expressão a este sentimento, pondo-o numa perspectiva que, para além de toda discussão ou dúvida secreta, o torna incontestável e vibrante: a do *Heimweh*, do *mal du pays*, da *saudade*. E pode-se dizer que ele satisfez, talvez até mesmo de propósito (como observa D. Salles)[29], uma instância já expressa várias vezes antes dele pelo português Almeida Garrett, que censurava os brasileiros por não terem ainda cantado o que é próprio de sua terra:

> Se houvesse por minha parte de lhe [Tomás Antônio Gonzaga) fazer alguma censura, só me queixaria, não do que fez mas do que deixou de fazer. Explico-me: quisera eu que em vez de nos debuxar no Brasil cenas da Arcádia, quadros inteiramente europeus, pintasse os seus painéis com as cores do país onde os situou. Oh! e quanto não perdeu a poesia nesse fatal erro! se essa amável, se essa ingênua Marília fosse, como a Virgínia de Saint-Pierre, sentar-se *à sombra das palmeiras*, enquanto lhe revoavam em torno o cardeal soberbo com a púrpura dos reis, o *sabiá terno e melodioso*, etc.[30].

E pelo brasileiro Gonçalves de Magalhães:

> A poesia do Brasil não é uma indígena civilizada, é uma Grega à Francesa e à Portuguesa, e climatizada no Brasil, é uma virgem do Hélicon que, *sentada à sombra das palmeiras* da América toma por um rouxinol *o sabiá que gorjeia* entre os ramos da laranjeira[31].

A celebridade da *Canção do Exílio* nasce, portanto, antes mesmo que ela seja escrita: o que, evidentemente, não põe absolutamente em dúvida os impulsos de caráter pes-

---

29. *Art. cit.*
30. *Obras completas* de Almedia Garrett, por Th. Braga, II, Lieboa, 1904, p. 357.
31. GONÇALVES DE MAGALHÃES, Ensaio sobre a literatura no Brasil. *Niterói*, 1 (os grifos são nossos).

soal e o valor subjetivo da lírica, voz e não celebração da saudade[32].

Os críticos já indicaram como esta composição tão simples soube tocar as cordas da emoção. Aurélio Buarque de Hollanda observa que os substantivos empregados são "seres e coisas da natureza, na maioria, ou abstrações: elementos que, assim despojados, nus, ganham fundo em intensidade; que se fazem valer melhor por si sós" (p. 28); e Guilherme Merquior sublinha que os substantivos se alinham "nus e abstratos", potenciados expressivamente pelo sentimento da "saudade" (p. 43). A esse uso dos substantivos corresponde a ausência de qualificativos[33], que "valoriza de maneira singular os substantivos do poema, dando-lhes relevo, dilatando-lhes a sugestão emocional" (Buarque de Hollanda, p. 26). E, naturalmente, foi sublinhada a importância dos versos recorrentes, que teriam algo de obsessivo (Merquior, p. 46), em relação com o próprio conteúdo do poema, uma "lembrança transformada em obsessão" (*Idem*, p. 44).

Ao contrário, não se deu o devido realce ao mecanismo das retomadas de palavras e versos inteiros, como aqui se tentou fazer. Se, numa primeira aproximação, se pode falar de "refrãos", está claro contudo que, a rigor, não é de refrãos que se trata. Os versos recorrentes estão sempre inseridos nas estrofes, e sempre ligados a elas semanticamente. Embora com os limites de uma aproximação de artes heterônomas (mas afins), diria eu que o uso dos versos recorrentes na *canção* atualiza uma estrutura "em fuga". Os dois versos "Minha terra tem palmeiras, Onde canta o Sabiá" constituem a "exposição", desenvolvida a seguir em "diversões" que ficam contudo bem presas ao tema inicial; na última estrofe volta-se, com variações de tempo e de andamento, à "exposição", de modo a constituir um "final". Lembre-se que a "fuga" nasce do desenvolvimento do "ricercar"; e este poema de G.D. nada mais é que uma procura de todas as possibilidades evocativas implícitas nos dois versos iniciais.

---

32. Exprime esta exigência, em polêmica com os artigos de Salles no "Supl. Literário 'Minas Gerais' ", 11 out. 1969 e 6 jun. de 1970. G. Merquior, em "Supl. Literário 'Minas Gerais'", 4 abr. 1972 e 12 set. 1970.

33. Exceto *sozinho*, que qualifica em sentido subjetivo: cf. aqui mesmo 4.4, e J. G. MERQUIOR, *arts. cits.*

A dignidade da *Canção* reside talvez, em parte preponderante, nesta sua natureza de "fuga", mesmo porque os valores musicais são bem calculados, inclusive nas modificações de posição dos acentos nas redondilhas. A orquestração, impossível através da linearidade do discurso verbal está contudo de algum modo presente através da superposição de estruturas transestróficas diversas. Isto é verificado no conjunto do poema, onde é possível agrupar as estrofes segundo blocos ABC; DE, mas também segundo blocos AB; CD; E; e verifica-se ainda no segundo bloco lá onde, atrás das sextilhas DE, se podem entrever possíveis quadras D* E* F*. Esses tipos de estruturas superpostas resultam, obviamente, da freqüente retomada de versos, que permite diferentes cortes conforme se queira considerar mais significativas estas ou aquelas similaridades. Para o leitor, porém, os agrupamentos "possíveis", que aparecem em transparência atrás da geometria da divisão estrófica, instituem um jogo de persistências e interrupções, interrupções e persistências do tecido mnemônico, que imita sabiamente a abertura e o imediato esgotamento de desenvolvimentos discursivos que partem da unidade obsessiva e exclusiva de um sentimento, a saudade, e da imagem em que inicialmente e definitivamente se concretizou.

9. A FUNÇÃO DA LINGUAGEM NO *ACTE SANS PAROLES* DE SAMUEL BECKETT

0.1. O *Acte sans paroles* (*AsP*) de Beckett parece conclamar, desde o título, a um rebaixamento da linguagem a uma função secundária: se interpretarmos *paroles* como "discursos" (antes, "monólogos", dada a unicidade da personagem), o *AsP* é totalmente destituído disso; no mais, o *AsP* é destinado à representação, por isto a expressão lingüística do texto impresso serve unicamente para descrever os movimentos que, em cena, atualizam o texto, já libertado do suporte lingüístico.

Por outro lado, Beckett publicou mais de uma vez o *AsP*, conferindo a seu texto uma autonomia literária: as palavras que o compõe são, para todos os efeitos, uma obra de Beckett. Depreendemos, portanto, imediatamente, duas oposições: renúncia à linguagem (na cena)/uso da linguagem (na imprensa); função servil do texto (instruções)/autonomia do texto (mensagem).

Mesmo que assumido em sua função servil, o texto do *AsP* revela um estatuto não unívoco. As frases das quais consiste, que são — em primeira instância — instruções para a encenação, têm uma posição subordinada com respeito ao conjunto de gestos, movimentos e sons que constituem o *AsP*. Mas as mesmas frases podem também ser consideradas uma descrição — ou melhor, uma enunciação — dos mesmos gestos, movimentos e sons: portanto, idealmente sucessivas. Em suma:

texto (lingüístico) ⟶ gestos, movimentos e sons (texto cênico) ⟶ texto (lingüístico).

Certamente estas oposições e bivalências não se anulam no plano empírico, informando, por exemplo, sobre a anterioridade ou não do texto de Beckett com respeito à primeira representação; ou atribuindo ao leitor a escolha da perspectiva de leitura: o diretor que tencionasse encenar o texto, o consideraria como um "palimpsesto" de instruções; o possuidor do livro o consideraria de modo autônomo, o espectador da peça poderia usá-lo como anotação mnemônica, ou como controle da perfeição da execução.

0.2. As oposições são constitutivas, e se esclarecem definindo as relações de significação entre os planos (conceptual, verbal e gestual) sobre os quais se desenvolve, de fato ou potencialmente, tal texto.

Segundo uma terminologia difundida, chamo de Sentido ao significado geral produzido pela série dos significados literais, lingüísticos: portanto daqueles implícitos nos movimentos e nos sons dos quais a peça é constituída. Proponho a seguinte representação:

série dos Significantes visuais V. texto escrito	Significantes verbais Significados verbais
série dos Significados dramáticos	
Sentido	

O problema, portanto, não é o da anterioridade ou da posterioridade das palavras com respeito à ação teatral, mas de sua participação na instituição do Sentido. Está claro, de fato, que se a série dos significantes visuais pode ser considerada equivalente ao texto escrito em seu conteúdo dramático significativo, a ulterior bifurcação do texto escrito em significantes e significados, graças à subdivisão em unidades significativas discretas, mais minuciosas e exatas, portanto, de eventuais seccionamentos *a posteriori* da ação cênica, poderia trazer um acréscimo ou uma melhor especificação do Sentido.

Este quadro semiológico é válido somente se, e porque, nos leva além de um eventual confronto (dificilmente realizável por motivos reais) entre uma representação e uma leitura do *AsP*. O texto escrito do *AsP* limita rigorosamente a liberdade interpretativa do ator: cada movimento, cada gesto não previstos podem falsear as intenções (por isso a mensagem) do autor-emitente. Por sua vez o texto escrito contém (como demonstrarei) indicações não facilmente traduzíveis em termos gestuais.

Anteponha-se ou posponha-se idealmente o texto escrito à sua execução, o que se deve averiguar é se ele, pela sua própria constituição, não encerra uma reserva de significados e de Sentido que no primeiro caso serão de auxílio à encenação, no segundo irão revelar ou precisar valores semiológicos. O presente capítulo quer ser uma pesquisa sobre esta reserva de significados.

1.1. Antes de mais nada, é preciso descrever o conteúdo da peça, atendo-se aos elementos invariáveis, qualquer que seja o modo de execução, verbal ou cênico. Há uma única personagem, de sexo masculino (chamá-la-ei de P), sobre um cenário despojado, violentamente iluminado (um deserto, parece). Ela obedece ao estímulo de toques de apito. Nas primeiras quatro seqüências e em duas das últimas os toques de apito (que provêm das partes laterais do palco) servem de chamada-ordem. Em todas as outras, os toques de apito (que provêm do alto) atraem a atenção de P sobre objetos que vêm descendo da bambolina e dos quais ele não se aperceberia não fosse o aviso sonoro.

A diferença na função do toque de apito corresponde a uma diferença de situação. Os toques de apito laterais empenham P numa consideração espacial: ele se dirige, de cada vez, para os bastidores da direita e da esquerda, dos quais é sempre repelido. O objetivo é, portanto, indicar a P os limites da área que lhe é concedida: o espaço cênico. Os toques de apito que vêm do alto, assinalam a P, ao contrário, os objetos de que pode dispor dentro da área que lhe é concedida.

Ao estímulo dos toques de apito, P reage algumas vezes de maneira constante, acorrendo e recebendo um contragolpe que o atira brutalmente de volta à cena; da quarta vez, P pára antes de chegar aos bastidores, e reentra imediatamente, tropeçando como das vezes anteriores. O contragolpe, por assim dizer, se interiorizou.

Os toques de apito do alto segmentam uma série mais complexa de situações e decisões. Uma árvore desce do teto, P compreende que ela pode lhe dar sombra e se aproxima dela, mas logo o galho se inclina e a sombra cessa; desce uma tesoura, e P a usa para cortar as unhas; desce uma garrafa de água, e P procura em vão apanhá-la; desce um cubo e P procura galgá-lo, numa

	Ordens		Objetos de desejo.		Instrumentos							Propriedade
	Al	Aa	G	Ga	A	T	Cub1	Cub2	Cub3	Co	L	Lç
1												+
2	+											+
3	+											+
4	+											+
5		+		+	+							+
6a		+		+	+	+						+
6b					+	+						+
7	+	+			+	+						+
8a	+	+			+	+	+					+
8b		+			+	+	+					+
9a	+	+			+	+	+	+				+
9b		+			+	+	+	+				+
9c		+			+	+	+	+				+
9d		+			+	+	+	+				+
10	+	+			+	+	+	+	+			+
11a	+	+			+	+	+	+		+		+
11b		+			+	+	+	+		+	+	+
11c		+			+	+	+	+			+	+
11d				+	+	+	+	+			+	+
11e					+	+	+	+			+	+
12	+				+	+	+	+			+	+
13a	+				+	+	+	+			+	+
13b					+	+	+	+			+	+
13c					+	+	+	+			+	+
13d					+	+						
14		+	+		+							
15a		+		+	+							
15b												

tentativa de alcançar a garrafa, mas ainda em vão; desce um segundo cubo: P, após algumas tentativas, compreende que deve colocar o cubo pequeno sobre o grande, e de fato, subindo em cima deles, conseguiria agarrar a garrafa, exceto que esta se eleva um pouco mais e permanece inatingível. Desce um terceiro cubo, mas desta vez, como para os toques de apito laterais, P aprendeu a lição e não empreende mais tentativa alguma; o cubo torna a subir.

A descida de uma corda, que continua pendendo do alto, sugere a P toda uma outra série de movimentos. Primeiro ele procura subir pela corda a fim de alcançar a garrafa, mas a corda se afrouxa. Em seguida, P corta com a tesoura um pedaço da corda, e o usa como laço para apossar-se da garrafa, que porém sobe ulteriormente e

Ações	Resultados		
	Rej.	Fal.	Subt.
1 (Movimento para direita)	+		
2 Movimento para direita	+		
3 Movimento para esquerda	+		
4 Movimento incompleto para esquerda	+		
5 Vai para a sombra. Olha para as mãos			
6a Pega T e corta as unhas			Ga
6b Deixa cair as tesouras			
7 Procura agarrar G		+	
8a Sobe sobre Cub^1. Procura agarrar G		+	
8b Torna a levar Cub^1 no lugar			
9a Sobe em Cub^2. Procura agarrar G		+	
9b Põe Cub^1 em cima do Cub^2. Sobe. Cai		+	
9c Põe Cub^2 em cima do Cub^1. Sobe. Procura agarrar G			G*
9d Torna a pôr os cubos no lugar			
10 Reflete sem se mexer			Cub^3
11a Sobe pela corda			Co
11b Com T, corta da Co um L			Co
11c Procura agarrar G com L			
11d Colocado Cub^2 sobre Cub^1, procura se enforcar em Ga com L			Ga
11e Repõe os Cub e L no lugar			
12 Movimento para direita	+		
13a Não se move			
13b Olha para as mãos. Começa a cortar as unhas			
13c Põe T e Lç sobre Cub^2 e se prepara para se degolar			Cub^1 T L Lç
13d Senta-se em cima de Cub^1			Cub^2
14 Não procura agarrar G			G
15a Não vai à sombra de Ga			A Ga
15b Olha para as mãos			

desaparece. P, agora sem esperanças, decide se enforcar, mas é impedido pelo curvar-se do galho da árvore. Dois toques de apito laterais reconduzem P às reações iniciais, mas uma única vez: na segunda, ele não mais se move. Última série de atividades com a tesoura: P corta as unhas, depois resolve se degolar, mas o cubo menor se eleva, levando embora tesoura e laço, além do lenço que, amiúde, P desdobrava e tornava a dobrar; também o cubo grande se vai, derrubando P, que estava sentado em cima dele. Fica em cena apenas a árvore, à qual se junta a garrafa, que reaparece: a garrafa se aproxima cada vez mais, tentadora, de P, que, mesmo tendo-a ao alcance da mão, se abstém agora de agarrá-la, e ela desaparece; a árvore volta a oferecer sua sombra (o galho se levanta novamente), mas P permanece isolado em seu lugar; a árvore desaparece. P olha suas mãos, como quando a árvore baixou na cena pela primeira vez.

1.2. Tudo quanto foi exposto aqui, de um modo sucinto, pode ser melhor representado com uma tabela onde estão arrolados: as ordens recebidas por P (Al = toque de apito lateral; Aa = toque de apito do alto); os objetos desiderativos (G = garrafa; Ga = galho, enquanto produtor de sombra ou suporte para o enforcamento); os instrumentos colocados à disposição de P (T = tesoura; Cub^1 = cubo grande; Cub^2 = cubo médio; Cub^3 = cubo pequeno; Co = corda que, cortada por P, fornece L = laço; acrescento A = árvore, enquanto suporte de Ga, mesmo se A em si não tenha função alguma); a única propriedade de P (Lç = lenço). Depois da enunciação dos atos (ações) efetuados por P, são arrolados seus resultados (Rej. = rejeição de P em cena; Fal. = falimento; Subt. = subtração de objetos ou instrumentos). Nas colunas que precedem aquela das ações, indica-se com o sinal + o tipo de ordem que provocou a ação, os objetos, instrumentos e propriedades presentes em cena; em seguida, sempre com +, indicam-se seus resultados, se Rej. ou Fal., ao passo que pelas subtrações, assinalam-se o objeto ou instrumento subtraído, com um asterisco se a subtração for incompleta (afastamento). As ações foram numeradas em correspondência com as ordens (Al e Aa); se portanto P efetua mais de uma ação depois do toque de apito, elas trazem o mesmo número, seguido por *a, b, c, d*.

2.1. Acontece freqüentemente que as personagens de Beckett se encaminham para o silêncio, limitando-se a movimentos e gestos (mas também a grunhidos e monossílabos ou breves frases, que aqui faltam). E acontece também, outras vezes, que haja apenas uma personagem em cena. Aqui silêncio e solidão são totais (*sans paroles*). O resultado é uma nítida desumanização de P, como em seguimento a uma regressão na escala evolutiva do *Homo sapiens* (noto acima de tudo a falta — ou pelo menos a não expressão — das lembranças: uma espécie de esperança retrospectiva para tantas personagens de Beckett). Poder-se-á até duvidar que P seja realmente um homem e não, suponhamos, um macaco antropomórfico, se não tivesse o gesto familiar de desdobrar e tornar a dobrar o lenço, o cuidado que tem ao cortar as unhas, o patético senso de ordem, que o leva a repor os cubos no lugar, ou enrolar o laço, depois das tentativas malogradas.

Cabe, antes, salientar que a única liberdade de movimento com respeito às instruções precisas é concedida ao ator justamente pelo lenço. Beckett assim descreve a personagem: "Un homme. Geste familier: il plie et déplie son mouchoir". Em seguida, não fala mais do lenço a não ser quando P o usa para polir a tesoura com as quais quer degolar-se (ação 13), e, de súbito, o mesmo lhe é subtraído.

Na verdade, nem os movimentos de P são necessariamente humanos: o modo de reagir ao estímulo dos toques de apito laterais é o de um animal cujos reflexos estejam sendo condicionados; sua utilização dos instrumentos (particularmente dos cubos: ele compreende por meio de tentativas a utilidade de sobrepô-los, e a necessidade de que o fato ocorra em ordem decrescente de tamanho) é a dos chimpanzés, cuja inteligência esteja sendo medida.

Parece, em suma, que Beckett, no *AsP*, tenha substituído à decadência física de que sempre são presas suas personagens, por uma posição ínfima na escala evolutiva. Por outro lado, deve-se notar que a decadência física é acompanhada normalmente pela tomada de consciência (da tragédia e da inelutabilidade); desta vez a tomada de consciência, não argumentável por força do mutismo, coincidiu com um desenvolvimento da inteligência, constatável pelo comportamento.

Sublinho a função do apito porque é avaliável comparativamente. Também Winnie, em *Happy Days,* vive ao ritmo dos toques de campainha; mas estes, na espécie de limbo em que vive, simbolizam o início do dia e da noite (não caracterizados de outro modo), têm portanto um valor translato, intelectual.

Não é, ao contrário, necessário indagar demais sobre quem toca o apito. Trata-se de um ente (chamá-lo-emos D) pela consistência relacional; é aquele que pode jogar com o homem (com o Homem) como com um títere, aquele que decide, além de seu destino, os suplícios que devem preencher sua vida, dando-lhe uma variedade igual a seu número. Em outras peças de Beckett, uma certa ânsia religiosa e as referências bíblicas permitem chamar Deus ao referido ente; aqui seria especificar demais...

2.2. Já é lícito, porém, concluir que as personagens da peça são, contra todas as aparências, duas, P e D; o que não tira minimamente o estado de solidão de P. Para P, D é uma força (ou um conjunto de forças) em poder da qual P descobre estar. Entre P e esta(s) força(s) não subsiste comunicação, salvo aquela que se identifica com o comportamento: a linguagem de D são seus toques de apito e suas ações para com P; atribuir esta linguagem a um só emitente, depois de tê-la decifrada, é para P o mesmo que descobrir sua própria falta de liberdade. A decifração e a atribuição da linguagem a um único emitente interrompem e bloqueiam as ações de P.

O vínculo entre D e P é muito mais evidente ao espectador/leitor do *AsP*, predisposto à busca de nexos causais pela premissa (verossímil) de que uma peça não pode deixar de ter um sentido, e com propensão à individualização de uma lógica narrativa dada a natureza, narrativa precisamente, de cada peça (narrativa de pensamentos, quando não de fatos). Verifica-se, portanto, uma relação cruzada: na simulação entre P e D; na ação cênica entre o emitente (o autor) e o receptor (o espectador/leitor). O emitente se exprime através das relações entre P (receptor fictício) e D (emitente fictício); decodificar sua mensagem é, em primeiro lugar, decifrar a linguagem de D colocando-se na posição de P, em segundo decifrar, em posição de destaque, o tipo de comunicação ao qual pertencem os comportamentos de D e de P, e em terceiro definir suas leis.

Quanto à existência de D e à sua posição com respeito a P, o espectador/leitor (assim como o próprio P) pode argumentar do seguinte modo:

2.3. Divindo as ações do *AsP* em dois grandes grupos, conforme os toques de apito sejam laterais (Al) ou venham do alto (Aa), ter-se-á dois tipos de desenvolvimento:

Al: convite — aceitação — rejeição
Aa: oferecimento de objetos — aceitação — subtração dos objetos.

Quer o convite, quer o oferecimento, implicam pelo menos um Destinador (D), além de um Destinatário (P). Rejeição e subtração, por sua vez, implicam um Opositor: ou melhor, a peça narra a descoberta do Opositor e de suas normas de comportamento por parte de P. A imediatidade da relação estímulo-resposta-conseqüência torna provável, e sempre mais evidente, que o Opositor é o próprio D.

Naturalmente, os termos *convite* e *oferecimento de objetos* são exatos somente na perspectiva de P. Na verdade, os toques de apito não passam de *sinais*, com os quais D chama a atenção de P sobre o objeto das normas que está para enunciar: isto é, sobre as proibições para aproximar-se dos bastidores e gozar dos objetos desejados. Mas o sinal vem constituir o primeiro elemento de uma fórmula de proibição apenas sob a condição de P o interpretar como um convite ou oferta. É fato notório que na linguagem analógica (cf. P. Watzlawick, J. H. Beavin, D. Jackson, *Pragmatica della comunicazione umana*, Roma, 1971 — New York, 1967) é difícil comunicar o signo *não*. D o exprime fazendo suceder a um aparente convite uma rejeição, a um aparente oferecimento uma subtração.

Os três momentos representados primeiro tornam a entrar, portanto, nas três fases de compreensão da norma por parte de P: o qual primeiro ouve um sinal, em seguida o interpreta como uma ordem, por fim descobre que era uma ordem negativa (proibição). Assim:

	Sinal	Ordem	Proibição
Al	convite	aceitação	rejeição
Aa	oferta de objetos	aceitação	subtração de objetos

Fundamental no proceder de D é, portanto, o modo pedagógico de proclamar sua regra. Se para a série convite-rejeição ele considerou suficiente reforçar a indissolubilidade do nexo resposta-conseqüência, com o par oferta-subtração ele reservou a si mesmo uma didática mais cruel e circunstanciada. Ele não só oferece os objetos de desejo (G, Ga) mas também os instrumentos que pareceriam permitir sua fruição (Cub^1, Cub^2, Cub^3, T, Co): assim P pode constatar a inflexibilidade da regra depois de haver-se industriado da melhor maneira possível para realizar o aparente oferecimento.

3.1. O tratamento "pedagógico" ao qual P é submetido resulta também do quadro antes exibido. Até a ação 7, P não faz senão obedecer a estímulos, ou desenvolver atividades não inventivas, provavelmente habituais (cortar as unhas). O faltar da sombra no final de 6.ª já é um sinal ameaçador, mas não ligável a seus atos. É entre 8 e 13 que P desenvolve ao máximo seu engenho e suas atividades (quantitativamente temos 17 ações sobre 6 ordens: são, portanto, mais numerosas as iniciativas autônomas de P do que aquelas imediatamente estimuladas pelos toques de apito).

Os progressos na inventiva de P são proporcionais à gravidade das realizações falhadas: tem-se de fato um crescendo das ações 7-9b, nas quais o resultado é um falimento que P poderia atribuir a dificuldades objetivas da situação, às ações 9c-11d, onde se torna clara a obra de um Opositor, que aumenta as dificuldades deslocando cada vez mais para longe os limites do possível. Quando, apesar do uso sempre mais astuto dos cubos, da corda, do laço obtido da corda usando a tesoura, P deve constatar que a garrafa primeiro se afastou, depois foi-lhe totalmente subtraída, ele se decide pelo suicídio. E deve-se dizer que para o suicídio é exigido de P não menos engenhosidade do que para a conquista da garrafa; mas os resultados são ainda mais severos, um castigo que tira de P, além dos instrumentos que lhe foram antes concedidos, até seu talismã-consolador, o lenço.

É sintomático lançar-se um olhar à coluna dos resultados: o melhor resultado, que é o resultado zero, é obtido depois das ações estéreis, em sua maioria de reordenação (6*b*, 8*b*, 9*d*, 11*e*), ou de cuidado ou reflexão em relação ao corpo (5: olhar para as mãos; 13*b*; cortar as unhas; em 6*a* o galho se inclina, naturalmente, após a procura da sombra, 5, e não após o corte das unhas); são as ações construtivas ou (auto)destrutivas as que assistem infalivelmente à rejeição ou subtração de objetos.

Mas o que é mais notável, para o sentido da peça, é a subtração de objetos e de instrumentos, à qual P está condenado mesmo quando resolve não agir: uma primeira advertência é a da ação 10, quando, em conseqüência da perplexidade meditativa de P, o cubo menor, que acaba de descer em cena, volta a desaparecer atrás da bambolina; a extensão máxima da norma é verificada no final, já quando P parece ter decidido não responder a estímulo algum, e desaparece definitivamente a garrafa (14), depois de ela ter-se oferecido ao alcance da mão de P (14), e em seguida até a árvore, que, precedentemente, bastava reclinar o único galho para tolher a sombra.

O *AsP* é, evidentemente, um pequeno apólogo; seu valor atemporal é significado pela falta de acabamento da ação 1 (P é repelido dos bastidores da direita; não é representado o momento precedente, o do infalível toque de apito) e da ação 15*b* (P olha para suas mãos como na ação 5, quando os objetos começam a descer em cena). O nexo entre progressos da inteligência e consciência é indicado pelos diferentes resultados dos toques de apito laterais das ações 2-4 (além, evidentemente, de 1, onde o precedente toque de apito é subentendido) e 12-13*a*: da primeira vez P obedece a três estímulos iguais consecutivos (muda de direção), e somente no quarto parece mais cauteloso, porém mesmo assim dócil; da segunda vez, já é no segundo estímulo que P renuncia sem hesitações.

Na consciência de P alternam-se com ordem 1-2-1-2 dois tipos de experiências: as primeiras se referem ao nexo estímulo-resposta-conseqüência, e servem para inculcar-lhe a irreparabilidade da vontade de D; as segundas se referem ao nexo oferta-aceitação-subtração, e servem para lhe mostrar a lei segundo a qual a aceitação exclui a obtenção, e portanto toda a astúcia é vã, mesmo aquela de se subtrair ao jogo por meio do suicídio. É justamente depois da tentativa de enforcamento que se reapresenta a experiência do primeiro tipo (ações 12, 13a); e é então que, reconhecida a impossibilidade de procurar outros espaços, e constatada a função tantalizante dos objetos de desejo e dos instrumentos aparentemente úteis para conquistá-los, P conclui que a única reação lícita é a de permanecer inativo.

A condenação é dupla: condenação à não satisfação dos desejos adequadamente estimulados, e condenação a não subtrair-se ao suplício, como P tenta duas vezes por meio do suicídio. Essa tentativa, antes, provoca um castigo suplementar: a subtração do lenço, um daqueles objetos caros a tantas personagens de Beckett como restos arqueológicos de sua pertinência à civilização e como ajudas para tomar uma atitude, para passar o tempo, para fingir um inexistente trabalho. A perda do lenço tem para P uma única significação: desespero.

3.2. É importante esclarecer a função diferente do afastamento e da subtração dos objetos. O afastamento serve para manter o esquema oferta-subtração, isto é, para reforçar a norma negativa (ações 9c, 11a): com o objeto fora da cena, a norma não mais seria aplicável. A subtração completa castiga P pela obstinação com que busca a posse do objeto (que se deve considerar como infração à norma: ações 11b-c) ou, com maior severidade, dado que acompanha a subtração do lenço, por suas tentativas de suicídio, outra maneira de recusar-se a obedecer (11d, 13c-d). Há enfim a subtração por excelência, a que coroa a obra didática de D: o objeto é subtraído porque P aprendeu a não reagir aos estímulos (10, 14, 15a).

Em substância, P é submetido àquilo que, na pragmática da comunicação, se chama de "injunção paradoxal". Ele é, de fato, introduzido num quadro de referência no qual deve escolher entre "querer o objeto" e "não querê-lo". A contradição é dupla: 1) os objetos apresentados a P (galho, e portanto sombra; garrafa, e instrumentos para agarrá-la) são por definição *desejáveis* (lembre-se que a cena é um deserto abrazado), de modo que P não pode "não querê-los". 2) P deve justamente escolher a alternativa paradoxal do "não querer". Em outras palavras, a norma imposta por D é: "Não queira o que não deseja".

Quando P compreende a norma sem possibilidade de dúvidas, decide sair do esquema de referência imposto por D, com o suicídio. D, impedindo-o de se suicidar e castigando-o pelas suas tentativas, ensina-lhe a segunda norma: "Não saia do esquema de referência que estou lhe impondo". É exatamente a situação que os psiquiatras chamam de "duplo vínculo" (G. Bateson, D. Jackson, J. Haley, J. Weakland, "Toward a Theory of Schizofrenia", *Behavioral Science*, 1956). Ela implica: a existência de duas ou mais pessoas envolvidas numa relação intensa que implica a sobrevivência psicológica, ou até física, de uma delas; a emissão de uma mensagem ou de uma injunção contraditória; a proibição ao receptor da mensagem de sair do esquema de referência dado.

Se recorrermos à hierarquia dos valores modais (querer, saber, poder, fazer), teremos que D, em sua posição inicial de Doador aparente, provoca o "querer" de P, portanto "faz querer", enquanto em sua posição de Legislador (para P, Opositor), ele impõe o "não poder" de P. Entre os dois extremos do "querer fazer" e do "não poder fazer", o adestramento de P implica um desenvolvimento sempre maior do "saber" (uso oportuno dos instrumentos: cubos, corda etc.). Temos, em suma:

querer fazer (⟶ saber fazer) ⟶ não poder fazer.

Na primeira série de tentativas, P liga o próprio "não fazer" a um "não poder" atribuído a elementos objetivos. Somente quando a mudança, em seu proveito, dos elementos objetivos lhe revela que o "não poder fazer" é "ser impedido de fazer", ele remonta à ponta da corrente, substituindo ao "querer", diga-se de passagem proprovocado, ("fazer querer") um "não querer". Mas por sua vez esse "não querer" representa a única afirmação possível de liberdade, ou é uma conseqüência, condicionada, do procedimento didático de D, portanto o resultado do "não fazer querer" paradoxal (fazer não querer o que se fez querer)? É uma pergunta à qual procurarei responder mais adiante: se definir as leis de comportamento de P e de D é apanhar o sentido da peça, o momento ainda não chegou.

4. Considerado em sua veste escrita, o *AsP* tem um precedente preciso: a didascália. Mais que as didascálias intercaladas aos diálogos, numa relação de integração entre palavras e movimentos ou gestos, o que aqui interessa são as didascálias que precedem o início do diálogo, muitas vezes longas (*Fin de Partie, Krapp's Last Tape, Happy Days;* cabe notar que o *AsP* é contemporâneo de *Fin de Partie,* juntamente com o qual foi representado pela primeira vez em 1.º de abril de 1957). Destas didascálias iniciais o *AsP* pode ser considerado o desenvolvimento por dois motivos. Um, especificamente teatral: nas peças citadas, a execução das didascálias dá origem a uma representação muda, bastante ampla. Outro, estilístico: a linguagem, acima de tudo a sintaxe, é evidentemente afim.

A mecanicidade (de autômatos ou de títeres) dos movimentos das personagens tem nesses textos como correspondente a brevidade das proposições no presente, arrimadas uma na outra com o infalível sujeito *il.* A repetição de movimentos iguais é indicada pelo uso sucessivo da mesma proposição. As frases são muitas vezes nominais, quase a tirar a responsabilidade da predicação a qualquer sujeito. São freqüentes as breves frases recorrentes: para aludir a tiques, quase que refrões gestuais, ou ao fatal convergir da agitação das personagens para situações imutadas.

5.1. Mais ainda que nas didascálias, Beckett, no *AsP,* teve em vista uma linguagem sem ressonâncias ou cores. Os adjetivos, pouquíssimos, são prevalentemente definidores: *droite, gauche; petit, grand; seule, maigre, légère, rigide, fixe; second.* Somente nas advertências preliminares sobre a personagem e sobre a cena, isto é, antes do texto verdadeiro e próprio, verificamos que a *éclairage* é *éblouissant*: e isto confirma a importância da iluminação nas peças de Beckett.

O autor se ateve, portanto, em geral ao intento de oferecer enunciações indenes de traços subjetivos: instruções, justamente. Mas a participação, apesar de tudo e contra qualquer intento, é sensível: a mensagem traz as impressões digitais (mentais) de quem a emitiu; a escritura é autógrafa, embora num grifo que aponta para a anonimia. E assim, o Sentido da peça, para emergir, recebe também ajuda das palavras que *não* serão aí pronunciadas.

Assinalo as mais significativas dessas emergências do Sentido.

5.2. Exclusividade de P. Em cena, estão: o homem (P) com seu lenço, em seguida, progressivamente, objetos de desejo e instrumentos que descem da bambolina e são utilizados ou transformados pelo homem (o laço obtido da corda) para alcançar os objetos. Os objetos são afastados ou aproximados pela entidade externa D, que no final os subtrai de P, juntamente com os instrumentos.

Mas a atenção deve ser concentrada sobre P, todos os eventos são apresentados na mesma perspectiva em que são vistos por P; o próprio D resulta de deduções às quais não é fornecida nenhuma sustentação explícita. A centralidade de P na perspectiva diegética é significada por Beckett com um simplíssimo procedimento gramatical: depois de tê-lo designado como *l'homme* na segunda linha do texto, ele o indica depois, infalivelmente, com o pronome—*il*; nos casos em que um substantivo masculino usado antes (*sifflet, arbre, sol, tronc* etc.) poderia vir a reclamar uma adscrição do pronome a si, a inequivocabilidade da função *il* = "o homem" é produto do fato de que P é o único ser animado presente em cena.

5.3. A mímese rítmica. No *AsP* domina o procedimento da repetição: de períodos ou partes de períodos idênticos. Do ponto de vista funcional, pode-se dizer que Beckett se impôs a seguinte norma: a movimentos iguais palavras iguais. Assim, das primeiras quatro ações, a 2 e a 3 são descritas com a mesma frase ("Rejeté aussitôt en scène, il trébuche, tombe, se relève aussitôt, s'époussette, réfléchit"), e a 1 e a 4 com frases diferentes no início — porque é diferente o início da ação — e idênticas a partir do *trébuche* da frase citada para 2 e 3.

Indicações redundantes somente na aparência, visto que se lhes podem atribuir duas motivações precisas. Icônica: a constância dos nexos gesto-palavra, ação-frase procura fundar uma exata equipolência entre texto e execução da peça. Estilística: a repetição das mesmas palavras e frases em relação direta com os gestos que o ato deve executar cria uma obsessão da recorrência, nitidamente tragicômica (P é uma espécie de fantoche obrigado a renovar o aparvalhamento inevitável de seus movimentos).

Esta recorrência é com certeza ainda mais acentuada no texto escrito que na representação. O texto escrito leva a recorrência não somente a elementos melhor segmentados (as palavras com respeito aos gestos), mas também a uma segmentação mais diminuta (os sons ou as letras) que não tem correspondência na representação portanto a recorrência envolve uma soma de elementos discretos e medíveis muito maior e mais perceptível do que a possível na representação cênica.

5.4. Os valores dramáticos. Chega-se ao ponto em que a própria segmentação vai além de sua correspondência com a representação, assume uma função dramática não ocultada pela aparente impassibilidade descritiva.

Tome-se a ação 14, da qual enumero as frases:

1) La carafe descend, s'immobilise à un demi-mètre de son corps.
2) Il ne bouge pas.
3) Coup de sifflet en haut.
4) Il ne bouge pas.
5) La carafe descend encore, se balance autour de son visage.
6) Il ne bouge pas.
7) La carafe remonte et disparait dans les cintres.

É normal que, em 1, P não reaja: ele se dá conta dos objetos somente à chamada do apito; isto não impede que a iteração de "Il ne bouge pas" (2, 4) dê à resignada imobilidade de P maior ressonância, mesmo se, a rigor, só em relação a 4 seja lícito falar de resignação. Ainda mais eficaz é a distinção entre os últimos, mínimos movimentos da garrafa, que também pertencem, sem dúvida, a uma mesma ação: antes "à un demi-mètre de son corps", depois "autour de son visage"; a distinção, e relativa separação, tem a finalidade de permitir uma ulterior retomada (6) de "Il ne bouge pas". A "educação" de P está completada: mesmo quando lhe basta (pelo menos parece) um movimento de nada para pegar a garrafa, ele não faz este movimento.

5.5. A ação mental. No caráter primariamente narrativo-descritivo desse texto, as referências a ações mentais deveriam aparecer como *depaysés*. E elas o são, mas exatamente com base em um cálculo de efeitos, em frases onde a reflexão é alinhada aos gestos, sem hierarquias de duração ou de importância:

> Il *refléchit*, va vers la coulisse gauche, s'arrête avant de l'atteindre, se jette en arrière, trébuche, tombe, se relève aussitôt, s'époussette, *réfléchit* (4).

É um "refletir" aos pulos, mecanizado, subumano.

Mas também o uso de *réfléchir* é minuciosamente calculado por Beckett. Este verbo tem uma função demarcadora: ele inicia e conclui as ações de 2 a 7; depois, ao passo que para o início se apresentam outras fórmulas, ele as conclui até 13*a* (e concluía também a ação 1). Não basta. Porquanto os objetos que descem pela bambolina são percebidos por P somente depois do toque de apito, a repetição de *réfléchit* antes e depois da descida dos objetos, indica a continuidade da reflexão (o segundo *réfléchit* é sempre seguido de *toujours*). A fórmula é pois:

> Il (série de verbos), réfléchit.
> (Descida de objeto ou instrumento).
> Il réfléchit toujours.

Ela é usada nas ações 5, 6*b*, 7, 8*a*, 10, 11*a*. Sua interrupção coincide com o término da descida de objetos e instrumentos.

Voltemos por um momento ao *réfléchir* inaugurador de ação. Depois dos toques de apito laterais (2-4), tem-se como início absoluto "Il réfléchit", ao passo que depois da descida dos objetos e os toques de apito do alto, encontramos fórmulas tais como:

> Il se retourne, voit..., réfléchit (5, 7, 9*a*, 10, 11*a*);
> Il lève la tête, voit..., réfléchit (6*a*);
> Il lève les yeux, voit..., réfléchit (6*b*).

Nas ações 7, 9*a*, 11*d*, o simples *réfléchir* é substituído por uma gestualização da reflexão: são os momentos do maior esforço combinatório, trata-se de individuar no cubo, e mais ainda nos dois cubos e em sua sobreposição, a possibilidade, subindo neles, de encurtar a distância da garrafa ou de alcançar o galho da árvore. Esse esforço de ligação racional é representado com o dirigir progressivamente o verbo *regarder* para os instrumentos e os objetos a serem ligados:

> Il se retourne, voit le cube, le *regarde, regarde* la carafe, prend le cube... (7);
>
> Lasso en main, il va vers l'arbre, *regarde* la branche, se retourne, *regarde* les cubes, *regarde* de nouveau la branche... (13);

ou, nas fases sucessivas, com o nexo entre os primeiros movimentos errôneos, regidos por *vouloir* e um *se ravise:* dois verbos completamente mentais:

> Il se retourne, voit le seconde cube... *veut* rapporter le cube à sa place, *se ravise*, le dépose, va chercher le grand cube... (8a);
>
> Il... va vers les cubes, prend le petit et le porte sous la branche, retourne prendre le grand et le porte sous la branche, *veut* placer le grand sur le petit, *se ravise*, place le petit sur le grand... (13).

Os movimentos mentais foram em suma submetidos a cuidadosas distinções. E isso é obtido ou por meio de aproximações (a verbos descritivos), ou por meio de alternância com verbos que representam materialmente a reflexão (*regarder*), ou, enfim, com verbos francamente não representativos (*vouloir, se raviser*).

Essas distinções seguem exatamente a posição de P dentro da ação cênica. Acabamos de ver que a gama se mostra mais rica nos momentos em que a capacidade inventiva de P está mais empenhada. Entre 9*b* e 11*d*, P se vê obrigado a resolver outros problemas, e eis um novo uso, que diremos de transição, de *réfléchir*.

A partir de 9*c*, os falimentos de P não mais têm aparência neutra (dificuldades objetivas), mas revelam ser obra de um Opositor. O primeiro episódio é o da garrafa: ela se afasta de P exatamente no momento em que, subindo sobre os dois cubos, estava para agarrá-la. Ele desce dos cubos, reflete, torna a colocá-los em seu lugar, e então

> (il) se détourne, réfléchit.

Esta fórmula indica pois um momento de reflexão entre a tomada de consciência e outras eventuais iniciativas. Reencontramo-la, de fato, em 11*b* (entre o afrouxamento da corda e a procura das tesouras com as quais cortá-la), em 11*c* (depois que a garrafa tornou a subir para trás da bambolina), duas vezes em 11*d-e* (depois que o galho, inclinando-se, impediu a P de se enforcar, e depois que, muito ordeiro, voltou a colocar os cubos e o laço em seus lugar). A série termina com as ações 12, 13*a*, provocadas por toques de apito laterais.

Nada há, pois, a destacar no início da ação 12, pela sucessão:

Il se détourne, réfléchit.

Coup de sifflet coulisse droite.

Il réfléchit, sort à droite.

Nesse caso a transição é feita entre duas fases de uma sucessão mudada pelo exterior: o *réfléchit* que precede o toque de apito traspassa naquela que precede o movimento reativo. Muito mais interessante é a sucessão relativa à descida do terceiro cubo:

Il réfléchit toujours.

Coup de sifflet en haut.

Il se *retourne*, voit le troisième cube, le *regarde*, *réfléchit*, se *détourne*, *réfléchit*.

Le troisième cube remonte et disparait dans les cintres.

Aqui, entre *retourner* e *détourner*, entre *regarder*, *réfléchir* e, ainda, *réfléchir*, é descrita uma resistência interior; a fórmula "il se détourne, réfléchit" serve de transição a um movimento zero: P mexe a cabeça, mas fica parado com o corpo. A fórmula equivale pelo que diz respeito ao conteúdo (mas não psicologicamente) àquela que será usada em 13*a*, 14, 15*a:* "Il ne bouge pas".

Nas ações 11*d* e 13*c*, adianta-se outro verbo: *constater*. Estamos nas duas tentativas de suicídio. O Opositor não somente subtrai a P os objetos de desejo, mas também os instrumentos para se libertar do suplício: o galho ao qual amarrar o laço, a tesoura para se degolar. De ambas as vezes, P se volta para o lugar escolhido para a auto-execução, e depois se detém, verificando que ela se tornou impossível por causa da subtração dos instrumentos:

Il se redresse, le lasso à la main, se *retourne, constate* (11*d*);

Il *se retourne* pour reprendre les ciseaux, *constate*, s'assied sur le grand cube (13*d*).

Esses dois *constater* são o início da tomada de consciência final. Eles de fato concluem as ações intelectualmente mais complexas, nas quais estão presentes todos os modos, enunciativos e gestualizados, da reflexão:

... il va vers l'arbre, *regarde* la branche... *regarde* les cubes, *regarde* de nouveau la branche... *veut* placer le grand sur le petit, *se ravise*... *regarde* la branche... (11*d*);

Il *regarde* ses mains, *cherche des yeux* les ciseaux... *réfléchit*... (13);

na segunda ação, ao invés, a minuciosa descrição dos movimentos iconiza todos os percursos e as ligações do pensamento. Leiamos novamente:

Il regarde ses mains, cherche des yeux les ciseaux, les voit, va les remasser, commence à se tailler les ongles, s'arrête, réfléchit, passe le doigt sur la lame des ciseaux, l'essuie avec son mouchoir, va poser ciseaux et mouchoir sur le petit cube, se détourne, ouvre son col, dégage son cou et le palpe... (13*b-c*).

A tomada de consciência final é uma renúncia não só ao agir, mas até ao pensar. As frases que têm P como sujeito são, agora, apenas três, uma das quais iterada:

Il reste allongé sur le flanc, face à la salle, le regard fixe.

Il ne bouge pas (quatro vezes).

Il regarde ses mains.

É fácil a prova de comutação que especifica o sentido de "Il ne bouge pas". Basta confrontar a sucessão de:

Coup de sifflet en haut.
Il se retourne, voit l'arbre, réfléchit... (5)

ou então:

> Coup de sifflet en haut.
> Il lève les yeux, voit la carafe, réfléchit... (6b)

para:

> Coup de sifflet en haut.
> Il ne bouge pas (14);

"Il ne bouge pas" é a renúncia àquela reflexão que precedia toda iniciativa, e à própria iniciativa. P sabe que, se se mexesse, o objeto do desejo tornaria a lhe escapar. Resta-lhe o ato, desconsolado porque estéril, de olhar para as mãos. Tinha sido o primeiro ato instintivo, depois da descoberta da sombra, na ação 5; um ato não interdito, como não o é o de se cortar as unhas (6a); tanto é verdade que a tesoura permanece em cena, e é novamente usada para a mesma finalidade (13b); ela lhe é atribuída quando, com iniciativa imprevista quis usá-la para tirar-se a vida (13c). É um castigo, como a contemporânea subtração do lenço: P poderá somente olhar para suas mãos, olhar para dentro de si mesmo, sentir-se. Nada mais.

6. O *AsP* permanece pois teatro de uma estranha luta entre função referencial e função poética. Beckett se esforçou para conformar o seu texto exclusivamente à primeira; ao contrário, a segunda cobrou vantagem, a despeito dele, e para nossa sorte. Bastaria o uso de verbos denotantes de ações mentais para demonstrar que Beckett não conseguiu manter o projeto de uma estrita equivalência palavra = gesto: em suma o caráter de simples libreto de instruções com o qual ele parece estar apresentando seu *AsP*.

Entre os indícios da função poética, contentei-me em observar aqueles que pareciam portadores de maior quantidade de Sentido. Uma análise estilística forneceria uma documentação mais rica; mas para nós, aqui, já é suficiente poder afirmar a pertinência do texto à jurisdição do estilo: isso implica que o Sentido transborda além e acima dos significados literais.

Com a difundida tese: função poética ⟶ desvio estilístico, constatamos que Beckett, no *AsP*, obtém seus efeitos com procedimentos realizados quase completamente ao longo da linearidade do discurso (sintagmática e transfrástica), e não em relações *in absentia* com paradigmas: em essência, com efeitos obtidos pela aproximação de verbos dentro da frase, ou pela repetição total ou parcial de frases ou enfim pela substituição (com progressão) de partes dentro de frases no restante iguais, ou de frases diferentes com funções parcialmente semelhantes. Mais ainda: pode-se dizer que esses efeitos são potenciados exatamente pelo tom aparentemente neutro do discurso, pela escolha de um léxico médio, impessoal (e o discurso poderia estender-se também a outras obras de Beckett, ao seu frio desespero e a seu impassível humorismo).

Mas à demonstração baseada em elementos de estilo, prefiro (por ser mais sumarenta e concludente) a que se pode dar no plano do Sentido. O parágrafo 3.2 deixou problemas em aberto: a inatividade final leva P para a área da liberdade, ou o condena à do condicionamento? Seu "não querer" é um "não querer querer" ou um "ser feito não querer" por D?

Um esboço (mas ainda obscuro) de solução é sugerido pela estrutura da peça. Dado que os toques de apito laterais aludem mais claramente que os outros à técnica dos reflexos condicionados, seu repetir-se perto do fim da vicissitude (12, 13a) parece mostrar: por parte de D uma reafirmação ameaçadora de seu poder, por parte de P uma maior prontidão em deixar-se condicionar negativamente: ao passo que em 4 ele havia respondido só parcialmente à ordem, em 13a não responde mais de todo.

Mas as indicações do texto são muito mais claras. A reação de P no último toque de apito lateral ("Il ne bouge pas") é idêntica àquela provocada nele pelo apito vindo do alto que o chama de novo para a última oferta da garrafa e da sombra ("Il ne bouge pas" 14, 15a). É a primeira vez que as reações aos dois tipos de ordens são iguais: signo evidente de que P foi condicionado, em ambos os casos, a não querer. Resta porém ainda explicar seu itinerário mental. Aqui também são reveladores para o sentido dados de ordem verbal: note-se por um lado o intervir, tardio, de *constater* depois de tantos *réfléchir*, por outro lado a expressão "le regard fixe" (13d) depois de tantos *voir* e *regarder*. São signos do esmorecimento, depois do bloqueio da atividade explorativa e inventiva antes tão intensa: o que não significa bloqueio da inteligência. *"Il constate"* é a última ação mental atribuída a P (13*d*) antes de sua renúncia a qualquer ação física (14 e ss.).

Ora, sabemos que P se encontra num estado de "dupla relação" (3.2): que produz, usualmente, a esquizofrenia. Ademais, essa "duplo vínculo" se realiza através dos procedimentos dos reflexos condicionados (2.1). Estamos, pois, a braços com uma "esquizofrenia experimental" (Pavlov). Pois bem, o comportamento final de P corresponde exatamente ao que os psiquiatras chamam de estado catatônico, um dos resultados mais comuns da esquizofrenia. Não pretendo que Beckett tenha tomado a esquizofrenia como modelo para o comportamento de P (mesmo se sua obra toda se apresenta, com efeito, como um verdadeiro desfile de esquizofrênicos); pretendo, e o é mais ainda, que Beckett tenha reconhecido o "duplo vínculo" como elemento característico da condição humana.

A crueldade do tratamento infligido a P está exatamente no fato de haver estimulado sua inteligência (traço humano) para depois reprimir sua vontade. Não só: em ter levado o condicionamento para vontade (traço humano) em vez de levá-lo para o instinto, coisa que tiraria de P a esperança (traço humano), e não o sofrimento. Torna-se de fato, evidente, mais uma vez, com meios estilísticos (viu-se, 5.4, o tom desolado das renúncias descritas nas ações, antes, não ações, 14 e ss.) que P permanece sujeito ao desejo: de dessedentar-se, de subtrair-se à luz e ao calor. O "não querer" ao qual foi condicionado é terrível porque não coincide absolutamente com um "não desejar". Poder-se-ia em suma completar oportunamente o esquema dos valores (3.2) inserindo nele o "desejar", mas com essa configuração contraditória que é o resultado do condicionamento: .

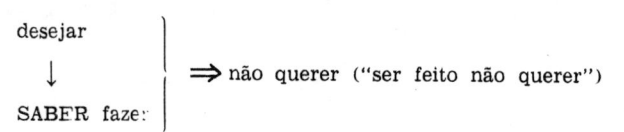

desejar
↓   ⟹ não querer ("ser feito não querer")
SABER fazer

Tal é a circunstanciada mensagem, a má nova, que Beckett soube esconder entre as linhas das instruções para os gestos titerescos e ridículos de um ator silencioso.

COLEÇÃO DEBATES

1. *A Personagem de Ficção*, Antonio Candido e outros.
2. *Informação, Linguagem, Comunicação*, Décio Pignatari.
3. *Balanço da Bossa e Outras Bossas*, Augusto de Campos.
4. *Obra Aberta*, Umberto Eco.
5. *Sexo e Temperamento*, Margaret Mead.
6. *Fim do Povo Judeu?*, Georges Friedmann.
7. *Texto/Contexto*, Anatol Rosenfeld.
8. *O Sentido e a Máscara*, Gerd A. Borheim.
9. *Problemas da Física Moderna*, W. Heisenberg, E. Schödinger, M. Born e P. Auger.
10. *Distúrbios Emocionais e Anti-Semitismo*, N. W. Ackermann e M. Jahoda.
11. *Barroco Mineiro*, Lourival Gomes Machado.
12. *Kafka: Pró e Contra*, Günther Anders.
13. *Nova História e Novo Mundo*, Frédéric Mauro.
14. *As Estruturas Narrativas*, Tzvetan Todorov.
15. *Sociologia do Esporte*, Georges Magnane.

16. *A Arte no Horizonte do Provável*, Haroldo de Campos.
17. *O Dorso do Tigre*, Benedito Nunes.
18. *Quadro da Arquitetura no Brasil*, Nestor G. Reis Filho.
19. *Apocalípticos e Integrados*, Umberto Eco.
20. *Babel & Antibabel*, Paulo Rónai.
21. *Planejamento no Brasil*, Betty Mindlin Lafer.
22. *Lingüística. Poética. Cinema*, Roman Jakobson.
23. *LSD*, John Cashman.
24. *Crítica e Verdade*, Roland Barthes.
25. *Raça e Ciência I*, Juan Comas e outros.
26. *Shazam!*, Álvaro de Moya.
27. *Artes Plásticas na Semana de 22*, Aracy Amaral.
28. *História e Ideologia*, Francisco Iglésias.
29. *Peru: da Oligarquia Econômica à Militar*, A. Pedroso d'Horta.
30. *Pequena Estética*, Max Bense.
31. *O Socialismo Utópico*, Martin Buber.
32. *A Tragédia Grega*, Albin Lesky.
33. *Filosofia em Nova Chave*, Susanne K. Langer.
34. *Tradição, Ciência do Povo*, Luís da Câmara Cascudo.
35. *O Lúdico e as Projeções do Mundo Barroco*, Affonso Ávila.
36. *Sartre*, Gerd A. Borheim.
37. *Planejamento Urbano*, Le Corbusier.
38. *A Religião e o Surgimento do Capitalismo*, R. H. Tawney.
39. *A Poética de Maiakóvski*, Boris Schnaiderman.
40. *O Visível e o Invisível*, M. Merleau-Ponty.
41. *A Multidão Solitária*, David Reisman.
42. *Maiakóvski e o Teatro de Vanguarda*, A. M. Ripellino.
43. *A Grande Esperança do Século XX*, J. Fourastié.
44. *Contracomunicação*, Décio Pignatari.
45. *Unissexo*, Charles F. Winick.
46. *A Arte de Agora, Agora*, Herbert Read.
47. *Bauhaus: Novarquitetura*, Walter Gropius.
48. *Signos em Rotação*, Octavio Paz.
49. *A Escritura e a Diferença*, Jacques Derrida.
50. *Linguagem e Mito*, Ernst Cassirer.
51. *As Formas do Falso*, Walnice N. Galvão.
52. *Mito e Realidade*, Mircea Eliade.
53. *O Trabalho em Migalhas*, Georges Friedmann.
54. *A Significação no Cinema*, Christian Metz.
55. *A Música Hoje*, Pierre Boulez.
56. *Raça e Ciência II*, L. C. Dunn e outros.
57. *Figuras*, Gérard Genette.
58. *Rumos de uma Cultura Tecnológica*, Abraham Moles.
59. *A Linguagem do Espaço e do Tempo*, Hugh M. Lacey.
60. *Formalismo e Futurismo*, Krystyna Pomorska.
61. *O Crisântemo e a Espada*, Ruth Benedict.
62. *Estética e História*, Bernard Berenson.
63. *Morada Paulista*, Luís Saia.
64. *Entre o Passado e o Futuro*, Hannah Arendt.
65. *Política Científica*, Heitor G. de Souza, Darcy F. de Almeida e Carlos Costa Ribeiro.
66. *A Noite da Madrinha*, Sérgio Miceli.

67. *1822: Dimensões*, Carlos Guilherme Mota e outros.
68. *O Kitsch*, Abraham Moles.
69. *Estética e Filosofia*, Mikel Dufrenne.
70. *O Sistema dos Objetos*, Jean Baudrillard.
71. *A Arte na Era da Máquina*, Maxwell Fry.
72. *Teoria e Realidade*, Mario Bunge.
73. *A Nova Arte*, Gregory Battcock.
74. *O Cartaz*, Abraham Moles.
75. *A Prova de Gödel*, Ernest Nagel e James R. Newman.
76. *Psiquiatria e Antipsiquiatria*, David Cooper.
77. *A Caminho da Cidade*, Eunice Ribeiro Durhan.
78. *O Escorpião Encalacrado*, Davi Arrigucci Júnior.
79. *O Caminho Crítico*, Northrop Frye.
80. *Economia Colonial*, J. R. Amaral Lapa.
81. *Falência da Crítica*, Leyla Perrone Moisés.
82. *Lazer e Cultura Popular*, Joffre Dumazedier.
83. *Os Signos e a Crítica*, Cesare Segre.
84. *Introdução à Semanálise*, Julia Kristeva.
85. *Crises da República*, Hannah Arendt.
86. *Fórmula e Fábula*, Wili Bolle.
87. *Saída, Voz e Lealdade*, Albert Hirschman.
88. *Repensando a Antropologia*, E. R. Leach.
89. *Fenomenologia e Estruturalismo*, Andrea Bonomi.
90. *Limites do Crescimento*, Donella H. Meadows e outros (Clube de Roma).
91. *Manicômios, Prisões e Conventos*, Erving Goffman.
92. *Maneirismo: O Mundo como Labirinto*, Gustav R. Hocke.
93. *Semiótica e Literatura*, Décio Pignatari.
94. *Cozinhas, etc.*, Carlos A. C. Lemos.
95. *As Religiões dos Oprimidos*, Vittorio Lanternari.
96. *Os Três Estabelecimentos Humanos*, Le Corbusier.
97. *As Palavras sob as Palavras*, Jean Starobinski.
98. *Introdução à Literatura Fantástica*, Tzvetan Todorov.
99. *Significado nas Artes Visuais*, Erwin Panofsky.
100. *Vila Rica*, Sylvio de Vasconcellos.
101. *Tributação Indireta nas Economias em Desenvolvimento*, J. F. Due.
102. *Metáfora e Montagem*, Modesto Carone.
103. *Repertório*, Michel Butor.
104. *Valise de Cronópio*, Julio Cortázar.
105. *A Metáfora Crítica*, João Alexandre Barbosa.
106. *Mundo, Homem, Arte em Crise*, Mário Pedrosa.
107. *Ensaios Críticos e Filosóficos*, Ramón Xirau.
108. *Do Brasil à América*, Frédéric Mauro.
109. *O Jazz, do Rag ao Rock*, Joachim E. Berendt.
110. *Etc..., Etc... (Um Livro 100% Brasileiro)*, Blaise Cendrars.
111. *Território da Arquitetura*, Vittorio Gregotti.
112. *A Crise Mundial da Educação*, Philip H. Coombs.
113. *Teoria e Projeto na Primeira Era da Máquina*, Reyner Banham.
114. *O Substantivo e o Adjetivo*, Jorge Wilheim.
115. *A Estrutura das Revoluções Científicas*, Thomas S. Kuhn.
116. *A Bela Época do Cinema Brasileiro*, Vicente de Paula Araújo.

117. *Crise Regional e Planejamento*, Amélia Cohn.
118. *O Sistema Político Brasileiro*, Celso Lafer.
119. *Éxtase Religioso*, I. Lewis.
120. *Pureza e Perigo*, Mary Douglas.
121. *História, Corpo do Tempo*, José Honório Rodrigues.
122. *Escrito sobre um Corpo*, Severo Sarduy.
123. *Linguagem e Cinema*, Christian Metz.
124. *O Discurso Engenhoso*, Antonio José Saraiva.
125. *Psicanalisar*, Serge Leclaire.
126. *Magistrados e Feiticeiros na França do Século XVII*, R. Mandrou.
127. *O Teatro e sua Realidade*, Bernard Dort.
128. *A Cabala e seu Simbolismo*, Gershom G. Scholem.
129. *Sintaxe e Semântica na Gramática Transformacional*, A. Bonomi e G. Usberti.
130. *Conjunções e Disjunções*, Octavio Paz.
131. *Escritos sobre a História*, Fernand Braudel.
132. *Escritos*, Jacques Lacan.
133. *De Anita ao Museu*, Paulo Mendes de Almeida.
134. *A Operação do Texto*, Haroldo de Campos.
135. *Arquitetura, Industrialização e Desenvolvimento*, Paulo J. V. Bruna.
136. *Poesia-Experiência*, Mário Faustino.
137. *Os Novos Realistas*, Pierre Restany.
138. *Semiologia do Teatro*, J. Guinsburg e J. Teixeira Coelho Netto.
139. *Arte-Educação no Brasil*, Ana Mae T. B. Barbosa.
140. *Borges: Uma Poética da Leitura*, Emir Rodríguez Monegal.
141. *O Fim de uma Tradição*, Robert W. Shirley.
142. *Sétima Arte: Um Culto Moderno*, Ismail Xavier.
143. *A Estética do Objetivo*, Aldo Tagliaferri.
144. *A Construção do Sentido na Arquitetura*, J. Teixeira Coelho Netto.
145. *A Gramática do Decameron*, Tzvetan Todorov.
146. *Escravidão, Reforma e Imperialismo*, R. Graham.
147. *História do Surrealismo*, M. Nadeau.
148. *Poder e Legitimidade*, José Eduardo Faria.
149. *Práxis do Cinema*, Noel Burch.
150. *As Estruturas e o Tempo*, Cesare Segre.
151. *A Poética do Silêncio*, Modesto Carone.
152. *Planejamento e Bem-Estar Social*, Henrique Rattner.
153. *Teatro Moderno*, Anatol Rosenfeld.
154. *Desenvolvimento e Construção Nacional*, S. H. Eisenstadt.
155. *Uma Literatura nos Trópicos*, Silviano Santiago.
156. *Cobra de Vidro*, Sérgio Buarque de Holanda.
157. *Testando o Leviathan*, Antonia Fernanda Pacca de Almeida Wright.
158. *Do Diálogo e do Dialógico*, Martin Buber.
159. *Ensaios Lingüísticos*, Louis Hjelmslev.
160. *O Realismo Maravilhoso*, Irlemar Chiampi.
161. *Tentativas de Mitologia*, Sérgio Buarque de Holanda.
162. *Semiótica Russa*, Boris Schnaiderman.
163. *Salões, Circos e Cinema de São Paulo*, Vicente de Paula Araújo.
164. *Sociologia Empírica do Lazer*, Joffre Dumazedier.
165. *Física e Filosofia*, Mario Bunge.
166. *O Teatro Ontem e Hoje*, Célia Berrettini.

167. *O Futurismo Italiano*, Org. Aurora Fornoni Bernardini.
168. *Semiótica, Informação e Comunicação*, J. Teixeira Coelho Netto.
169. *Lacan: Operadores da Leitura*, Americo Vallejo e Lígia Cadmartore Magalhães.
170. *Dos Murais de Portinari aos Espaços de Brasília*, Mário Pedrosa.
171. *O Lírico e o Trágico em Leopardi*, Helena Parente Cunha.
172. *A Criança e a FEBEM*, Marlene Guirado.
173. *Arquitetura Italiana em São Paulo*, Anita Salmoni e E. Debenedetti.
174. *Feitura das Artes*, José Neistein.
175. *Oficina: Do Teatro ao Te-Ato*, Armando Sérgio da Silva.
176. *Conversas com Igor Stravinski*, Robert Craft e Igor Stravinski.
177. *Arte como Medida*, Sheila Leirner.
178. *Nzinga*, Roy Glasgow.
179. *O Mito e o Herói no Moderno Teatro Brasileiro*, Anatol Rosenfeld.
180. *A Industrialização do Algodão na Cidade de São Paulo*, Maria Regina de M. Ciparrone Mello.
181. *Poesia com Coisas*, Marta Peixoto.
182. *Hierarquia e Riqueza na Sociedade Burguesa*, Adeline Daumard.
183. *Natureza e Sentido da Improvisação Teatral*, Sandra Chacra.
184. *O Pensamento Psicológico*, Anatol Rosenfeld.
185. *Mouros, Franceses e Judeus*, Luís da Câmara Cascudo.
186. *Tecnologia, Planejamento e Desenvolvimento Autônomo*, Francisco Sagasti.
187. *Mário Zanini e seu Tempo*, Alice Brill.
188. *O Brasil e a Crise Mundial*, Celso Lafer.
189. *Jogos Teatrais*, Ingrid Dormien Koudela.
190. *A Cidade e o Arquiteto*, Leonardo Benevolo.
191. *Visão Filosófica do Mundo*, Max Scheler.
192. *Stanislavski e o Teatro de Arte de Moscou*, J. Guinsburg.
193. *O Teatro Épico*, Anatol Rosenfeld.
194. *O Socialismo Religioso dos Essênios: A Comunidade de Qumran*, W. J. Tyloch.
195. *Poesia e Música*, Org. de Carlos Daghlian.
196. *A Narrativa de Hugo de Carvalho Ramos*, Albertina Vicentini.

impresso
nos equipamentos da
MINHA GRÁFICA EDITORIAL LTDA.
Rua Leopoldo de Freitas, 36 — Tel. 294-9937
São Paulo — Capital